シリーズ 古代史をひらく

# 古代の都

## なぜ都は動いたのか

吉村武彦
吉川真司
川尻秋生［編］

岩波書店

# 刊行にあたって

歴史を知ること、古代史を知ることの「面白さ」を伝えたい。本シリーズは、私たち編集委員のそうした思いからスタートしました。

幸い日本の古代史に関心を持つ人は多く、各地の遺跡や博物館は訪問者で賑わい、古代史をテーマとする書籍や情報も巷にあふれています。いっぽうで最新の研究の進展はめざましく、より精緻なものとなっているために、その成果を専門家以外の方と共有することが難しくなっていることも事実です。

しかし、新しくわかってきた歴史の実像を知ることの興奮や喜びは、他の何にも替えがたいものです。私たち研究者が日々味わっているこの「面白さ」を、「やさしく、深く、面白い」歴史叙述によってさまざまに「ひらく」ことを通じて、読者の皆さんにお伝えしたいと考えました。

本シリーズは「前方後円墳」「古代の都」「古代寺院」「渡来系移住民」「文字とことば」「国風文化」と、数ある古代史の論点のなかでも特に「モノから語る」ことに適したテーマ＝問題群ごとに各冊を編成しました。これらは、考古学・文学・日本語学・美術史学・建築史学など、隣接分野との緊密な連携なしに語れない問題群です。各分野で活躍中の執筆陣の参加を得て、多様な方向からできるかぎり具体的に、当時の社会や民衆のありように迫ることをめざしました。同時に、海外の信頼できる研究者に執筆を依頼して、国際的な観点からの新しい視角を紹介していきます。

さらにもう一つの特徴として、単なる研究成果の羅列にならないように、執筆者相互が原稿を読みあい、その問題群の面白さ、現段階での争点や未解決の論点、そして今後の研究の方向性などを話しあう「座談会」を各冊ごとに収録します。

全編をつうじて、従来の「古代史」の枠内に閉じこもるのでなく、そのテーマが日本史全体のなかでどういう意味を持つのか、つねに意識するように心がけました。「学際」「国際」「通史」という三方向の視点を併せ持つことで、これまでにない古代史のシリーズを創り上げ、未来に向けて「古代史をひらく」ことをめざします。

二〇一九年四月

編集委員
吉村武彦・吉川真司・川尻秋生

# 目次

＊　引用文・引用挿図の出典や本文記述の典拠などを示す際には、［川尻、二〇一九］のように略記し、その文献名・出版社・出版年などは各章末の文献一覧に示した。

# 〈古代の都〉への招待

川尻秋生

## 本書の課題

平城京には、日本人の心のふるさととして、今も多くの人に愛されている古都奈良の大部分が含まれている。そこには、薬師寺《やくしじ》や興福寺《こうふくじ》など著名な古寺が現存し、平城京にかかわる遺跡が保存されていることもよく知られる。

一方、古都京都は、平安京を出発点として発展してきた都市である。京都という言葉には、奈良とはまた異なった雅な雰囲気を感じる人も多いのではなかろうか(1)。本書では、こうした平城京や平安京に代表される、古代の「都」を取り上げることにする。

都とは、天皇のもとで、官僚が政務や儀式を執り行い、列島の支配を実現させるきわめて政治的な空間といってよい。しかも、この空間は、たんなる実務の場ではなく、視覚的・感覚的に支配のありさまを官人や都に住む人々、さらには海外そし

(1) ただし、現在の京都の姿は、より直接的には豊臣秀吉による改変を強く反映している。

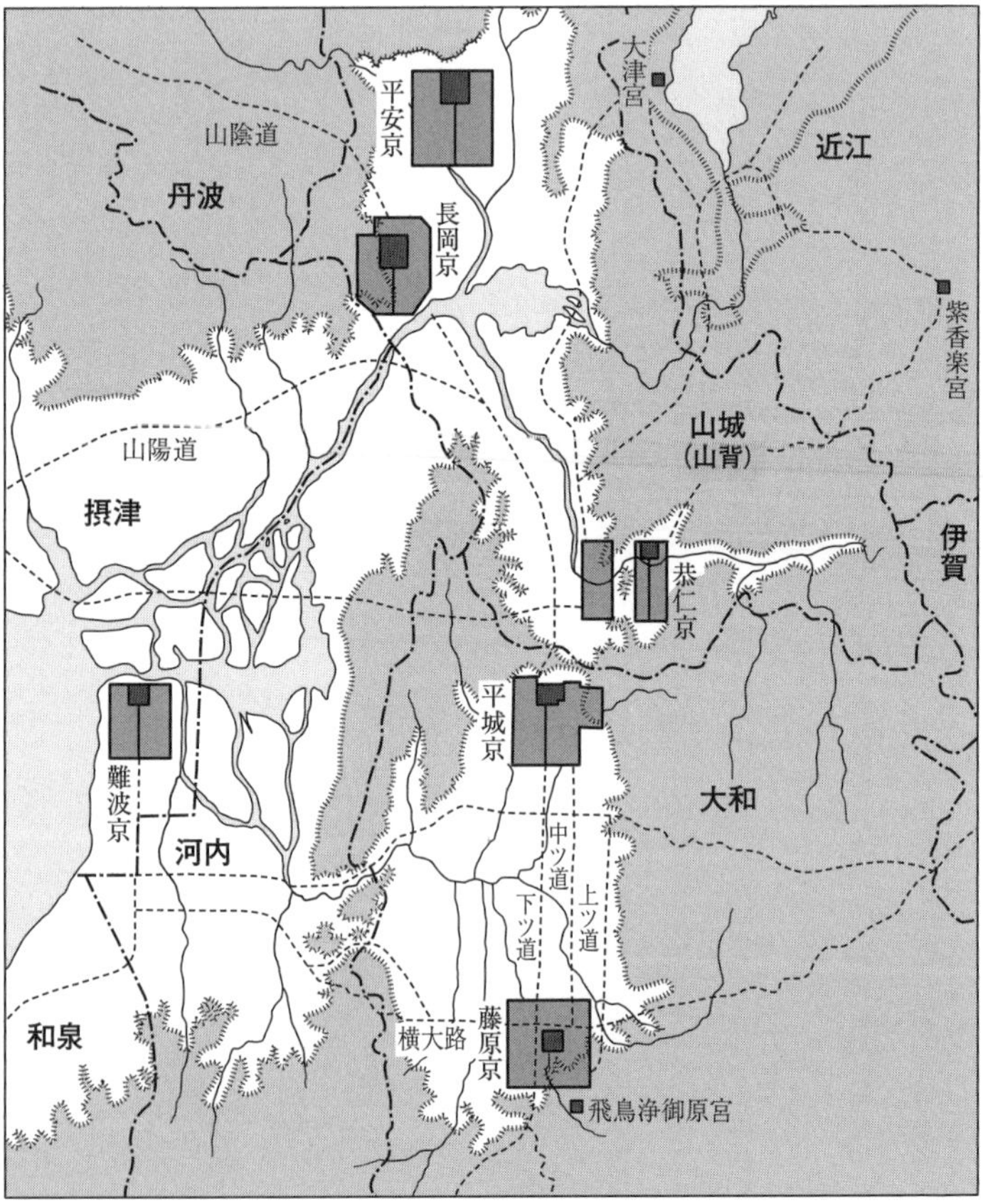
平安京
大津宮
近江
山陰道
丹波
長岡京
紫香楽宮
山陽道
山城
(山背)
摂津
伊賀
恭仁京
平城京
難波京
大和
中ツ道
河内
上ツ道
下ツ道
和泉
藤原京
横大路
飛鳥浄御原宮

図１　畿内の都城地図

て蝦夷《えみし》・南島からの使節に見せつけるための、きわめて儀礼的な空間であった。

しかしながら、古代日本の宮や都は、平安京に固定されるまで、何度も所在場所を変えた（**図1**、また巻末三〇九頁、**資料1**「宮の移り替わり」参照）。その原因は何に求められるのであろうか。本書はこの疑問に答えるため、主として六世紀後半の宮から平安京に至るまでの都宮《ときゅう》の特質や時代的背景を明らかにする。その上でそれらが移動（遷都《せんと》）した理由について、考えてみることにしたい。

そこにはきっと、古代王権が目指した理想とともに、中国や朝鮮半島との関係、地形・地理や交通そして環境（衛生）問題など、それが抱え込み、直面していた課題が立ち現れてくるに違いない。

## 「都」とは何か

まず、都に関わる用語について、歴史的な特質を見ていこう。

「みやこ」とは、辞書的にいえば「天皇の居所」ということになるが、もともとは「みや（宮）」に、場所を表す「こ（処）」が付いて成立した言葉である。ちなみに「みや」とは建物を示す「や（屋）」に、神仏や天皇に冠し、高い尊敬を表す「み（御）」が組み合わされてできた語である。

ただし、「宮」は、天皇が居住する建物を示すだけではなく、皇子や皇后の居場所を示すこともあった。例えば、上宮王家《じょうぐうおうけ》（聖徳太子の一族）の「斑鳩宮《いかるがのみや》」や皇后の居住場所である「皇后宮」がよく知られている。

一方、「京都」という用語もある。現在では、京都市（京都府）としてあまりにも有名であるが、古代においてはもともと普通名詞で、「みやこ」と読んでいたらしい。

采女《うねめ》の袖吹きかへす明日香風《あすかかぜ》　京都《みやこ》を遠みいたづらに吹く

（『万葉集』巻一・五一）

藤原京遷都（六九四年〈持統《じとう》八〉）の後、かつて宮があった飛鳥浄御原宮《あすかきよみはらのみや》に立って、「采女[2]の袖を明日香の風が吹き返している。もう今は「京都」（藤原京のこと）も遠くなってむなしく吹いていることよ」と感慨にふけった歌で、[3]志貴皇子《しきのみこ》（天智《てんじ》天皇の子）の作としてあまりにも著名である。だが、ここで注目したいのは、「みやこ」に漢字表記で「京都」の文字を宛てていることである。また、地名としても豊前《ぶぜん》国に「京都郡」（現、福岡県）があり、『和名類聚抄《わみょうるいじゅうしょう》』[4]などでは「みやこ」と読んでいる。

ところが、平安京を「京都《きょうと》」と呼ぶようになったのは、一〇世紀後半以降と推測され、[5]意外にも、固有名詞となったのは、それほど古いことではない。もっとも「京都」という言葉の起源は中国にあり、そこでは、西の都である長安《ちょうあん》（現、陝西《せんせい》省西安市《せいあん》）を「京」、東の都である洛陽《らくよう》（現、河南《かなん》省洛陽市）を「都」と呼んで区別した。

（2）天皇などに近侍し、身の回りの世話をする地方豪族出身の女官。

（3）実際には、飛鳥浄御原宮と藤原京はそれほど離れていない。

（4）承平《じょうへい》年間（九三一―九三八年）頃、源《みなもとの》順《したごう》が編纂した辞書。一〇巻本と二〇巻本があり、二〇巻本には古代の行政区画である国・郡・郷の名称が網羅されている。

（5）上村和直「平安京の変容と「京都」の成立」［吉村武彦ほか編、二〇〇七］。

いうまでもなく長安と洛陽は、中国唐《とう》代の皇帝が居住した代表的な都市である。この呼び分けは一〇世紀頃になると平安京にも適用され、左京《さきょう》（東側）を「洛陽城」、右京《うきょう》（西側）を「長安城」と表記するようになった。

## 都城の意味

一方、「都城《とじょう》」という言葉もある。辞書的にいえば、城郭をめぐらした都市ということになる。現在では、古代史の用語としてはごく普通に用いられ、教科書にも掲載されているが、古代の史料のなかではほとんど用いられなかった。わずかに『日本書紀』天武《てんむ》一二年（六八三）一二月条に「凡《おおよ》そ都城《みやこ》・宮室《おおみや》、一処《ひとところ》に非《あら》ず。必ず両三《ふたところみところ》造らしむ。故、先《ま》ず難波《なにわ》に都《みやこ》つくらんと欲《おも》う」、あるいは『続日本紀』延暦《えんりゃく》三年（七八四）六月条に「都城《とじょう》を経始《けいし》し、宮殿《きゅうでん》を営作《ようさく》せしむ」などとある程度である。前者は中国にならった複都制(6)を、後者は長岡京の造作を示している。いずれも、「宮室」「宮殿」と対になっていることからみて、京ないし都を示している。

また、『日本書紀』天武八年一一月条には「羅城《らじょう》」、天武五年是歳条には「新城《にいき》」、さらに「京城《みやこ》」もみえる（允恭《いんぎょう》四二年条、持統元年〈六八六〉条にもあり）。中国の場合、近代に至るまで、都のまわりには、外敵の侵入を防ぐための城壁、および外部との出入りを制限する城門が設けられた。また、古代朝鮮の場合には、都のすぐそばに

（6）古代において、同時期に都が複数存在した体制。例えば、平城京と、恭仁《くに》宮・紫香楽《しがらき》宮・難波宮などである。

「山城《サンソン》」があり、外敵からの攻撃を受けた場合に逃げ込み、籠城するための施設となっていた[7]。都城や羅城という言葉には、城壁で囲まれた都という意味がついて回る。

しかし、日本の場合、都に城郭があったかどうかについては議論があるが、少なくとも、中国のような明確な城壁を持つものはない。門はあるものの、開放的空間であったといえる。これは、古代日本の都の大きな特徴である。

## 宮の起源

『日本書紀』『古事記』(以下、記紀)によれば、日本で最初の宮は、神武《じんむ》天皇の橿原《かしはらの》宮《みや》ということになるが[8]、もちろん、伝承に過ぎない。それ以降、記紀は天皇(大王)ごとに宮は移動したとするが(一代に複数回の場合もある)、考古学的には確認できない。現在、発掘調査から知られる最初の宮は、推古《すいこ》天皇の豊浦宮《とゆらのみや》であるが、近年、古墳時代の豪族の居館跡が全国的に見られるようになってきた[9]。こうした状況を勘案すれば、推古以前の大王の宮が、実在した可能性も十分想定されよう。今後の考古学的な調査に期待したい[10]。

一方、文献史学からは、近年一定の進歩があった。大規模な発掘調査が行われているわけではないが、豊浦寺《とゆらでら》[11]の下層から、敷石と掘立柱《ほったてばしら》建物遺構が検出された。こ

(7) 例えば、百済《くだら》の都であった扶余《プヨ》の背後には扶蘇《プソ》山城があり、百済の滅亡に際しては、百済の官人たちが立て籠もったことが知られている。朝鮮半島の山城の影響は日本にも及び、百済滅亡後、亡命百済人たちによって、朝鮮式山城が西日本の各地につくられた。岡山県総社《そうじゃ》市に所在する鬼ノ城《きのじょう》は、その代表的遺跡としてよく知られている。

(8) 天皇号の成立時期については、天武朝説を中心として、まだ結論が出されていないが、本書では混乱を避けるため、架空の人物を含めて「天皇」の語を用いる。

(9) 奈良県でいえば、葛城《かづらき》氏の居館としての極楽寺ヒビキ遺跡がある。

れは、記紀や『上宮聖徳法王帝説《じょうぐうしょうとくほうおうていせつ》』では推古天皇の「豊浦宮」と記され、『元興寺《がんごうじ》伽藍縁起《がらんえんぎ》 并《ならびに》 流記《るき》資財帳《しざいちょう》[12]』では桜井豊浦宮(佐久羅韋等由良宮・桜井等由羅宮)と表記される宮と思われる。これまで『元興寺伽藍縁起幷流記資財帳』の信憑性を含めて[13]、その「桜井」という名称に疑問を差し挟む見解もあった。しかし、正倉院《しょうそういん》に現存する上総《かずさ》国が貢納した調布の墨書銘文《ぼくしょめいぶん》に「桜井舎人部《とねりべ》」がみえ、舎人の名称は仕えた大王の宮の名に由来すること、豊浦宮の近くに「桜井」との地字名があることから[14]、豊浦宮は、実際に「桜井豊浦宮」とも呼ばれていたことが推測できるようになった［川尻、二〇〇三］。『日本書紀』によれば、六〇三年(推古一一)に小墾田宮《おはりだのみや》に移るから、その存立年代も判明する。

一方、正倉院文書などには、池田舎人・行田《いけだ》舎人・行田部がみえる。これらが、従来、どの大王の宮を指すのか明らかではなかったが、近年では、『日本書紀』で「磐余池辺双槻宮《いわれいけべなみつきのみや》」とする、用明《ようめい》天皇(聖徳太子の父)の宮であろうと推測されるようになった［田島、二〇一四］。記紀によらず、宮号を冠した舎人の名称から、大王の宮を特定できるようになったことは一つの進歩であろう。

**都の構造**

それでは、もっとも発掘調査が進んでいる平城京を例にとって、簡単に都の構造

(10) 奈良県桜井市の脇本遺跡からは、大型建物跡や池状遺構が検出され、雄略《ゆうりゃく》天皇の泊瀬朝倉《はつせあさくらの》宮《みや》ではないかとする見解もある。

(11) 豊浦宮の跡に建立された寺。

(12) 仏教の伝来を欽明《きんめい》天皇の戊午《ぼご》年(五三八)とする著名な史料としても知られる。

(13) 当史料は、天平《てんぴょう》一九年(七四七)に成立したとの年紀を持つ一方、平安時代に偽作され、史料としてあまり信用できないとする見解もある。筆者は、基本的に信頼できると考えている。

(14) 豊浦寺の別名を桜井寺ともいう。

**図2**　復元された大極殿(写真提供＝奈良文化財研究所)

について述べておこう⑮。都は大きく平城宮と平城京に分けることができる。宮とは本来天皇の居所のことで、天皇が出御して政務、そして儀式を執り行う大極殿《だいごくでん》⑯(**図2**)と、大極殿の前に広がる朝庭《ちょうてい》、そして朝庭をコの字のように複数の建物が取り囲む朝堂院《ちょうどういん》(太政官院《だじょうかんいん》)がある⑰。大極殿の後方には内裏《だいり》が位置し、そして朝堂院の周囲には、いろいろな役所や蔵が広がっており、官人たちの政務の場(曹司《ぞうし》)であった(巻末三一一頁、**資料3**「平城京図」、また一〇六頁、**図5**「平城宮の変遷」参照)。

これらは、平安宮でいえば大内裏に当たる。残念ながら平城宮の場合、内裏や役所の具体的な配置・名称を詳しく知ることはできないが、平安宮についてはほぼ推測できる(巻末三一四頁、**資料6**「平安京全体図」、また二一六頁、**図7**「平安宮図」参照)。

政務の結果を決裁する場所が、弁官《べんかん》(実務官人)、大納言《だいなごん》・左右大臣のような上流貴族(議《ぎ》政官《せいかん》)などが詰めていた朝堂院であった。案件はその重要度によって決裁区

(15) あくまで、平城京の例であって、前後の都にはそれぞれ異なった特徴がある。それらを明示することが本書の目的であるが、ここでは標準的な都として、発掘調査がもっとも進んでいる平城京を選んだ(平城京について詳しくは本書、馬場基「平城京を探る」参照)。なお、川尻秋生編『古代文学と隣接諸学8 古代の都城と交通』(竹林舎、二〇一九年)には、他の都宮についての論考も収められている。

(16) 九七〇年(天禄《てんろく》元)成立の『口遊《くちずさみ》』(源為憲《ためのり》撰)によれば、平安宮の大極殿は、出雲大社・東大寺大仏殿に次いで、日本で三番目の高さを誇ったという。ちなみに、応天門《おうてんもん》の変を描いた院政期

分が異なり、もっとも重要なものは天皇の判断に委ねられた。現在でも、事案の重要度によって、起案文書（稟議《りんぎ》書）の決裁区分が異なることを想起していただきたい。

一方、朝庭とは、官人が立ち並んで天皇に拝礼したり、天皇の命令や言葉（御言《みこと》）を聞く儀礼空間で、位階によって整列する場所は異なっていた。なかなかその情景を想像することは難しいが、紫禁城《しきんじょう》（故宮《こきゅう》）の庭で、役人たちが銅鑼《どら》に合わせて皇帝に拝礼する、映画「ラストエンペラー」⑱（The Last Emperor）の冒頭シーンは、ある程度、参考になるであろう。「朝廷《ちょうてい》」とは、本来「朝庭」から生じた用語であり、王権の代名詞にもなった重要な空間であったといえる。現在、平城宮跡に復元された大極殿から見渡すと、朝庭の広さに圧倒される（**図3**）。その広さは、人気アーティストの屋外ライブステージも十分こなすことができるほどである。

**図3**　平城京・大極殿からみた朝庭（写真提供＝奈良文化財研究所）

今度は宮の外に目を転じてみよう。そこには碁盤の目のような東西・南北に走

成立の『伴大納言絵詞《ばんだいなごんえことば》』には、焼け落ちる応天門の背後に聳《そび》え立つ大極殿と豊楽殿《ぶらくでん》（平安宮で初めて建築された大極殿の隣にあった饗宴用の建物）が遠望される。

（17）唐招提寺《とうしょうだいじ》の講堂は、奈良時代の東朝集殿《ちょうしゅうでん》（朝堂院の中の建物の一つ）が移建された、現存する唯一の宮殿建築物である。

（18）中国清《しん》朝最後の皇帝、愛新覚羅溥儀《あいしんかくらふぎ》の一生を描いた、一九八七年公開のイタリア・イギリス・中華人民共和国合作の映画。監督はベルナルド・ベルトルッチ、主演はジョン・ローン。

**図4**　復元された朱雀門（写真提供＝奈良文化財研究所）

る路と、それによって区画された条坊《じょうぼう》が広がっていた。この京域《きょういき》全体を京と呼びならわしている。[19] 平城京には道幅の広い東西路は、北から、一条から九条まであった。[20] 現在でも京都市に残る通りの名称に、その名残をみることができる。

都の路で特筆すべきは、京の南端（羅城門）から宮の南端（朱雀《すざく》門、**図4**）までを貫いて南北に走る朱雀大路《おおじ》で、路幅は七〇メートルを超えた。また、朱雀大路沿いの家には瓦葺《かわらぶ》きが課されたことも考え合わせると、朱雀大路は、実用的というよりも、王権の威厳を演出するための、視覚効果を狙った壮大な施設といっても過言ではあるまい。

都のなかに官営の寺院が建立されたことも大きな特徴である。その点は、薬師寺、大安寺《だいあんじ》など、藤原京およびそれ以前に遡る寺院が平城京に移転してきたことが象徴している。[21] さらに後には、東大寺《とうだいじ》（厳密には平城京に含まれない）や西大寺《さいだいじ》が天皇によって建立された。古代日本の都は、「仏都《ぶっと》」であったといっても過言ではない。[22] こ

(19) いつから京域を持つようになるのかという点も議論があるが、明確なものは藤原京からと推測される。

(20) ただし、藤原京では正方形の京域で十条十坊を持ち、宮もその中央に存するという他に例をみない形態であった（本書、市大樹「躍動する飛鳥時代の都」参照）。また、平城京でも、十条が施工されたものの、あまり時をおかず廃絶したことが確認された（奈良県大和郡山《やまとこおりやま》市下三橋《しもみつはし》遺跡）。ただし、その歴史的な位置づけについては、まだよくわかっていない（本書、座談会二八八頁以下参照）。

(21) 平城京には、他の都にない「外京《げきょう》」がつく

れもまた、東アジアでの都と寺院の関係を反映したもので、寺院は都を構成する重要な景観の一つであった。

## 都市と住民

平城京の推定人口は、五万人から二〇万人まで幅があり、現在では五万人程度とする説が有力である。役人は一万人。そのうち、上級官人にあたる五位以上の「貴族」は一五〇人、中・下級の役人は五〇〇〇人ほど、残りは役所などでいろいろな下働きに従事する身分の低い者たちと推測されている。上流貴族たちは京のなかに居を構え、広大な宅地を占有していた。その広さは一町《ちょう》（約一二〇メートル四方）、広い場合には四町（まれに六町）であった。長屋《ながや》王《おう》の邸宅跡は発掘調査され、大量の木簡《もっかん》とともに、その詳細が知られた数少ない事例であろう（**図5**）。

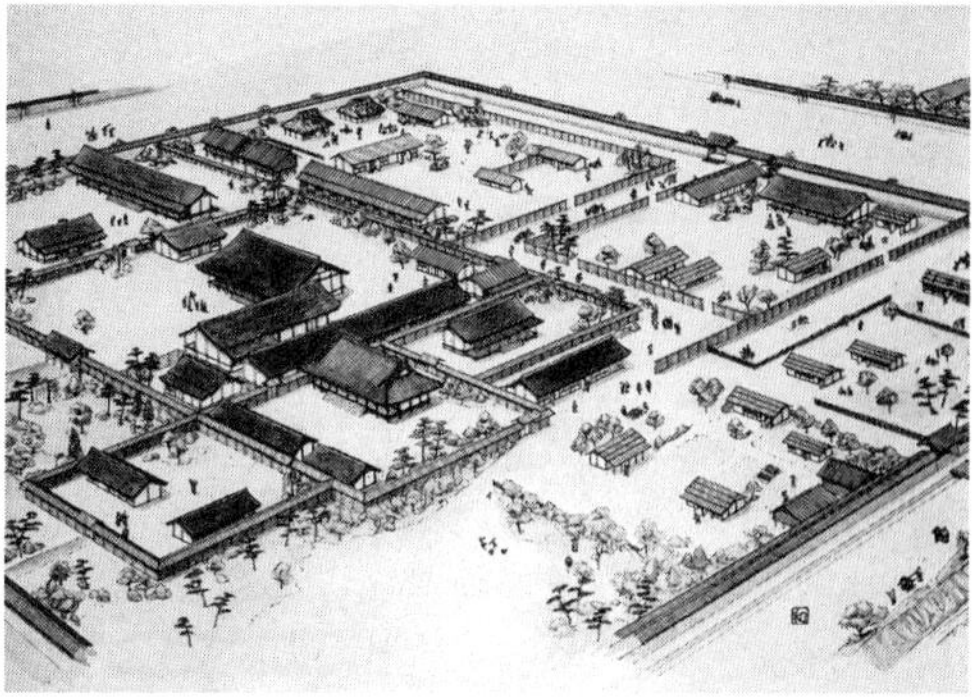

**図5** 長屋王邸復元図（画＝早川和子，図版提供＝奈良文化財研究所）

られ、そこには、興福寺や元興寺が建立された。

(22) 平安京では私寺の建立が禁止されたが、逆説的にいえば、そのこと自体、都と寺院の関係が如何に密接であったのかという点を物語っている。

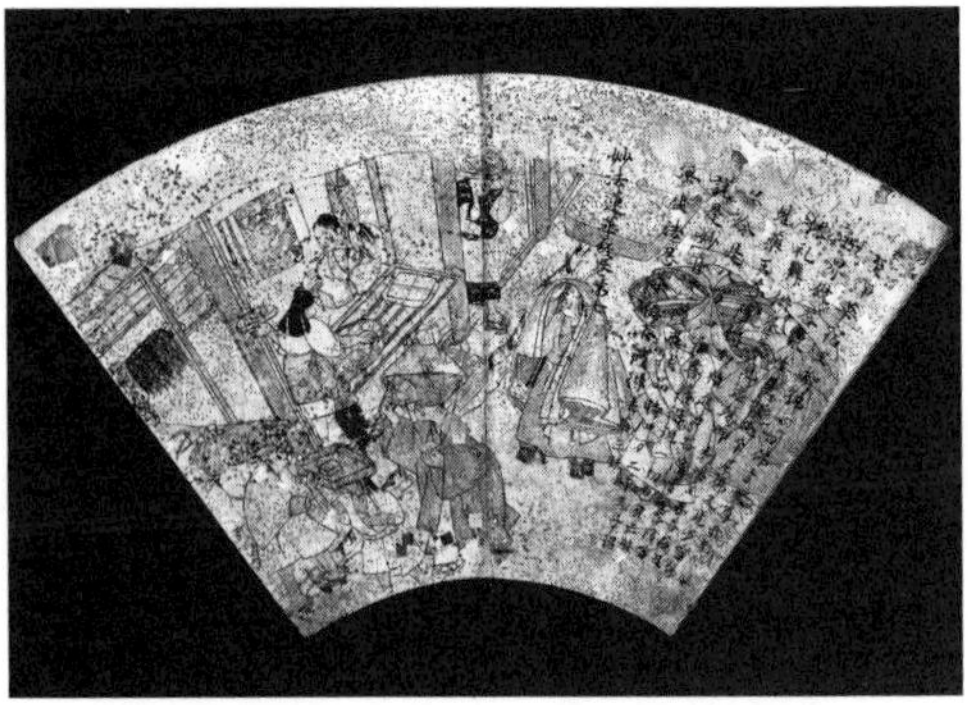

**図6**　「扇面古写経」の市のようす(「扇面法華経冊子」法華経巻7扇21「市場図」，四天王寺所蔵)

下級官人は、役所に勤務する役人であれば、京内に宅地をあてがわれたが、都の周辺から通勤する者も多かったらしい。彼ら都市住民の宅地は、時期的な変遷もあるが、一町を三二分割したうちの一つ分程度に過ぎなかった(一〇二頁、**図3**参照)。

一方、八条には、東市《ひがしのいち》・西市《にしのいち》(国営のマーケット)があり、多くの物品が集積し、売買されていた(**図6**)。平城京の場合、具体的な物品名はよくわからないが、『延喜式』によれば、米・麦・油・塩・海藻といった日常的な食料品や調味料のほかに、布・衣類・食器・薬など、かなり広範囲に及ぶ商品が売られていた。また、市の近くには堀河(運河)も通り、物資の移動には水運も用いられていた[23]。

こうした京の人々の生活が具体的にわかるようになったのは、正倉院に残された古文書や発掘調査の成果、そして何より出土した木簡の分析に負うところが大きい。平城京より古く、また面積が広い古代都市は世界中にたくさんあるが、都の人々の

(23) 近年では、水運は、日常生活のみならず、造都にも積極的に用いられていたことが、平城京や藤原京でも判明してきている。

具体的な生活がこれほど明確に解明された場所は、ほかには見あたらないであろう。

従来、平城京は、天皇や貴族たちの「宿営地」であり、経済的な自立が見えにくいところから、その未成熟が強調され、「都市」とは言いにくいとされてきた。しかし、発掘調査の進展にともなって、多くの人々、そしていろいろな階層の人々が集まり、[24]流通が展開したようすがしだいに明らかになってきた。その結果、現在では、西洋の「都市」の概念を古代日本にそのまま当てはめるべきではなく、平城京に一定の「都市性」を見るべきであろうとの見解が、主流を占めるようになっている。[25]

(24) 具体的には、列島の諸国から公文書を申上する官人や貢納物を運んでくる運脚、そして、商工業に従事する人々も存在した。

(25) 同時期の中国の都市機能と比較してもっとも異なるのは、その国際性の豊かさはもちろんであるが、唐代の漢詩文で明らかなように、花街や商業の発達度合いであろう。この相違は、都市としての成熟度の違いをよく表している。長安については[妹尾、二〇〇一]参照。

### 新たな「場」の出現

日本の都城は、中国の長安を日本的に改変して成立したと言われる。しかし、中国の都が紀元前の昔から営々として築かれ、発展してきたのに対して、日本の都がわずか数十年でつくられ、天皇の住まう都として、まがりなりにも整備・完成されたことは特記される。この点は、日本の古代国家の申し子とも言うべき、都と律令《りつりょう》という双子がほぼ同時に生み出されたことを意味してもいる。

筆者は、古代の日本が優れていたなどと言うつもりはない。しかし、前期難波宮《なにわのみや》からはじまって、平城京遷都まで約半世紀、このわずかな期間で、紆余曲折を経たとは言え、日本の都が整備されたことは驚異的である。その理由はいろいろ考えられるが、白村江《はくそんこう》での敗戦[26]以降における倭国《わこく》の対外的な危機意識や、唐王朝に対するあこがれと劣等感、そしてそれらの裏返しとなる急速な倭国の「軍国化」が背景にあった、と筆者は考えている。

ところが、八世紀後半以降、内乱や外敵との軋轢《あつれき》などによって、唐そして新羅の力は衰え[27]、日本に対する外圧は弱まった。軍縮の時代の到来である。こうなれば国際的な関係を重視して都を構え、威厳を誇示する必要性は少なくなったであろう。大極殿・朝堂院などの見せるための壮大な装置、言い換えれば、中国的な宮の機能は、桓武《かんむ》朝をピークとして[28]さほど顧みられなくなったのである。代わって、コンパクトで機能的であったが故に[29]、本来、主に天皇のプライベートな空間として使われた内裏内での政務や儀式が、重視されるようになったのであろう。

その後も、平安時代の政務・儀式のあり方は規範として末長く日本の社会に継承され、基本的に明治はじめまでの宮廷文化の基調となった。宮や都の景観と機能の変遷は、日本社会の立ち位置の変化を象徴しているとみることもできるであろう。

## 論文の概要

市大樹《ひろき》「躍動する飛鳥時代の都」は、主として推古朝から藤原京までの都宮につ

(26) 六六三年（天智二）に朝鮮半島の白村江（現在の錦江《クムガン》河口付近）で行われた、倭国・百済遺民の連合軍と、唐・新羅《しらぎ》連合軍との戦争。倭国・百済連合軍は大敗した。

(27) 中国では、七五五―七六三年にかけて、「安史《あんし》の乱」（唐の節度使《せつどし》であった安禄山《あんろくざん》とその部下の史思明《ししめい》らによって引き起こされた大規模な反乱）が起こり、新羅では八世紀末以降、内乱および飢饉《ききん》が続発した。

(28) 桓武天皇は、自己の出自の低さをカバーするために、正統性の根拠を中国思想に求めた。その結果、強烈な小中華思想を持つに至り、その一環が長岡京・平安京への二度にわたる遷都であっ

いて、文献史料および発掘成果を踏まえて、過不足なく叙述する。都宮の画期を、小墾田宮・前期難波宮・藤原京と捉え、最新の発掘成果をもとに、藤原宮の造営過程も活き活きと描く。七〇二年（大宝二）の遣唐使《けんとうし》が約三〇年ぶりに唐長安城を訪れたことを契期として、日本でも長安城のような「北闕型《ほっけつ》(30)」の都城を正式に目指し、平城京への遷都を行うことにしたとみる。

馬場基《はじめ》「平城京を探る」は、制度面よりも実態面に焦点を当て、平城宮・京の時期的変遷を扱う。平城宮の中央区は、中国的な「皇帝」としての天皇が君臨するための空間、東区は「倭国」の「大王」たる天皇が世襲的・血縁的・伝統的権威によりながら列島を支配するための空間であったとの指摘は、平城京の二面性をよく映し出す。平城京の光と陰、先進性と保守性、そしてシンボルの変遷、さらには平城京の限界など、発掘担当者ならではの視点が活かされている。

網伸也《のぶや》「長岡京から平安京へ」は、長岡京を中心としつつ、初期の平安京までを活写する。桓武天皇の血統をはじめとする特殊性が、長岡京への遷都理由であった点を文献史料から確認した上で、発掘調査から判明した長岡宮の立地的弱点が平安京への遷都理由であったとみる。平城京からの移転速度（主として河川交通の便）を重視し、立地条件を軽視した結果、逆にそれが長岡宮・京の欠点として現れ、平安京遷都につながったとの逆説的解釈は興味深い。

た。［川尻、二〇一一］参照。

(29) 夏・冬の気候や荒天時、また移動距離などを考慮すれば、容易に想像できよう。

(30) 北端に宮を置く都の型式。

李炳鎬《イビョンホ》「百済・新羅からみた倭国の都城」は、百済の都の泗沘《サビ》（忠清南道《チュンチョンナムド》）と新羅の都の慶州《キョンジュ》（慶尚北道《キョンサンブクド》）を取り上げ、文献史料と発掘調査の成果を併せて総合的に百済・新羅の都のようすを分析する。日本語で韓国の古代都城研究を紹介した数少ない論考であろう。さらに、それを踏まえて、従来、藤原京に中国の影響を見る見解が多いなか、同時期の新羅の影響、そしてすでに亡んだ百済の影響も、その遺民によってもたらされていたとする。日本と朝鮮半島の都城の関係については、不明な点が少なくないが、今後の研究の方向性を示す論考と思われる。

本書の執筆者は、文献史学・考古学と、その専門分野を異にしているものの、いずれも発掘経験を豊富に積んでいる。そのため、各論考には、日々の体験や思考のなかで育んできた深い問題関心が散りばめられている。読者の皆さんが、各執筆者の「古代の都」に対する「思い」を感じていただけたならば、編者としてこれに過ぎる喜びはない。

**引用・参考文献**

網　伸也、二〇一一年『平安京造営と古代律令国家』塙書房
李　炳鎬、二〇一五年『百済寺院の展開と古代日本』塙書房
市　大樹、二〇一二年『飛鳥の木簡』中公新書
井上和人、二〇〇八年『日本古代都城制の研究』吉川弘文館

今泉隆雄、一九九三年『古代宮都の研究』吉川弘文館
小澤　毅、二〇〇三年『日本古代宮都構造の研究』青木書店
狩野　久、一九九〇年『日本古代の国家と都城』東京大学出版会
川尻秋生、二〇〇三年「「桜井舎人部」考——上総国武射郡の事例から」『日本歴史』661
川尻秋生、二〇一一年『シリーズ日本古代史⑤　平安京遷都』岩波新書
川尻秋生編、二〇一九年『古代文学と隣接諸学8　古代の都城と交通』竹林舎
岸　俊男、一九八八年『日本古代宮都の研究』岩波書店
木下正史ほか編、二〇一〇年『古代の都1　飛鳥から藤原京へ』吉川弘文館
坂上康俊、二〇一一年『シリーズ日本古代史④　平城京の時代』岩波新書
佐藤信編、二〇一〇年『史跡で読む日本の歴史4　奈良の都と地方社会』吉川弘文館
妹尾達彦、二〇〇一年『長安の都市計画』講談社選書メチエ
瀧川政次郎、一九六七年『京制並に都城制の研究』角川書店
田島　公、二〇一四年「用明天皇の御名代の部・宮号舎人は何か——行田部、行田舎人・池田舎人」原秀三郎先生傘寿記念文集刊行会編『原秀三郎先生傘寿記念文集　学縁』
舘野和己、二〇〇一年『日本史リブレット　古代都市平城京の世界』山川出版社
田辺征夫ほか編、二〇一〇年『古代の都2　平城京の時代』吉川弘文館
寺崎保広、二〇〇六年『古代日本の都城と木簡』吉川弘文館
奈良文化財研究所編、二〇一〇年『図説平城京事典』柊風舎
西山良平ほか編、二〇一〇年『古代の都3　恒久の都平安京』吉川弘文館
仁藤敦史、二〇一一年『都はなぜ移るのか』吉川弘文館
橋本義則、二〇一一年『古代宮都の内裏構造』吉川弘文館
馬場　基、二〇一〇年『平城京に暮らす　天平びとの泣き笑い』吉川弘文館
林部　均、二〇〇八年『飛鳥の宮と藤原京　よみがえる古代王宮』吉川弘文館

古瀬奈津子、二〇一一年『シリーズ日本古代史⑥　摂関政治』岩波新書
吉川真司、二〇一一年『シリーズ日本古代史③　飛鳥の都』岩波新書
吉村武彦、二〇一〇年『シリーズ日本古代史②　ヤマト王権』岩波新書
吉村武彦ほか編、二〇〇七年『都城　古代日本のシンボリズム』青木書店
吉村武彦ほか、二〇一〇年『平城京誕生』角川学芸出版
渡辺晃宏、二〇〇一年『日本の歴史4　平城京と木簡の世紀』講談社

# 躍動する飛鳥時代の都

市　大樹

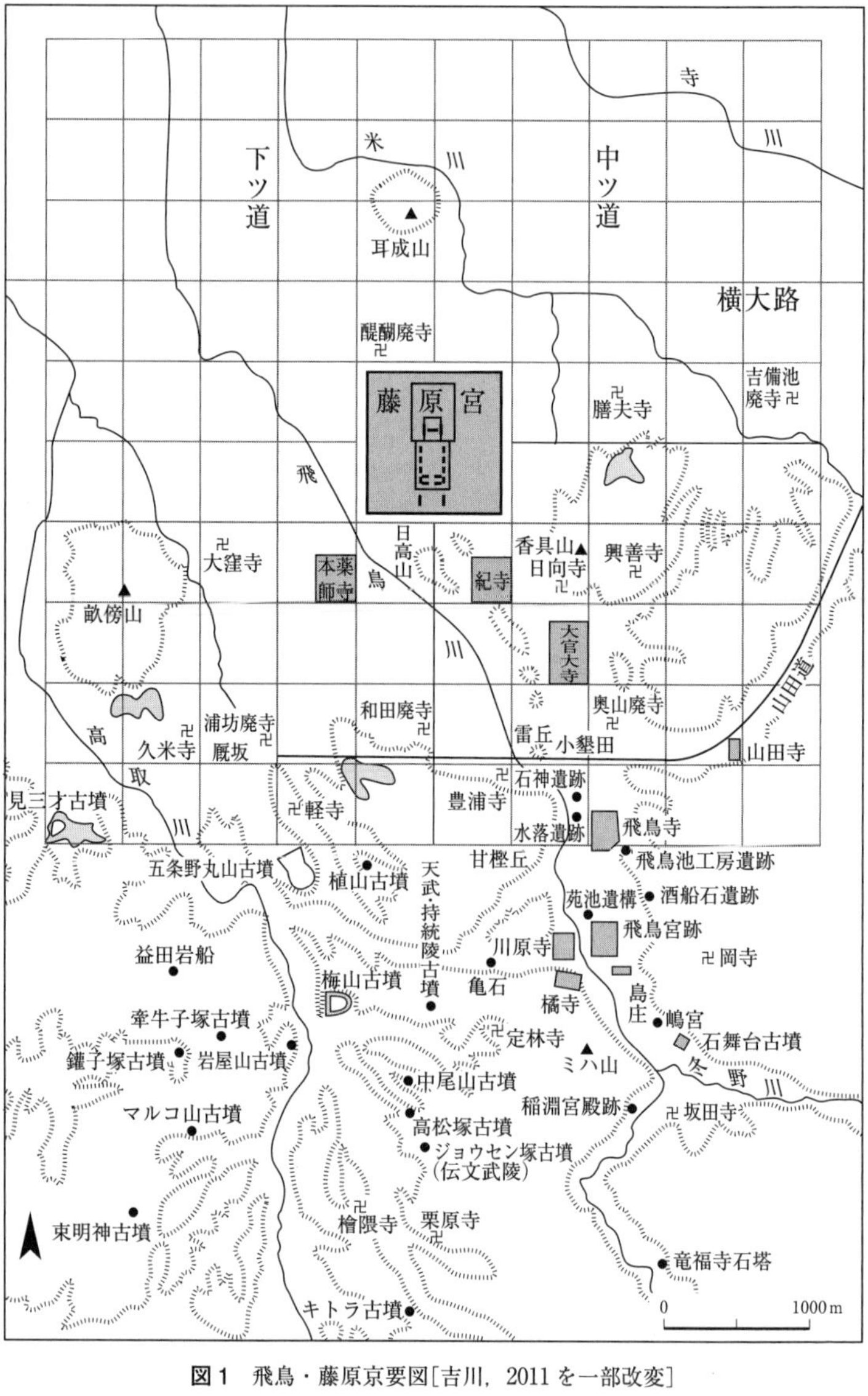


図1　飛鳥・藤原京要図[吉川，2011を一部改変]

## はじめに

奈良盆地の南端に位置する飛鳥《あすか》（**図1**）。狭小な盆地で、のどかな田園風景が広がる。少し想像しにくいが、飛鳥[1]とその周辺地が政治・経済・文化・宗教の中心となった時代があった。飛鳥時代である。推古《すいこ》天皇が豊浦宮《とゆらのみや》で即位した五九二年（崇峻《すしゅん》五）に始まり、元明《げんめい》天皇が平城京へ遷都した七一〇年（和銅《わどう》三）をもって終わる。[2]

飛鳥時代は、約三七〇年ぶりに中国を統一した隋《ずい》（五八一―六一八年）と唐《とう》（六一八―九〇七年）の誕生を受けて、東アジアが激動を迎えた時期にあたる。倭国《わこく》も無縁ではいられず、中央集権的な国家体制作りが喫緊の課題となった。しかし、それは一筋縄ではいかなかった。蘇我本宗家《ほんそうけ》[3]を滅亡させた乙巳《いっし》の変《へん》（六四五年）をはじめ、数々の政変が引き起こされ、唐・新羅《しらぎ》に大敗北を喫した白村江《はくそんこう》の戦い（六六三年）、朝廷を二分して争われた壬申《じんしん》の乱（六七二年）も体験している。

この激動の飛鳥時代を反映するかのように、王宮・王都は実に躍動的に展開していった。その実像については、『書紀』や『万葉集』などの文献や、日々実施されている発掘調査の成果を組み合わせることによって、かなり明瞭に描くことができる。以下、最新の研究成果を踏まえ、その展開過程を追ってみよう。

（1）古代の飛鳥は現在の明日香村の範囲よりかなり狭い。後述する飛鳥寺から南の飛鳥宮跡および川原寺にかけての一帯にすぎなかった。平地としては、東西〇・八キロメートル、南北一・六キロメートルほどである。

（2）美術史では、中国南北朝様式の作品を生み出した時代として、六世紀中葉の仏教伝来から、七世紀中葉の大化改新以前を指すことが多い。本論では政治史的な観点から飛鳥時代を捉えている。

（3）蘇我氏の傍系は乙巳の変後も生き残り、のちに石川氏を名乗る。

## 1　新たな胎動——推古・舒明・皇極天皇の時代

### 渡来人の配置と王宮の設定

現在の明日香村は、東側の飛鳥川流域、西側の高取《たかとり》川流域に大きく二分される[北村、二〇一三]。前者の中心地が飛鳥、後者の中心地が檜隈《ひのくま》である。本論では、飛鳥川流域を飛鳥地域、高取川流域を檜隈地域と呼ぼう。

古墳時代中期の五世紀は、王権の規制力が強く働く範囲が拡大し、のちの畿内《きない》に相当する内部領域が形成された時代であった[菱田、二〇一二]。すなわち、王権が主導して、奈良盆地と河内平野を中心に、鍛冶《かじ》・玉《たま》作り・窯業《ようぎょう》・製塩《せいえん》・飼馬《しば》など各種の生産拠点や、王墓、外交施設などが造られ、朝鮮半島などからの移住者である渡来人の編成・配置も進められた。当時、天皇(4)の代ごとに王宮が移動する「歴代遷《れきだいせん》宮《ぐう》(5)」が行なわれており、天皇・皇子・后妃などの宮が畿内の各所に戦略的に設けられた。王宮は特に奈良盆地の東南部に多い。

飛鳥・檜隈地域にも、五世紀に東漢《やまとのあや》氏と総称される渡来人が配置された。また、五世紀から六世紀にかけて、①応神《おうじん》天皇の軽島豊明宮《かるしまのとよあきらのみや》、②允恭《いんぎょう》天皇の遠飛鳥《とおつあすか》宮、③顕宗《けんぞう》天皇の近飛鳥《ちかつあすか》宮、④宣化《せんか》天皇の檜隈廬入野《ひのくまのいおりの》宮が設置された。①の営まれた軽《かる》

(4) 天皇号の成立は七世紀であるが(そのなかで諸説あり)、それ以前の倭国王も便宜的に「応神天皇」「欽明《きんめい》天皇」などの言い方をする。皇太子なども同様。

(5) 歴代遷宮の理由・要因としては、A父子別居の慣行、B天皇の死穢《しえ》の忌避、C掘立柱《ほったてばしら》建物の耐用年数、D天皇即位式との関連、E代替わりにともなうリセット・再生、などが指摘されてきた。

の地には、⑤懿徳《いとく》天皇の軽曲峡宮《かるのまがりおのみや》、⑥孝元《こうげん》天皇の軽境原宮《かるのさかいはら》の名も伝わる。北へ少し離れるが、⑦衣通郎女《そとおしのいらつめ》(允恭天皇の后)の藤原宮も伝承されている。

平安初期の仏教説話集『日本霊異記《りょういき》』には、雄略《ゆうりゃく》天皇の命を受けた少子部栖軽《ちいさこべのすがる》が雷を捕まえるために、「磐余宮《いわれ》」付近の「阿倍《あべ》」から、「山田《やまだ》の前の道」「豊浦寺の前の路」を経ながら、「軽の諸越《もろこし》の衢《ちまた》」まで走り抜けた話がみえる。磐余と軽を結ぶ幹線道路、山田道[6]の著名な史料である(**図1**参照)。香具山《かぐやま》[7]東北麓の磐余には、五世紀から六世紀にかけて、a履中《りちゅう》天皇の磐余稚桜宮《わかさくら》、b清寧《せいねい》天皇の磐余甕栗宮《みかくり》、c継体《けいたい》天皇の磐余玉穂宮《たまほ》、d用明《ようめい》天皇の磐余池辺双槻宮《いけべのなみつき》などが営まれた。山田道の本格的な整備は七世紀にくだるが、二つの王宮地帯を結ぶ点からも、前身道路は十分に想定できる。

なお「衢」とは、道路の分岐点のこと。七世紀になると、奈良盆地の中央部を南北に縦断する下《しも》ツ道《みち》が整備され、山田道と交差する地点が軽衢であった。下ツ道は北は山背《やましろ》(現、京都府)へ、南は紀伊(現、和歌山県)へ抜ける幹線道路で、前身道路が七世紀以前に遡る可能性が高い。応神朝に百済《くだら》から贈られた良馬を軽の坂上《さかのうえ》の厩《うまや》(厩坂《うまやさか》)で飼育し、朝貢した蝦夷《えみし》[8]を使役して「厩坂道」を造ったとされる。

一方、河内から伊賀(現、三重県)方面へ抜ける東西幹線道路として、横大路《よこおおじ》が存在した。その整備も七世紀であるが、やはり前身道路が想定できる。奈良盆地東縁

(6) 「阿倍山田道」と呼び慣わされるが、『日本霊異記』を正しく読解すれば、「山田道」とすべきである(山本崇「歴史料としての日本霊異記」瀬間正之編『「記紀」の可能性』竹林舎、二〇一八年)。

(7) 奈良盆地南東部の大和三山のうち、東に位置する山。「天香具山」と「天」を冠して呼ばれ、最も神聖視された。

(8) 古代に東北・北海道地域に住んでいた人々。

部の山辺《やまのべ》の道と横大路前身道路の交差地点が海石榴市《つばいち》衢で、大和《やまと》川（初瀬《はつせ》川）との結節点でもあり、亭《うまやたち》（馬屋、厩）も置かれた。その名のとおり市が立ち、歌垣《うたがき》(9)や刑罰の場としても知られる。同じく軽にも市が開かれ、七世紀後半にくだるが、柿本《かきのもとの》人麻呂《ひとまろ》が妻の死の悲しみを詠んだ歌には、軽市の賑わいぶりがよく示されている。(10)

## 蘇我氏の進出、飛鳥寺の造営

六世紀には蘇我氏が、曽我《そが》の地から、東南の檜隈・飛鳥地域に進出してくる。まず、蘇我稲目《いなめ》は、娘の堅塩媛《きたしひめ》・小姉君《おあねのきみ》を欽明《きんめい》天皇に嫁がせ（**図2**）、渡来人を活用しながら、全国各地に屯倉《みやけ》を設定・拡大していった。(11)近隣では檜隈地域の韓人大《からひとのおお》身狭《むさ》屯倉・高麗《こま》人小身狭《びとのおむさ》屯倉があげられる。(12)これを機に檜隈地域に進出し、さらに飛鳥地域へ向かった。軽曲殿《かるのまがりどの》・小《お》墾田家《はりだのいえ》・向原家《むくはらのいえ》を構えており、前身山田道沿いに檜隈・飛鳥地域の北側をおさえていった。

その後を嗣いだ蘇我馬子も、槻曲家《つきのまがりのいえ》・石川宅《いしかわのいえ》・飛鳥河傍家《あすかがわのほとりのいえ》を構えた。槻曲家は軽曲殿のこととみられ、石川宅もその東隣にあたる。一方、飛鳥河傍家は飛鳥川流域のやや奥まった場所で、新たに飛鳥地域の南側もおさえた格好になる。その居宅の庭園にちなみ、馬子は「嶋大臣《しまのおとど》」と呼ばれた。その故地の島庄《しまのしょう》遺跡では石積《いしづみ》方形《ほうけい》池(13)などがみつかり、東接する石舞《いしぶ》台《たい》古墳は馬子の桃原墓《ももはらのはか》として著名である。

(9) 男女が集まって歌を詠み交わし、舞踏して遊ぶ行事。求婚の場ともなった。

(10) 『万葉集』二〇七番歌。

(11) 屯倉は倭王権が設置した政治的・軍事的拠点。付属田地の耕作者（田部《たべ》）を「名籍《なのふみた》」に登載するなど、蘇我氏は新たな統治の仕組みを導入した。

(12) 中・遠方では、筑紫《ちくし》（現、福岡県）の那津《なのつ》屯倉、吉備《きび》（現、岡山県）の白猪《しらい》屯倉・児島《こじま》屯倉、紀伊の海部《あま》屯倉など。

(13) 一辺四二メートル、深さ二メートル。径五〇センチほどの川原石をほぼ垂直に積んで護岸とし、

蘇我氏は百済伝来の仏教を積極的に受容し、その居宅に仏教施設を設けた。馬子は廃仏派の物部守屋《もののべのもりや》を滅ぼすと、五八八年（崇峻元）に倭国初の本格寺院、飛鳥寺の造営に着手する。その際、百済から寺工《てらたくみ》・鑪盤博士《ろばんのはかせ》・瓦《かわら》博士・画工《えかき》の援助を受けた。寺院は瓦葺の礎石建物で、伝統的な掘立柱《ほったてばしら》建物(14)とは勝手が違う。

まず大量の瓦を焼く必要がある。重量のある瓦を屋根に葺くためには、土台の基壇を版築《はんちく》(15)の技法で頑丈に築き、その上面に礎石を据えて太い柱を立て、それらを組

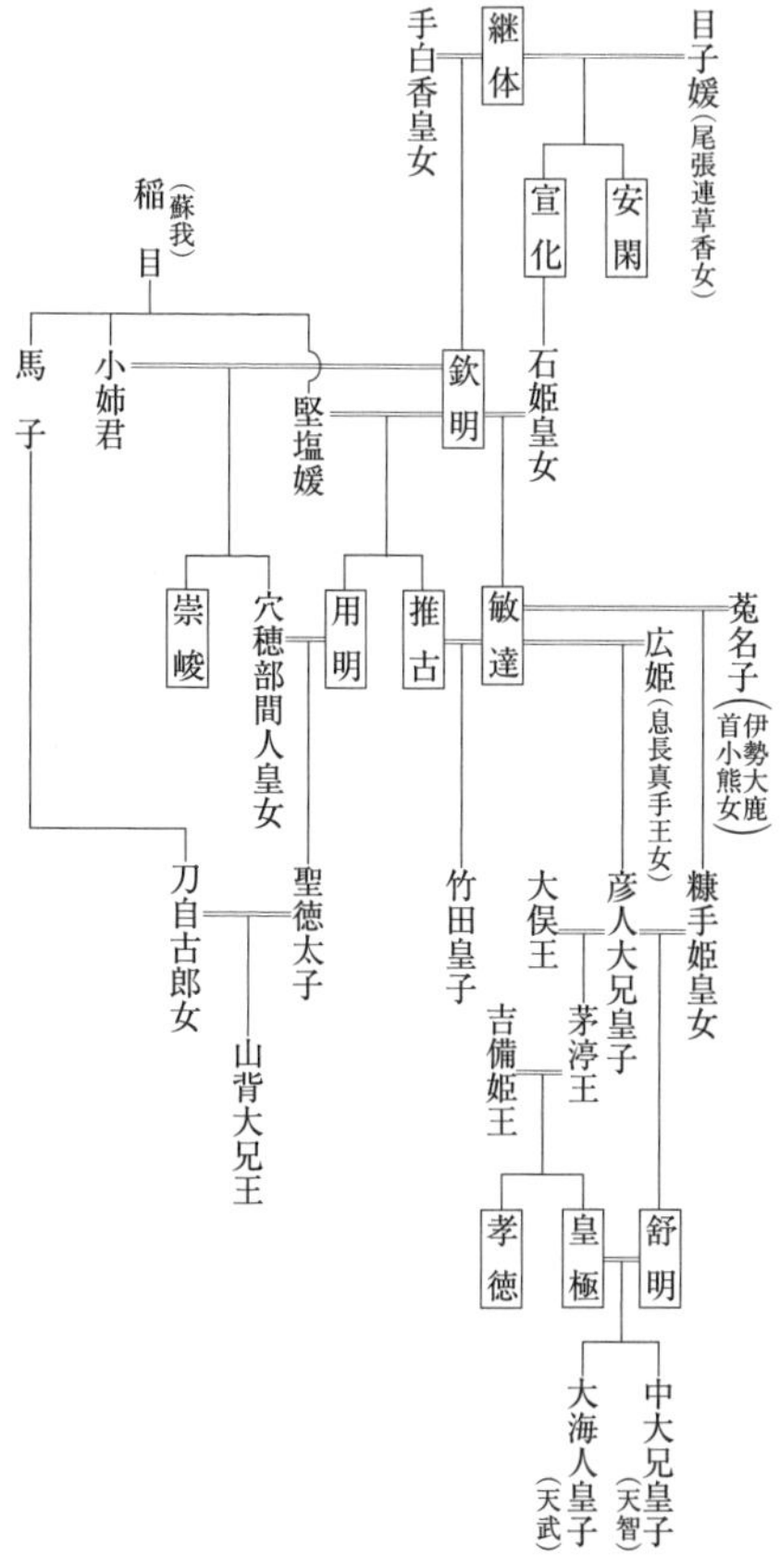


**図2**　天皇家・蘇我氏系図［吉川, 2011］

底にも二〇—三〇センチほどの川原石を敷く。

島庄遺跡の石積方形池（写真提供＝奈良県立橿原考古学研究所）

(14) 地面に穴を掘り、そのまま柱を立てた建物。

(15) 板枠などを設けて、そのなかに土を盛り、一層ずつ杵などで突き固めていく技法。コンクリートのような強度となる。

み物で連結しなければならない。また、塔の天辺には相輪《そうりん》⑯を載せる必要もある。寺院建築は瓦・礎石のほか、朱塗りの柱、白い漆喰《しっくい》で塗られた土壁、緑の連子《れんじ》窓《まど》⑰、金《こん》銅《どう》製の飾り金具などが印象的であるが、色鮮やかな仏教絵画も看過できない。

堂塔を構えるだけでも、最低限これらを造る新たな技術が必要となる。百済人技術者の指導を仰がなければ、本格的な寺院の造営は到底不可能であった。飛鳥寺の所用瓦が百済のものに酷似することは、その関係性をよく物語る。

飛鳥寺の中心伽藍《がらん》は、塔を中心に北・東・西に金堂《こんどう》を配す「一塔三金堂式」である。これは日本列島で他に例をみないが、高句麗《こうくり》の清岩里《せいがんり》廃寺《はいじ》などで類似の伽藍が確認されている。なかでも、高くそびえる五重塔は目を引いたであろう。地下深くに巨大な塔心礎《とうしんそ》を据え付け、五九三年、舎利《しゃり》容器と数多くの埋納品を納めて、心柱《しんばしら》が立てられた。仏舎利《ぶっしゃり》の埋納儀礼は百済でも盛んであった。扶余《プヨ》の王興《おうこう》寺や益山《イクサン》の弥勒《みろく》寺では、仏舎利や埋納品が塔心礎から発見され、埋納の経緯を記す銘文もある。飛鳥寺の場合、金銀の小粒や延板《のべいた》など、その後寺院の鎮壇具《ちんだんぐ》⑱に継承されるものがある一方で、鉄製の挂甲《けいこう》⑲・小刀《こがたな》、金銅製の耳飾《みみかざり》・飾金具《かざりかなぐ》、青銅製の馬鈴《ばれい》、勾玉《まがたま》や管玉《くだたま》など、古墳の副葬品と見紛うような品々も含まれていた。

飛鳥寺の造営は急ピッチで進められ、五九六年には金堂と塔が完成した。この年、馬子の子である善徳《ぜんとく》が寺司《てらのつかさ》に任命され、高句麗僧慧慈《えじ》と百済僧慧聡《えそう》が止住している。

(16) 塔の屋根から天に向かって突き出た部分。下から露盤《ろばん》・伏鉢《ふくばち》・請花《うけばな》・擦管《さっかん》・九輪《くりん》・水煙《すいえん》・竜車《りゅうしゃ》・宝珠《ほうじゅ》で構成される。

(17) 四角の窓枠に縦ないし横に格子が装着された窓。

(18) 地鎮のために埋納される品々。

(19) 鉄や革などの小札《こざね》を革紐や組糸で綴り合わせた甲《よろい》。

その後、六〇五年に鞍作鳥《くらつくりのとり》が造仏工となり、銅製・絹製の丈六仏《じょうろくぶつ》(20)の製作が開始された。高句麗は黄金三〇〇両を贈って支援している。六〇六年(一説には六〇九年)四月八日、銅製丈六仏は完成し、金堂に安置された。現在も飛鳥寺に鎮座する飛鳥大仏は、その面影を今に伝える。即日、盛大な斎会《さいえ》(21)が催された。以後、四月八日の仏誕会《ぶったんえ》(22)、七月一五日の盂蘭盆会《うらぼんえ》(23)が恒例行事となる。これらは祖霊供養を通じて、天皇への奉仕を誓約させる狙いもあった[古市、二〇〇九]。

飛鳥寺は蘇我氏の氏寺《うじでら》として建立されたが、五九四年に推古天皇が三宝(24)興隆を宣言すると、準官寺として扱われる。以後、飛鳥地域を中心に周辺各地で寺院が造営された。六二四年には四六寺あり、僧八一六人、尼五六九人がいたと伝わる。エキゾチックな寺院は王都に不可欠の存在となる。

**豊浦宮から小墾田宮へ**

時計の針を少し戻そう。五九二年一一月三日、蘇我馬子の命を受けた東 漢 駒《やまとのあやのこま》が崇峻天皇を倉梯柴垣宮《くらはしのしばかき》で暗殺し、一二月八日、推古天皇が甘樫丘《あまかしのおか》北西麓の豊浦宮で即位した。その間わずか一カ月で、豊浦宮は既存施設、具体的には蘇我氏の向原家を利用したようである。のちに豊浦宮は豊浦寺となるが、後身の向原寺《こうげんじ》の下層からは周囲が石敷の掘立柱建物などが検出されている。豊浦宮は「佐久羅韋等由良《さくらいとゆら》

(20) 釈迦の身長である一丈六尺(約四・八メートル)の仏像。

(21) 僧尼に斎食《さいじき》を供すること。

(22) 釈迦の誕生日である四月八日に、誕生仏に香水や甘茶などを頭頂から注ぐ仏事。灌仏会《かんぶつえ》とも。

(23) 種々の供物を祖先の霊・新仏・無縁仏に供えて冥福を祈る仏事。

(24) 仏・法(経典)・僧のことで、総じて仏教を指す。

宮」（桜井豊浦宮）とも呼ばれた。「桜井舎人部《さくらいのとねりべ》」と書かれた史料があり、桜井宮（＝豊浦宮）に出仕した桜井舎人の存在が確かめられる。[25]

五世紀以降、王宮に奉仕する集団（名代《なしろ》、子代《こしろ》）が列島各地に設定され、王宮の所在地名が命名の由来となった［狩野、一九九〇］。清寧天皇の白髪部《しらかべ》を例にとると、磐余甕栗宮が「白香谷《しらかのたに》」に所在したことにちなむ。白髪部舎人・白髪部膳夫《かしわで》・白髪部靫負《ゆげい》が設定され、天皇の身の回りの世話、食事の世話、王宮の警備にあたった。各地に白髪部が設定され、その地を治める豪族の子弟が舎人・膳夫・靫負として甕栗宮に出仕し、地元の白髪部集団が彼らの生活費や王宮の諸経費を負担した。

こうした仕組みのもと、宮号舎人も次々と誕生したが、ついに桜井舎人がその掉尾を飾ることとなった。これ以降も王宮は設定されたが、個別に舎人を置かなくなり、代わりに天皇に仕える大舎人《おおとねり》が誕生する。これは王宮のあり方が変化したことを示唆する。その新たな王宮こそ、小墾田宮《おはりだのみや》にほかならない。

六〇一年（推古九）五月、推古は耳梨行宮《みみなしのかりみや》に移動した。豊浦の東隣である小墾田に新宮を造営するにあたり、その喧噪を避けるためであろう。六〇三年一〇月四日に推古は小墾田宮へ移るので、造営期間は約二年半となり、当時としては長い。六〇一年二月、厩戸皇子《うまやどのみこ》（聖徳太子）も斑鳩宮《いかるがのみや》の造営に着手し、六〇五年一〇月に居住する。斑鳩宮の造営期間のほうが長いのは、相対的に投入できる労働力が少ないこと、

(25) 本書、川尻秋生「〈古代の都〉への招待」参照。

(26) 一帯の条里制による正方位の地割に対して斜行し、「筋交道《すじかいみち》」とも呼ばれる。

(27) 六二六年に完成した隋の正史。隋の滅亡した六一八年からさほど時

西隣に斑鳩寺《いかるがでら》（法隆寺）を造営したことの影響が考えられる。斑鳩宮は小墾田宮を補完する役割が期待され［東野、二〇一七］、両宮は「太子道《たいしみち》」(26)で緊密に結ばれた。

実は、小墾田宮と斑鳩宮の造営には、六〇〇年の遣隋使《けんずいし》が大きく関係した。倭の五王以来の約一二〇年ぶりとなる中国への遣使であったが、『隋書《ずいしょ》』(27)倭国伝によれば、「倭王は天を以て兄となし、日を以て弟となす。天いまだ明けざる時、出《い》でて政《まつりごと》を聴き、跏趺《かふ》して坐し、日出ずれば便《すなわ》ち理務を停《や》め、云《い》う我が弟に委《ゆだ》ねん」*と未明の聴政について述べ、隋の文帝《ぶんてい》に「これ大いに義理なし」*と一蹴されている。

文帝に未開国の烙印を押された倭国は、東アジアの国際秩序を強く意識し、それにふさわしい政治システムや儒教的な秩序理念（礼制《れいせい》）(28)の構築に尽力する。冠位十二階の制定（六〇三年）・施行（六〇四年）、憲法十七条の制定（六〇四年）、朝礼の改定（六〇四年）などは、その直接的な対応策にほかならない。六〇一年に始まる小墾田宮と斑鳩宮の造営も、その一環として位置づけられる。

### 小墾田宮の歴史的位置

小墾田宮は図3のように復元されている［岸、一九九三］。南を正面とし、南門《なんもん》（宮門《みかど》）を入ると朝庭《ちょうてい》が広がり、東西には庁（朝堂《ちょうどう》）が並ぶ。以上が臣下の空間である。その北の大門《だいもん》（閤門《こうもん》）を入ると大殿《おおとの》があり、天皇の空間となっていた。この大殿―大

間がたたずに編纂された。

*（大意）倭王は天を以て兄となし、日を以て弟となしています。天がいまだ明けないうちに政務を行ないますが、その際、結跏趺坐《けっかふざ》によっております。日が出たら政務をやめ、我が弟に委ねるのでございます。

*（大意）これはまったく道理に合わない。

(28) ①吉礼（祖先を祀る廟礼などの祭祀）、②凶礼（喪葬）、③賓礼（外交儀礼）、④軍礼（軍隊と戦争）、⑤嘉礼（冠婚）の五礼を基本とし、①②⑤は家の儀礼、③④は国家全体の儀礼とされた（大隅清陽『律令官制と礼秩序の研究』吉川弘文館、二〇一一年）。

**図3** 小墾田宮の概念図
［岸，1993］

門(閤門)—庁・朝庭—南門という空間構成は、その後の王宮の基本形態となる。それまでの王宮の空間構成と大差ない、という意見もあるが、少なくとも外交儀礼にも堪えうる立派な庁・朝庭を備えた点は画期的といってよい。

六〇八年(推古一六)、前年に隋へ派遣された小《お》野妹子《ののいもこ》にともなわれ、隋使裴世清《はいせいせい》が倭国にやってきた。隋使が四月に筑紫に着くと、出迎えの使者が遣わされ、難波に滞在用の新館(難波館《なにわのむろつみ》)(29)が造られた。瀬戸内海を航行してきた隋使は、六月一五日、難波の江口で飾船《かざりぶね》三〇艘に出迎えられ、しばらく新館に滞在した。八月三日に隋使は京に入る。その際、海石榴市衢で飾馬《かざりうま》七五匹が出迎えており、小墾田宮との位置関係から、大和川の舟運を利用したと考えられている(30)。途中、斑鳩宮や斑鳩寺も遠望したであろうし、あるいは宿泊したことも考えられる。

八月一二日、小墾田宮で国書《こくしょ》(31)・信物《くにつもの》(32)の進上儀が実施された。それぞれの冠位に応じて着飾った官人らが立ち並ぶなか、隋使は二人の導者に導かれて朝庭に入り、信物を朝庭に置き、国書を持ちながら、四《し》拝《はい》して使の旨を言上した。その際、推古は大門より奥の大殿におり、隋使の前に姿を直接現していない。ついで、導者の一

(29) 難波にある外国使節の滞在施設。高句麗・百済・新羅など国別に設置された。

(30) ただし、河内から大和へ抜ける際、「亀《かめ》ノ瀬《せ》」と呼ばれる難所を通るため、この区間は陸路を利用した可能性がある。

(31) 君主間の手紙。国際秩序により書式が定まる。

(32) その地方の産物である貢ぎ物。進上することで服属を示す意味合いをもつ。ただし、あくまでも倭国側の認識である。

人が国書を受け取って北に進み、それを迎えに出てきた人物を介して、国書は大門の前の机に置かれて奏上された。その後、八月一六日に小墾田宮で、九月五日に難《なに》波大郡《わのおおごおり》で(33)、隋使への饗宴が催された。

これまで倭国では、難波館に外国使節を滞在させ、難波館やそれに近接する難波大郡に群臣を派遣して外交交渉や儀礼にあたらせた。六〇八年の事例では、天皇が外国使節と対面しないなど前代的な面もあったが、新たに王宮内に外国使節を招き、中国風の迎接・外交儀礼を挙行した点で画期的だった[田島、一九八六]。

内政的には、朝参(ミカドマイリ)が励行され、朝礼が整備された点が注目される。六〇四年制定の憲法十七条(34)の第八条では、早く出仕し遅く退庁すべきことを訓戒している。また、同年の朝礼改定では、宮門を出入する際には、両手を地面に押しつけ、四つん這いで進んで敷居を跨ぐように指示している(匍匐《ほふく》礼)。

もうひとつ、六一二年に百済人の路子工《みちこのたくみ》(別名、芝耆摩呂《しきまろ》)が南庭に須弥山《しゅみせん》形と呉《くれ》橋《はし》を構えたことも、何かと示唆的である。

まず須弥山とは、仏教世界の中心にある想像上の高山である。小墾田宮推定地の南方にある石神《いしがみ》遺跡では、須弥山石(35)が発見されており(後述)、これに該当しよう。また、平安時代の私撰史書である『扶桑略記《ふそうりゃっき》』によれば、小墾田宮への遷宮の際に、厩戸皇子が諸法師に命じて安宅経《あんたくきょう》を講説させたという。異国の宗教である仏教が王

(33) 外交使節を饗応し、外交儀礼などを挙行するための施設。難波館に隣接する。

(34) 厩戸皇子が作ったとされる、官人の心構えを説いたもの。

(35) サイフォンの原理を利用した噴水施設である。

復元した須弥山石(写真提供＝奈良文化財研究所)

宮内に受容されたという点で画期的であった。

つぎの呉橋は、中国南朝に由来する橋とみられる。『書紀』では右の記事に続いて、「呉」(中国の江南地域)で伎楽《ぎがく》(36)の舞を学んだ百済人の味摩之《みまし》を、桜井に住わせ、少年に教習させたことがみえる。北朝の隋が五八九年に中国の南北を統一するまで、百済は南朝と活発に交流しており、倭国も百済を介して南朝文化の摂取につとめた。五世紀には倭の五王も南朝の宋《そう》に遣使している。

六〇〇年以降、倭国は隋に遣使するようになるが、隋を絶対視していない。六〇七年の「日《ひ》出《いず》る処の天子《てんし》、書《しょ》を日《ひ》没《ぼっ》する処の天子に致す」で始まる著名な国書も、倭は隋を同格に位置づけている。前述した礼制の整備も中国南朝の礼制がモデルになった[榎本、二〇一二]。また、遣隋使の一員として派遣され、六一八年の隋の滅亡を体験し、六二三年に新興の唐から帰国した恵日《えにち》らは、「大唐国は法式備り定れる珍《たから》の国なり。常に達《かよ》うべし」*と遣唐使の派遣を勧めたが、その実現は六三〇年まで遅れる。長らく倭国にとっての中国文化とは南朝文化であり、北朝の隋や唐が南北を統一しても、すぐには北朝文化に傾倒しなかったのである。

ちなみに、南朝では建康《けんこう》城が長らく王都として機能したが、正方位のプランとはなっていない(後掲、**図17**参照)。七世紀前半の飛鳥地域では、飛鳥寺を除いて正方位の建物プランはみつかっていない。小墾田宮も同様であった可能性がある。

(36) 笛・三鼓《さんのつづみ》・銅拍子《どびょうし》の伴奏による仮面劇。

* **(大意)** 大唐国は律令などの法式が備わり定まった貴重な国です。常に遣使するのがよいでしょう。

**道路網の整備**

古代の奈良盆地では、四里(約二・一キロメートル)の間隔で、東から上《かみ》ツ道《みち》・中ツ道・下ツ道が南北に縦断し、横大路が東西に横断した(**図1**参照)。横大路以南の上ツ道は山田道となり、前述のように、西進して下ツ道と軽の地で交差した。

これらは基本的に正方位の直線道路であったが、いつ整備されたのか。これまで重視されてきたのが、『書紀』推古二一年(六一三)一一月条の「難波《なにわ》より京《みやこ》に至るまでに大道《たいどう》を置く」という記事である〔岸、一九八八〕。六〇八年到来の隋使が大和川の舟運を利用したことは先に述べたが、六一〇年に新羅・任那《みまな》[37]使が来朝した際も同様であった。『隋書』倭国伝は、倭国王が裴世清に「今、故《ことさら》に道《みち》を清《きよ》め館《たち》を飾り、以て大使《たいし》を待つ」と述べたと記すが、実際に陸路が使用された区間は限られていた。こうした外国使節の到来を契機として、道の本格的整備を目指したと理解されている。その場合、「大道」とは横大路とそれに接続する道となる。

三道に関しては、前年の六一二年二月二〇日、堅塩媛を「檜隈大陵《ひのくまのおおみささぎ》」に改葬する際に、軽衢で盛大な誄《しのびごと》[38]を催したことが注意される。「檜隈大陵」は欽明の葬られた檜隈坂合陵《ひのくまのさかいのみささぎ》のことで、五条野《ごじょうの》丸山《まるやま》(見瀬《みせ》丸山《まるやま》)古墳が該当しよう。堅塩媛は先述のように蘇我稲目の娘で、欽明との間に生まれたのが推古であった。堅塩媛の改葬を

(37) 狭義には伽耶《かや》諸国のひとつ金官国《きんかんこく》を指すが、伽耶諸国全体をさす場合もある。

(38) 故人を偲んで、その霊に向かって生前の功徳などを述べる儀礼。

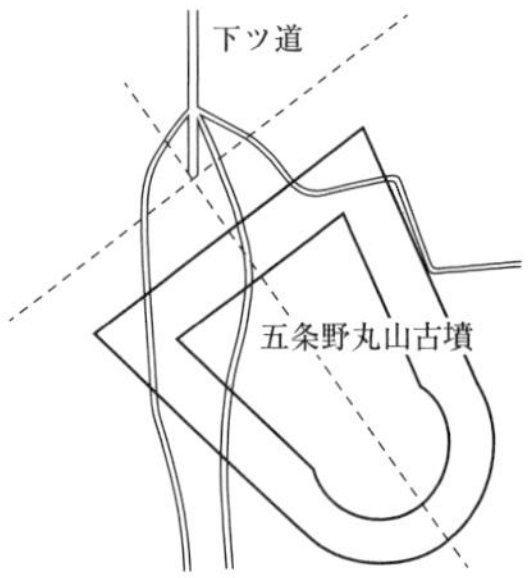


**図4**　五条野丸山古墳と下ツ道の関係［岸，1993を一部改変］

通じて、推古および蘇我氏の権力誇示を狙ったのである。五条野丸山古墳は軽衢の南方五〇〇メートルほどの地点にあり、これを起点に下ツ道は北に直進する（**図4**）。この誄を契機に三道を設定したことは十分に想定できる［小澤、二〇一八］。

一方、推古朝は太子道など斜行道路が整備された時代で、三道・横大路のような正方位の直線道路が整備される時期を、『書紀』白雉《はくち》四年（六五三）六月条の「百済・新羅、使を遣《まだ》して貢調《みつきたてまつ》り物献《ものたてまつ》る。処々の大道を修治《つく》る」や、斉明《さいめい》朝の「倭京《わきょう》」大整備（後述）と関連づけて、もう少しくだらせる見方もある。今後の議論を慎重に見守りたい。

### 飛鳥岡本宮から百済宮へ

六二九年（舒明《じょめい》元）正月四日、推古の後継者をめぐる群臣間の対立を経て、舒明天皇が蘇我蝦夷に擁立されて即位した。舒明は蘇我氏の血を引かないが、法提郎媛《ほてのいらつめ》（蘇我馬子の娘）との間に古人大兄皇子《ふるひとのおおえのみこ》が誕生しており、その即位を見越したのであろう。

六三〇年一〇月一二日、舒明は飛鳥岡《あすかのおか》の傍に移った。飛鳥岡本宮《あすかおかもとのみや》である。飛鳥寺南方の飛鳥宮跡では、大きく三時期の遺構が検出され、下層のⅠ期が飛鳥岡本宮（六三〇—六三六年）、中層のⅡ期が飛鳥板蓋《あすかいたぶき》宮（六四三—六四五・六五五年）、上層のⅢ—A期が後飛鳥岡本《のちのあすかおかもと》宮（六五六—六六七年）、Ⅲ—B期が飛鳥浄御《あすかきよみ》原《はら》宮（六七二—六九四年）と理解されている［林部、二〇〇一／小澤、二〇〇三］。

六三六年六月、飛鳥岡本宮が火災にあい、舒明は田中《たなか》宮[39]に避難した。七月、大派王《おおまたのおおきみ》（敏達《びだつ》天皇の子）は朝参が不十分な現状に対して、卯刻《うのこく》（午前五—七時）の出仕、巳刻《みのこく》（午前九—一一時）の退庁を提案したが、蘇我蝦夷は従わなかったという。蘇我氏の専横ぶりを印象づけるが、当時の職務は基本的に王族や群臣・豪族の居宅でなされ、朝参の必要性が乏しかった点を見逃してはならない。

六三九年七月、舒明は百済宮《くだらのみや》・百済大寺《くだらのおおでら》の造営を命じた。百済は磐余地域に属し、祖父敏達天皇の百済大井《くだらのおおい》宮、父押坂彦人大兄皇子《おしさかのひこひとのおおえのみこ》の水派《みまた》宮もあった。舒明は蘇我氏の影響力の強い飛鳥の地を離れ、父祖の地へ回帰したのである。『書紀』は「西の民は宮を造り、東の民は寺を作る」と記しており、広域的な労働力の徴発が実施された点でも注目される。また、王宮と寺院のセット関係は、直接には厩戸の斑鳩宮と斑鳩寺に倣ったものであろう。[40]百済大寺は天皇が発願した初の寺院となった。

行幸先の伊予温泉《いよのゆ》宮から戻った舒明は、六四〇年四月一六日に厩坂《うまやさか》宮に居住した

（39）のちに田中宮は田中廃寺になった。奈良県橿原《かしはら》市田中町に所在。

（40）厳密な意味での東西並列ではないが、豊浦宮・小墾田宮と飛鳥寺もセットの関係とみることが可能。

のち、一〇月に新造されたばかりの百済宮へ移った。しかし翌年一〇月九日、舒明は死去し、一八日に百済宮の北で殯《もがり》(41)が催された。百済大寺の本格的造営は次の皇極《こうぎょく》朝に持ち越される。

## 飛鳥板蓋宮と百済大寺

舒明の後継者について、蘇我蝦夷の意中は古人大兄にあったに違いないが、山背《やましろの》大兄《おおえ》王（厩戸皇子の子）の存在も無視できなかった。また、舒明と宝皇女《たからのひめみこ》の間に生まれた中大兄《なかのおおえ》皇子も有力な皇位継承候補者であったが、当時一六歳で即位するには若すぎた(42)。結果として、六四二年（皇極元）正月一五日に宝が即位した（皇極天皇）。

同年九月、皇極は遠江《とおとうみ》（現、静岡県）から安芸《あき》（現、広島県）にいたる広域から労働力を徴発して、飛鳥岡本宮の故地で造営に着手した。飛鳥宮跡Ⅱ期遺構に対応する飛鳥板蓋宮である。大規模な土地造成をして、東西一九三メートル、南北一九八メートル以上の正方位に則った区画を設けた（内部構造は不明）。現在確認される倭国初の正方位プランの王宮である。皇極は当初百済宮にいたが、六四二年一二月に舒明を滑谷岡《なめはざまのおか》に葬ると、かつて推古の王宮であった小墾田宮に移り、翌年四月には造営開始から約半年後の飛鳥板蓋宮に居を定めた。

他方、皇極は舒明の遺志を継ぎ、百済大寺の造営にも情熱を注いだ。六四二年、

(41) 天皇の遺体を安置する宮（殯宮）を設け、亡き天皇の鎮魂と新天皇への忠誠を誓う儀礼。

(42) 四〇歳以上になって即位する事例が多い。欽明天皇は三〇歳で即位するが、当初「余《おのれ》、幼年《としわか》く識《さとりすくな》浅くして、いまだ政事《まつりごと》に閑《なら》わず」と辞退している。

造寺司《ぞうじし》を任命し、近江《おうみ》（現、滋賀県）・越《こし》(43)の労働力をもとに造営を再開した。百済大寺（吉備《きび》池廃寺《いけはいじ》）の発掘調査では、飛鳥寺を凌駕する巨大な基壇をもつ金堂・塔が検出された。塔は九重塔で、基壇面積は飛鳥寺の約七倍、高さは約三〇メートルも高い約八〇メートル。当時、百済の弥勒寺や新羅の皇龍寺《こうりゅう》でも、護国のシンボルとして九重塔が建設された（**図5**）。こうした動向に刺激を受けただけでなく、蘇我氏を中心とする飛鳥寺に対する強烈な対抗意識も背景にあった［小澤、二〇一八］。

これに関連して、六四三年九月、舒明天皇陵が滑谷岡から八角墳《はっかくふん》の押坂内陵《おさかのうち》（段《だん》ノ塚《つか》古墳）に改葬された点も重要である。以後、斉明天皇の越《お》智崗上《ちのおかのえ》陵（牽牛《けんご》子《し》塚《づか》古墳(44)）、天智《てんじ》天皇の山科《やましな》陵（御廟野《ごびょうの》古墳）、天武《てんむ》・持統《じとう》天皇の檜隈大内《ひのくまのおおうち》陵（野口王墓《のぐちのおうのはか》古墳）、草壁《くさかべ》皇子の真弓丘《まゆみのおか》陵（束明神《つかみょうじん》古墳）、文武《もんむ》天皇の檜前安古岡上《ひのくまのあこのおかのえ》陵（中尾《なかお》山《やま》古墳）といった具合に、八角墳が造営される。天皇位を象徴する玉座の高御《たかみ》座《くら》が八角形であるように、天下四方八方の支配者にふさわしい形態であった。

また、舒明は天智・天武系の実質的な始祖であったため、後世に重視された。『古事記』が舒明直前の推古朝までを対象としたのは、それまでが「古《いにしえ》」の時代で、次の舒明朝に新たな時代が始まる、という歴史認識によっている。

(43) 現在の福井県から新潟県のあたりにあった国。

(44) 巨大な凝灰岩を刳り抜いた横穴式石室をもち、中壁で東西の二室に分かれ、斉明天皇とその娘の間人皇女《はしひとのひめみこ》を葬る。隣接して越塚《こしつか》御門《ごもん》古墳が発見され、大田《おおた》皇女の墓とされる。

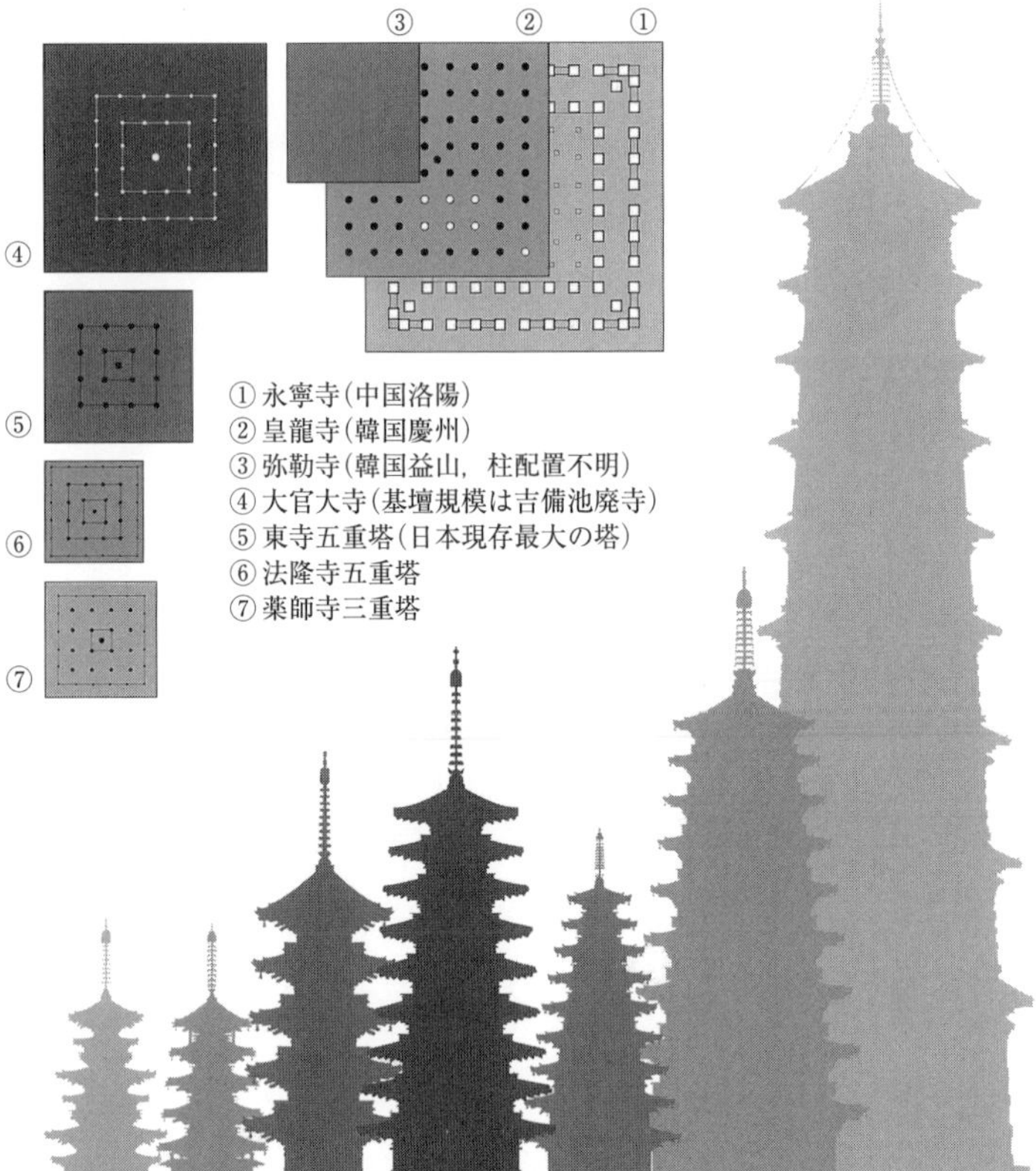


**図 5**　東アジアの塔の規模[奈良文化財研究所編，2002 を一部改変]

（45）飛鳥板蓋宮と飛鳥川を挟んだ対岸にある甘《あま》樫丘東麓《かしのおかとうろく》遺跡では、七世紀前半頃の石垣をともなう建物跡がみつかり、焼けた土器や建築部材などが出土したことから、蝦夷・入鹿の居宅であっ

## 2　東アジアの動乱のなかで——孝徳・斉明・天智天皇の時代

### 難波遷都の背景

六四五年(皇極四)六月一二日、飛鳥板蓋宮で高句麗・百済・新羅の使節が調《みつき》を進上する儀式の最中、蘇我入鹿《いるか》が中大兄皇子・中臣鎌足らに暗殺された。一三日、父の蝦夷も自害に追い込まれた㊺。一四日、皇極天皇は同母弟の軽皇子《かるのみこ》に譲位し、孝徳《こうとく》政権が誕生した。その五日後、新政権は飛鳥寺の西の大槻樹《おおつきのき》の下で天神地祇《てんしんちぎ》に誓約し、「大化《たいか》」の年号を建て、中央集権国家の構築に向けた諸改革に着手する。

この乙巳の変(大化改新)は、二年前の山背大兄滅亡事件とあわせ、皇位継承問題と密接に関わると同時に、緊迫した東アジア情勢とも無縁ではない(**図6**)。六二八年に中国統一を果たした唐は、六三〇年にモンゴルの覇者、突厥《とっけつ》を滅ぼす。その後、六四〇年にトルファン盆地の高昌国《こうしょうこく》を滅ぼすと、一気に緊張が高まった朝鮮半島では政変が相次ぎ㊻、倭国でも山背大兄滅亡事件と乙巳の変が引き起こされた。東アジア情勢に迅速に対処する必要もあり、孝徳天皇は難波遷都を決意する。

六四五年(大化元)一二月九日、孝徳は飛鳥板蓋宮から難波の子代離宮《こしろのかりみや》に向かい、翌年二月二二日まで滞在した。子代離宮は難波狭屋部邑《さやべむら》にあった子代屯倉《みやけ》(難波屯

た「甘檮丘家《あまかしのおかのいえ》」と目されている。蝦夷はここで自尽した。

(46) 六四二年に高句麗では、大臣の泉蓋蘇文《せんがいそぶん》が栄留王《えいりゅうおう》と貴族ら一八〇人あまりを殺害し、宝蔵《ほうぞう》王を即位させ実権を握った。百済でも、義慈《ぎじ》王が子の豊璋《ほうしょう》や大佐《だいさ》平《へい》の沙宅智積《さたくちしゃく》ら四〇人あまりを倭国へ事実上の追放にした。六四二年に百済の侵攻を受け、高句麗の援助を得られなかった新羅も、翌年に唐へ支援を求めたが、唐軍の進駐、善徳《ぜんとく》女王の廃位、唐王族の即位の三案を提示され、苦境に立たされた。六四七年、唐依存派の毗曇《ひどん》が善徳女王の廃位を求めて挙兵したが、親唐自立派の金春《きんしゅん》秋《じゅう》・金庾信《ゆしん》に鎮圧され、真徳《しんとく》女王が擁立される。

倉)を改造したものである。短期間の滞在ながら、①倭国初となる元日朝賀[47]、②改新《かいしん》の詔《みことのり》の宣布、③兵庫《つわものぐら》を修造する使者の派遣、④鍾匱《かねひつ》の制[48]の有効性をアピールした詔の宣布、⑤高句麗・百済・新羅・任那の使節による調の貢献など、重要な出来事が相次ぐ。なかでも、天皇に拝礼して君臣関係を確認する①、大化改新の大綱を示す②、意見徴収の意欲を示す④は、大化改新の根幹に関わっている。これらを実施するために、わざわざ子代離宮まで足を運んだのである。それは、当地が難波長柄豊碕宮《なにわのながらとよさきのみや》(以下、豊碕宮)の造営予定地であったことが関係しよう。大化改新の意気込みを新宮予定地で示すことに意味があったと考える[市、二〇一九]。

子代離宮から飛鳥に戻った孝徳は、間もなく、「新宮」造営のためには、農繁期に民を使役するのも仕方ないと述べている。大規模な造営工事が想定されており、

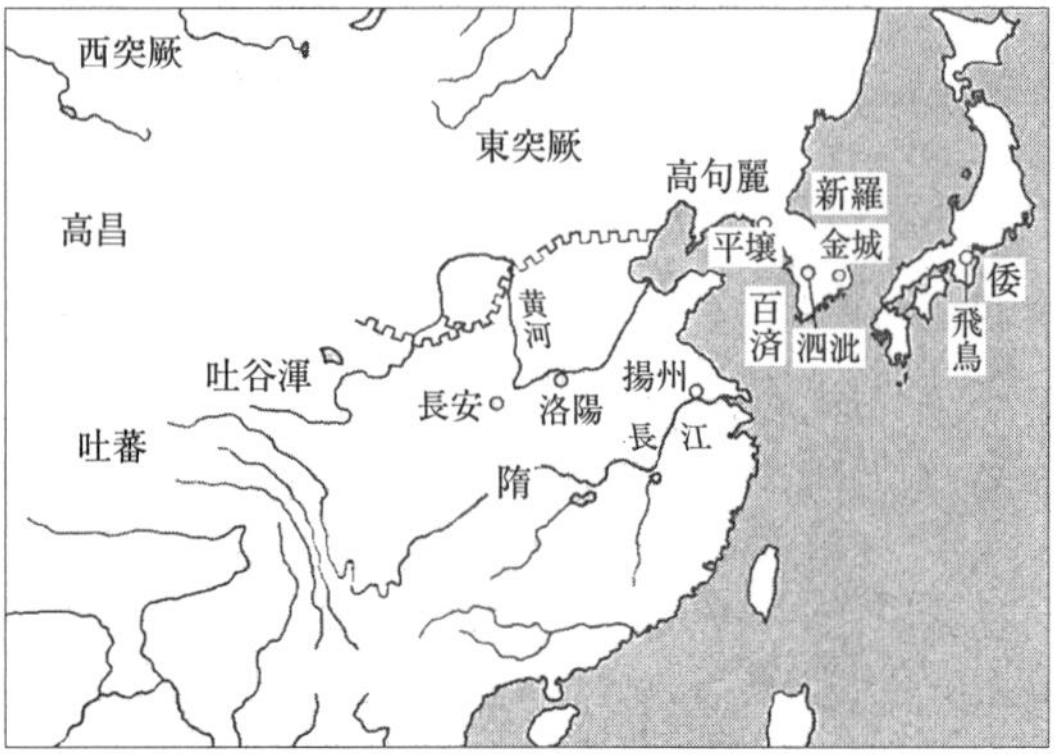

**図6**　7世紀初頭のアジア東部[吉川, 2011]

(47) 年頭に百官人が天皇に対して拝礼する儀礼。君臣関係を確認する意味をもった。

(48) 王宮に鍾と匱を設置し、憂訴する者の訴状を匱に投函させ、それへの朝廷の対応に不満があれば鍾をつかせる、一種の意見徴収制度。六四五年八月五日に宣布された。

「新宮」は壮大なスケールをもつ豊碕宮を指すと考えられる[中尾、一九九五など]。

**前期難波宮の革新性**

豊碕宮の造営された上町《うえまち》台地(49)は、無数の谷筋が入り、土地の造成だけでもかなり大変な場所である。それにもかかわらず、豊碕宮に相当する前期難波宮跡《なにわきゅうせき》は四方が六五〇メートル以上もあり、当時としては破格の規模であった。内裏《だいり》・朝堂院から宮城南門(朱雀門《すざくもん》)までの中枢部と、その東西の官衙《かんが》(役所)域に大別される(**図7**)。ここではその特徴を四点取り上げよう。

第一は、朝堂院が大規模な点である。東西約二三三メートル、南北約二六三メートルもあり、朝庭を囲んで一四棟ないし一六棟もの朝堂が配された。これまでも朝堂は存在したが、二棟ないし四棟と推定されるので、急激な拡大といえる。朝堂は官司ごとに座が定まり政務の場となったが、後述する官衙のような実務空間とは異なり、天皇のために侍候し、口頭で決裁する点に重点が置かれた[吉川、二〇〇五]。朝堂院の南には、長大な朝集殿が東西に一棟ずつ並び、宮城南門(五間×二間)が開いた。これらの規模は約四〇年後の藤原宮に匹敵し、王宮の発展系列から逸脱してみえる。この異例の大きさには、増加した官人を儀礼の際に参列させ、口頭による命令を直接聞かせ、地方から参上する豪族らを威圧するといった狙いがあった。

(49) 大阪平野を南北に延びる台地。古代には東側は河内湖、西側は瀬戸内海が迫った。

第二は、朝堂院と内裏本体を連結する内裏前殿《ぜんでん》区画が存在する点である(**図8**)。中央には格式の高い四面廂《しめんびさし》(50)の内裏前殿(九間×五間)が置かれ、四面廂の内裏後殿《こうでん》(九間×五間)と軒廊《こんろう》(51)で結ばれながらも、塀で遮断されていた。小墾田宮の大殿は公私の

(50) 母屋《もや》を中心に、四方向に廂が付属した建物。

(51) 屋根付きの渡り廊。

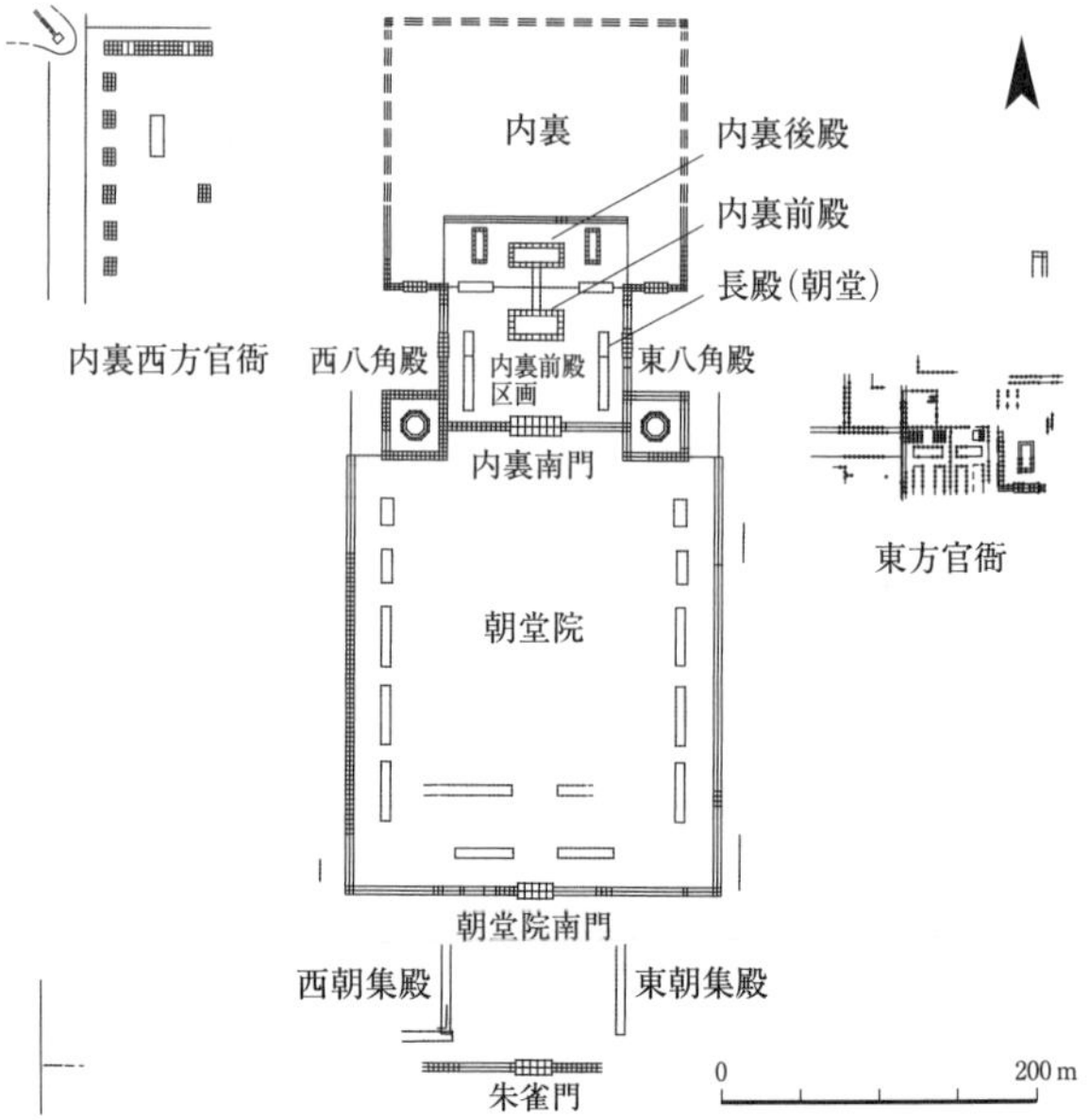


**図7** 前期難波宮遺構図(図版提供＝大阪市文化財協会を一部改変)

**図8** CGによる前期難波宮中枢部の復元予想図(南西から中枢部を見下ろす．図版提供＝大阪市教育委員会)

性格が未分化であったが、前期難波宮では公的性格の強い内裏前殿と、私的性格の強い内裏後殿に、一体性を保ちつつも分化したことを示す。内裏前殿はのちの大極《だいごく》殿《でん》につながる。また、その東西斜め前方には長殿《ながとの》（一六間〈のち一一間〉×二間）が一棟ずつあり、こちらも朝堂であった可能性がある。そして、内裏前殿区画の南門は巨大（七間×二間）で、その東西には回廊で囲まれた八角形の楼閣《ろうかく》建物がそびえた(52)。

第三は、官衙域が設定された点である。内裏の西側には、複数の倉庫と一棟の管理棟、中心の庭からなる空間があり（内裏西方官衙）、大蔵省の前身官衙とされる。また、内裏・朝堂院の東方には、建物を整然と配した八つの小区画があり、建て替えもあった（東方官衙(53)）。それまで内廷関係以外の職務は、基本的に王族や群臣・豪族の居宅で担われたが、これらが王宮に統合されたのである。先に述べた朝堂の急激な拡大についても、これに関わる現象といってよい。

第四は、前期難波宮は上町台地の北端近くに立地しており、王都の北端に宮室を置く「北闕《ほっけつ》型」を意識した可能性がある点。唐長安城（その前身が隋大興《だいこう》城《じょう》）が北闕型で（**図9**）、それを模倣した可能性が高い。ともすれば、唐長安城を中国都城の典型と捉えがちであるが、これに大きな影響を与えた北魏《ほくぎ》洛陽城とともに、長安城は実は中国の伝統的な考え方からすれば異端であった。北闕型は日本でも平城京以後には一般化するが、藤原京ではそうなっていない。中国南朝の王都であった建康城

(52) その性格については、仏殿、東楼・西楼、鐘楼・鼓楼など諸説ある。

(53) 東端の区画については、楼閣状の建物を回廊で囲み、建物の周囲を石敷とし、回廊には格式の高い五間門《ごけんもん》が付くなど、他の区画とは性格を異にしている。この楼閣状の建物は、東側に広がる河内湖や生駒山を眺めるための眺望施設のようである。

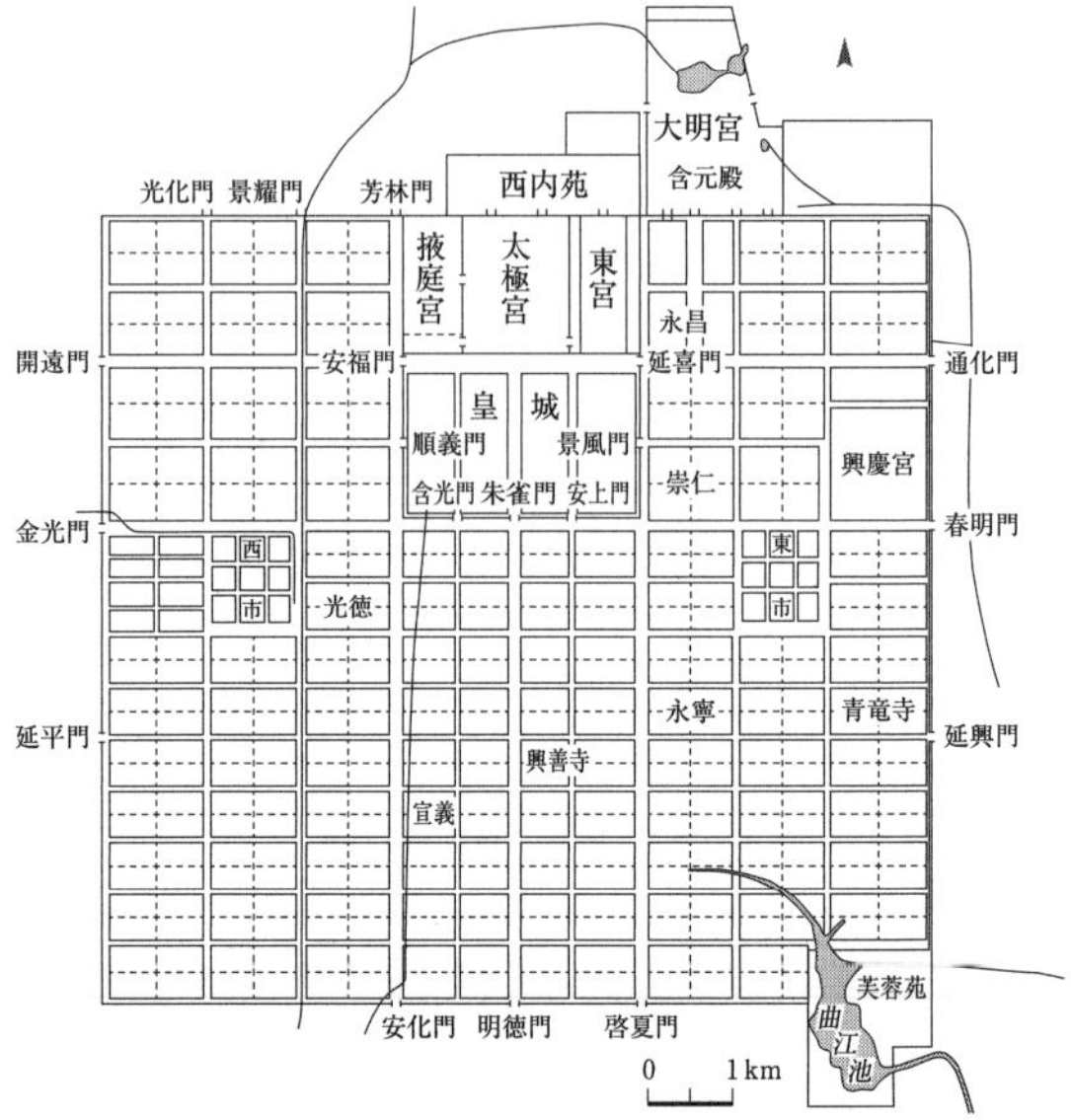


**図9**　唐長安城概要図［岸，1993］

も北闕型ではない（後述）。推古朝の礼制改革などとも関わるが、七世紀の倭国は隋・唐を絶対視したわけではなかった。そうした時代的状況下にあったが、改新政府には長い在隋・唐経験をもつ南淵《みなぶちの》請安《しょうあん》と僧旻《みん》が国博士《くにはかせ》として参画したこともあり、北闕型の採用に踏み切ったのであろう。

これに関連して、前期難波宮の北方に園林が想定される点も注目される［積山、二〇一三］。各地より集められた大小の花崗岩《かこうがん》がまとまって出土し、これらは苑池《えんち》の護岸用の石材と推定されている。この一帯には難波杜《なにわのもり》（生国魂社《いくくにたまのやしろ》の杜）があり、五九八年（推古六）に新羅から贈られた鵲《かささぎ》二隻が飼育されたこともある。後述する白雉《はくち》改元の儀のきっかけをもたらした白雉《しろきぎす》も、この杜とみられる「園」に放たれた。唐長安城の北方に広大な禁苑《きんえん》があり、それを意識したものであろう。

また、敷設時期は議論があるが、宮城南門から南へ一〇キロメートル以上にわたって延びる「朱雀《すざく》大路」「難波大道《なにわたいどう》」も見逃せない。唐長安城の大きな特徴のひとつに南へ延びる中軸線の強さがあり〔佐川、二〇一六〕、朱雀大街は幅約一五〇メートルにも及んだ。この中軸線を境に唐長安城の行政区画は左右に二分されている。難波においても、朱雀大路が西成《にしなり》と東生《ひがしなり》・百済との郡境をなした。

このほか、前期難波宮は内裏本体と内裏前殿区画が逆凸字形をなすが、唐長安城の宮城も東宮《とうきゅう》(54)と太倉《たいそう》(55)・掖庭宮《えきていきゅう》(56)との間にある太極宮《たいきょくきゅう》(57)が同様の形である点、内裏西方官衙の立地が唐長安宮城の太倉に類似する点なども注目されている〔中尾、一九九五／積山、二〇一三など〕。もっとも、西方官衙の存在する場所については、五世紀に大倉庫群が建ち並び(法円坂遺跡《ほうえんざか》)、その後も倉庫が多数並んだエリアであったので、そうした立地を踏襲した側面も多分にある。

実際には相違点のほうが目立つが、完全な模倣を目指していない以上、ある意味で当然である。さまざまな制約のもと、当時としては斬新な唐長安宮城を特徴づける原理をいくつか取り入れた点が重要である。

(54) 皇太子の政務・居住空間。

(55) 地方から送られた税穀を収納・管理する倉の並ぶ空間。

(56) 皇后の政務・居住空間。いわゆる後宮。

(57) 皇帝の政務空間。

## 孝徳朝における難波諸宮の展開

このように前期難波宮（豊碕宮）は革新的であったが、完成までに相当な歳月を要する見込みもあって、孝徳はひとまず難波小郡宮《なにわのおごおりのみや》に拠点を置いた。この宮は難波小郡[58]を改造したもので、難波堀江[59]に面するため「蝦蟇行宮《かわずのかりみや》」[60]とも呼ばれた。

六四七年（大化三）、難波小郡宮で朝参の礼法が定められた。有位者は寅刻《とらのこく》（午前三―五時）に南門の外に左右に整列し、日の出とともに朝庭に参上して再拝したのち、庁に侍候して執務を行ない、午刻《うまのこく》（午前一一時―午後一時）に鐘の合図とともに退出する、というものである。難波遷都は官人をその本拠地から引き離し、これまで不徹底に終わった朝参を実施する上でも重要な意味をもった。

難波小郡宮の時代にも豊碕宮の建設は着々と進められ、重要儀礼の際には一部の施設が先行使用された［市、二〇一四a］。その最初の確実な使用例が、六四九年三月一七日の挙哀《こあい》[61]である。外戚で左大臣の阿倍倉梯麻呂《あべのくらはしのまろ》が亡くなると、孝徳は皇祖母《すめみおやの》尊《みこと》（皇極）・中大兄・群臣を従えて「朱雀門」に行幸し、挙哀を実施した。「朱雀門」は前期難波宮の宮城南門[62]に相当し、地形が南へ急激に下がる高所に位置する。宮の大垣は一本柱塀であったが、宮城南門の両脇は複廊《ふくろう》[63]の翼廊《よくろう》となっていた。この挙哀は南からの視線を強く意識したもので、政治的パフォーマンスの趣が強い。

(58) 難波大郡と対になる施設。内政に関わる施設とされるが、不明な点が多い。

(59) 関西を代表する淀川と大和川は、難波の東側にあたる河内湖に注ぎ込んでいた。この河内湖と大阪湾を連結したのが難波堀江で、現在の大川に相当する。

(60) 「蝦蟇」は河津に通じる。

(61) 死者の前で泣き叫ぶ儀礼。

(62) 前期難波宮の宮城南門と翼廊跡（写真提供＝大阪市文化財協会）

その後、六五〇年（大化六）正月元日の元日朝賀、同年二月一五日の白雉改元の儀でも、豊碕宮は先行使用されたと考えられる。王宮の使い方を示すものとして興味深いのは、「朝庭の隊仗《つわもののよそおい》、元会《げんかい》の儀の如し」と記録された後者である。

「元会の儀」とは元日朝賀のこと。まず、左右大臣と百官人らが四列になって「紫門《みかど》」（内裏前殿南門）の外、つまり朝庭に整列した。ついで、粟田飯虫《あわたのいいむし》ら四人が白雉の乗った輿《こし》を担いで先に北に進み、左右大臣も百官人と百済王族（豊璋《ほうしょう》、塞城《さいじょう》、忠勝《ちゅうしょう》）・高麗侍医（毛治《もうち》）・新羅侍学士らを率いて、「中庭《おおば》」（内裏前殿の前の庭）へと進む。三国麻呂《みくにのまろ》ら四人が交代して雉の輿を「殿前《おおとののまえ》」（内裏前殿の前）まで進め、さらに左右大臣が輿の前部を持ち、伊勢王ら三人が輿の後部を持ち、孝徳天皇の目の前に置く。孝徳は中大兄を喚《よ》んで一緒に白雉を手に取って覧《らん》じる。中大兄は退いて孝徳に再拝し、左大臣である巨勢徳陀古《こせのとくだこ》が賀詞《よごと》を奏上して再拝すると、孝徳は白雉の出現を喜ぶ詔を発し、大化から白雉に改元することなどを命じた。

この白雉改元の儀は、天皇の公的空間ともいうべき内裏前殿区画を中心に繰り広げられ、倭国に在住していた朝鮮三国の人々も参加していた点は注目に値する。

さらに豊碕宮の造営工事は着々と進められていった。六五〇年一〇月には、宮域に入るために、墓が破壊されたり、移住させられたりした人々に対して、報償がなされた。また、造営責任者を長年務めてきた荒田井比羅夫《あらたいのひらぶ》を遣わし、宮域の境界標

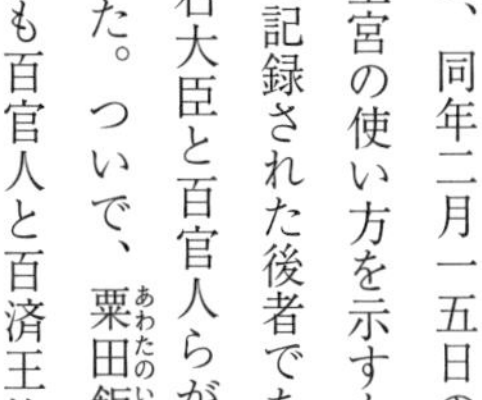

（63）敷地区画のために周囲にめぐらせた回廊のうち、中央に壁を立てて両側に通路を設けたもの。

を立てさせた。これらは中枢部の造営がほぼ一段落したことを受けての措置であろう。あるいは「宮」といっているが、実際には京を指しているとも考えられる。(64)

そして、ついに遷宮の日を迎える。六五一年一二月晦日《みそか》、味経宮《あじふのみや》に僧尼二一〇〇人あまりが集められ、一切経《いっさいきょう》が読経された。夕方、朝庭で燃灯《ねんとう》がなされ、安宅経《あんたくきょう》・土《ど》側経《そくきょう》が読経された。幻想的な雰囲気のなか、孝徳は新宮(味経宮)に遷居し、そこを難波長柄豊碕宮と名付けた。豊碕宮の造営が始まって約六年後のことである。

ところが、翌日に孝徳は豊碕宮で元日朝賀を終えると、難波大郡宮に戻ってしまう。(65)これは豊碕宮の内裏の最終仕上げが理由であったらしい。豊碕宮は、元日朝賀・挙哀・白雉改元・晦日燃灯・仏教法会など、国家的儀礼で使用する施設が最優先で建造され、天皇の居所である内裏の整備が後回しにされたからであろう。三月九日、孝徳は豊碕宮に還り、四月一五日には内裏で無量寿経《むりょうじゅきょう》が講説された。九月に造営はほぼ終わり、「其の宮殿の状《かたち》、殫《ことごとく》に論《い》うべからず*」と絶賛される。

しかし、豊碕宮が完成したのも束の間、孝徳政権内には深刻なヒビが入っていた。六五三年、中大兄は「倭京」への遷都を願い出る。孝徳は反対するが、中大兄は母の皇祖母尊、妹の間人皇女《はしひとのひめみこ》(孝徳の皇后)、弟の大海人《おおあま》皇子(のちの天武天皇)、官人らを率いて、飛鳥河辺行宮《あすかのかわらのかりみや》(飛鳥川原宮か)に移ってしまう。翌年、孝徳は死去し、大《おお》坂磯長《さかのしなが》陵に葬られた。その前後の天皇とは違い、八角墳ではなかったようである。

(64)『続日本紀』慶雲元年(七〇四)一一月壬寅条のように、藤原京を指して「藤原宮地」「宮中」と記した史料が存在する。

(65)少し前から孝徳は難波大郡宮に居住していた。

*(**大意**)豊碕宮の宮殿のありさまは、筆舌に尽くしがたいほど素晴らしい。

## 飛鳥板蓋宮への還宮、後飛鳥岡本宮の造営

六五五年(斉明元)正月三日、皇極天皇こと斉明天皇が飛鳥板蓋宮で再即位した(重祚《ちょうそ》)。乙巳の変で退位させられた過去をもつ斉明にとって、孝徳朝の存在を否定し、時計の針を巻き戻すためにも、皇極時代の飛鳥板蓋宮に戻ることが必要だったのであろう。もっとも、その長期使用は考えていなかったようである。一〇月一三日には、やはり皇極時代に滞在したことのある小墾田宮を改造して、王宮初となる瓦葺を目指す。だがこれは失敗に終わり、飛鳥板蓋宮も火災にあう。そこで飛鳥川原宮に一時避難し、翌年に後飛鳥岡本宮の造営に着手する。

後飛鳥岡本宮は飛鳥宮跡Ⅲ―A期に相当し、内郭と外郭で構成される。内郭の状況が詳しくわかり、東西一五二―一五八メートル、南北一九七メートルの方形区画で、南寄りの東西塀を境に、天皇の私的空間である北院と、公的空間である南院に分かれる。斉明朝の殿舎名を伝える史料はないが、これを継承した天武・持統朝のものはわかるので、その名称も使いながら概要を述べよう(後掲、**図14**参照)。

南院は砂利敷の空間で、中央には大安殿《だいあんでん》(外安殿《がいあんでん》)に比定できる四面廂の東西棟建物(七間×四間)がある。これは前期難波宮の内裏前殿と相似形をなし、長さを六割ほどに縮小したものである[積山、二〇一三]。その両側の区画には、庁(朝堂)とみら

れる南北棟建物(一〇間×二間)が二棟ずつ並ぶ。これら四棟の庁は、豊碕宮のような広大な朝庭をともなわず、数も一気に減少しているが、群臣が天皇に侍候するための空間という本質[吉川、二〇〇五]がより顕著に示されたものといえよう。

北院は玉石敷の空間で、中軸線上の南半分には、同規模の二面廂の巨大東西棟建物(八間×四間)が南北に並び、東西両側に廊で結ばれた付属建物がある。庭はいずれも狭い。この二棟の東西棟建物は間口が偶数間であるため、中央に天皇の座を置くことはできず、公的儀式用の殿舎としてふさわしくない[小澤、二〇一八]。まさに、天皇の私的空間である北院ならではの、内向きの建物といえよう。このうち南側の東西棟建物は内安殿《ないあんでん》とみてよいが、北側の名称は不明である。さらに北院には多くの建物があり、天皇の日常生活を支える機関が置かれたと考えられる。

内郭の北西には「白錦後苑《しらにしきのみその》」と呼ばれた苑池があった。その跡地が飛鳥京跡苑池遺構である。渡堤《わたりつつみ》を挟んで南北に並ぶ石組護岸池、北池から飛鳥川に注ぎ込む水路、その周辺の掘立柱列や石組溝などがみつかっている。南池には流水施設・石積中島・中島が南北に並び、その東側は段丘崖で三メートル以上も高く、南部には眺望用の建物があった。飛鳥浄御原宮期が中心となるが、薬関係の木簡、造酒司《ぞうしゅし》関係の木簡、「鮑《あわび》」「生海松《なまみる》(66)」「前軍布《さきめ》(67)」と書かれた木簡などが出土している。当地に薬園が存在し、酒が造られ、饗宴が催されたことをうかがわせる。このほか、苑池を

(66) 新鮮な海藻の一種。

(67) 走りのワカメ。「軍布」は八世紀初頭になると「海藻」と表記される。いずれも「メ」と読み、ワカメを意味する。

管理した「嶋官《しまのつかさ》」という官司名の書かれた木簡もある。

後飛鳥岡本宮の関連施設として、南東の嶋宮《しまのみや》も重要である。「嶋大臣の家」(蘇我馬子の邸宅)に隣接した中大兄皇子の宮に起源があり、乙巳の変にともなって拡大された。以後、斉明朝の中大兄皇子、天智朝の大海人皇子、天武朝の草壁皇子(68)といった具合に、皇太子に相当する人物に伝領されていく[小澤、二〇〇三]。

**「倭京」の大整備**

斉明天皇は王宮の周辺地も精力的に整備し、独特な「倭京」空間が姿を現した。東方の丘陵(酒船石《さかふねいし》のある場所)には、砂岩《さ》切石《がんきりいし》を積み上げた石垣(**図10**)をめぐらした。『書紀』の伝える「石《いし》の山丘《やまおか》」である。造築のために、香具山の西から石上山《いそのかみのやま》まで「狂心《たぶれごころ》の渠《みぞ》」と揶揄される大溝を掘らせ、舟二〇〇隻で石を運ばせた。溝の掘削には三万人あまり、石の運搬には七万人あまりが動員されたという。砂岩は豊《と》田山《よだやま》(奈良県天理市)産で、石上山から運んだという記述と合致する。丘陵裾から香具山へ流れる大溝も数カ所で確認されている。また、「石の山丘」の北麓では、階段状の石敷の空間に、砂岩切石を積み上げた湧水施設、そこから流れる水を受ける亀形石槽・小判型石槽が据えられており(**図11**)、多くの想像をかき立てる。

そこから北西に目を転じると、飛鳥寺の西に神聖な槻《つき》がそびえる広場がある。そ

(68)『万葉集』巻二には、草壁皇子の死を悲しむ歌が二七首所収されており(一六七—一九三番歌)、嶋宮の景観を髣髴とさせる。

の北は、漏剋《ろうこく》(水時計)の設置された水落遺跡《みずおち》。平安時代の『延喜式《えんぎしき》』によると、漏剋台には鐘《かね》と鼓《つづみ》も置かれ、三〇分ごとに鐘を、二時間ごとに鼓を打って時刻を知らせた。鼓の回数は子刻《ねのこく》(午後一一時―午前一時)が九回で、順に一回ずつ減らし、巳刻《みのこく》(午前九―一一時)が四回、次の午刻《うまのこく》(午前一一時―午後一時)に再び九回とし、順に一回ずつ亥刻《いのこく》(午後九―一一時)の四回まで減らした。飛鳥時代にも同様であったことが、「巳四午九」と書かれた木簡から判明した。

水落遺跡の北には石神遺跡《いしがみ》が存在する(**図12**)。最も整備された斉明朝には、長大な建物で囲まれた長方形区画が東西に並び、大規模な掘立柱建物群や方形石組池(69)な

(69) 石神遺跡の方形石組池(写真提供=奈良文化財研究所)

**図 10**　酒船石遺跡の石垣(写真提供=奈良文化財研究所)

**図 11**　酒船石遺跡の石造物全景(写真提供=奈良文化財研究所)

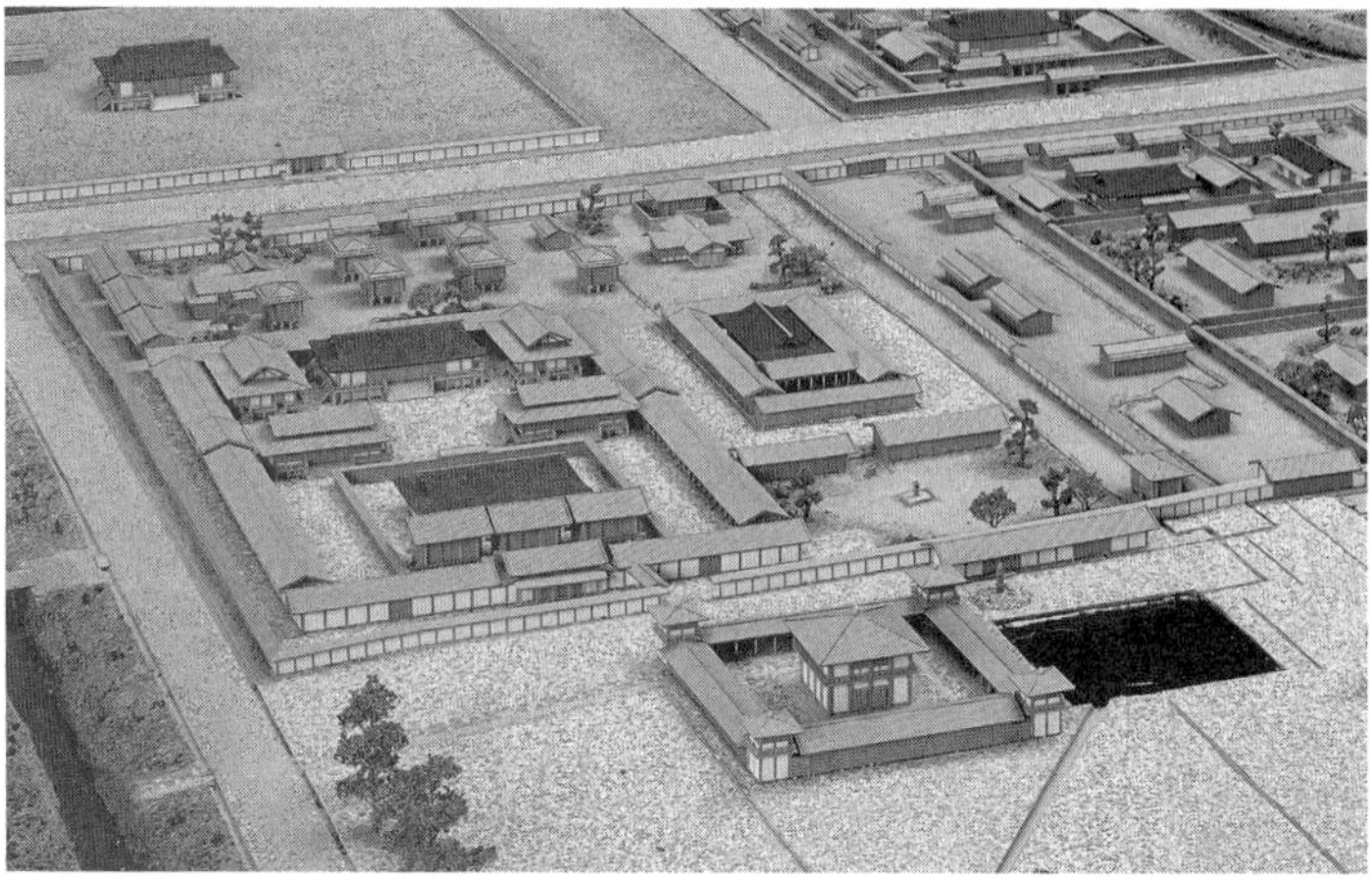

**図12**　石神遺跡・水落遺跡の復元模型（写真提供＝奈良文化財研究所）

どが設けられた。明治時代には、須弥山石と石人像が掘り出されている。六六〇年、「石上池の辺《ほとり》」で須弥山像が組み立てられ、粛《あし》慎《はせ》(70)四七人に饗宴が催された。須弥山像は須弥山石、「石上池」は方形石組池であろう。六五七年の覩《と》貨《か》邏《ら》人《じん》(71)への饗宴、六五九年の蝦夷への饗宴に際しても、「飛鳥寺の西」「甘檮丘《あまかしのおか》の東の川上《かわら》」で須弥山像が組み立てられた。これらは近接する地域であり、石神遺跡の須弥山石が利用されたとみてよい。ちなみに、方形石組池は、陸奥《むつ》国の支配拠点であった郡山《こおりやま》遺跡（宮城県仙台市）でもみつかっている。石神遺跡からは東北地方産の土器

（70）諸説あるが、オホーツク集団とする説が近年では有力。

（71）西域の吐火羅《トカラ》出身の人々か。交易活動のため山東半島までやってきて、江南へ向けて航行した際に、暴風のために倭国に流された可能性が指摘されている（西本昌弘「飛鳥に来た西域の吐火羅人」『関西大学東西学術研究所紀要』43、二〇一〇年）。

も出土しており、朝貢した蝦夷がもたらした可能性がある。

斉明朝には、阿倍比羅夫《あべのひらぶ》の北征が実施された。新たに接触をもった蝦夷・粛慎を飛鳥へ朝貢させるとともに、六五九年派遣の遣唐使に蝦夷を同行させ、倭国に従属する蝦夷の存在をアピールしている。こうした空間支配の拡大に加えて、漏剋の設置にみるように、時間の支配も進められたのである。

このほかにも、田身嶺《たむのみね》（多武峰）に垣をめぐらし、嶺の上に「観《たかどの》」を建て、両槻《ふたつきの》宮《みや》あるいは天宮《あまつみや》と名付け、また、吉野宮を整備している。吉野宮は宮滝《みやたき》遺跡（奈良県吉野町）が該当し、七世紀中葉の苑池・掘立柱建物などがみつかっている。

## 白村江敗戦と防衛体制の整備

六六〇年（斉明六）、百済が唐・新羅の連合軍に滅ぼされた。百済復興軍からの要請を受け、六六一年正月、斉明は九州へ遠征するが、七月二四日に朝倉橘広庭《あさくらのたちばなのひろにわ》宮[72]で死去した。遺体は飛鳥へ移送され、一一月七日に川原（飛鳥川原宮か）で殯が催された。埋葬時期は議論があるが、八角墳の越智崗上陵に葬られる。

斉明の死去にもかかわらず、称制《しょうせい》[73]した中大兄は朝鮮半島へ軍を進め、六六三年（天智二）に白村江で大敗した。高まる危機意識のなか、六六四年、北部九州に防人《さきもり》・烽《とぶひ》を置き、大宰府《だざいふ》の出入り口に水城《みずき》[74]を設けた。さらに北部九州・瀬戸内海沿

（72）所在地は諸説あるが、福岡県朝倉市（旧杷木町）の志波地区が近年有力視されている（小田和利「朝倉橘広庭宮と筑紫観世音寺」『福岡地方史研究』53、二〇一五年）。

（73）天皇の死亡後に、その代行をすること。他に鸕野《うの》皇后（持統天皇）の例がある。

（74）大宰府防衛のための土塁。延長約一キロメートル、基底部幅約八〇メートルで、外側に水をたたえる。

岸部を中心に、亡命百済人の技術を活用して、朝鮮式山城《やまじろ》(75)を築いていった。

『書紀』に直接的な記載はないが、飛鳥の防備も固めたはずである[相原、二〇一七]。現に飛鳥の東方では、尾根筋に設けた掘立柱塀が検出され、飛鳥の中枢部を守るための羅城《らじょう》(外郭)的施設と推定されている。また、飛鳥とその周辺には烽を連想させる地名(76)が複数ある。南方からの主要ルートである紀路《きじ》沿いの森《もり》カシ谷《たに》遺跡(奈良県高取町)では、烽関連の遺構がみつかっている。

この頃、川原寺《かわはらでら》と橘《たちばな》寺が造営された点も注目される。川原寺は、かつて斉明の仮宮が置かれ、殯の場ともなったとみられる、飛鳥川原宮の跡地に造営された。創建は六六七年の近江遷都(後述)以前。川原寺は倭国第二の官大寺《かんのおおでら》で、第一の百済大寺が百済宮と対になったように、後飛鳥岡本宮と飛鳥川を挟んで西隣に位置する[吉川、二〇一一]。僧寺である川原寺は、東西道路を挟んで、南隣の尼寺である橘寺とも対になった。橘寺は厩戸皇子の創建伝承をもつが、橘寺の所用瓦の多くは川原寺と同笵瓦《どうはんがわら》(77)で、やや遅れて整備されたらしい。南北に建ち並ぶ川原寺と橘寺は、後飛鳥岡本宮へいたる進入路の西入口をおさえた格好になり、寺院本来の機能に加え、有事の際の防衛拠点としても期待された可能性がある[小澤、二〇〇三]。

(75) 百済人の指導のもと、九州・瀬戸内海沿岸の山上に築かれた山城。いわゆる神籠石《こうごいし》も朝鮮式山城の可能性がある。

(76) ヒフリ山、火振《ひぶり》山、フグリ山など。

(77) 同じ笵型を使って作成された瓦。瓦の傷を観察することで、同笵の認定をし先後関係をおさえる手法は、多くの成果をあげている。

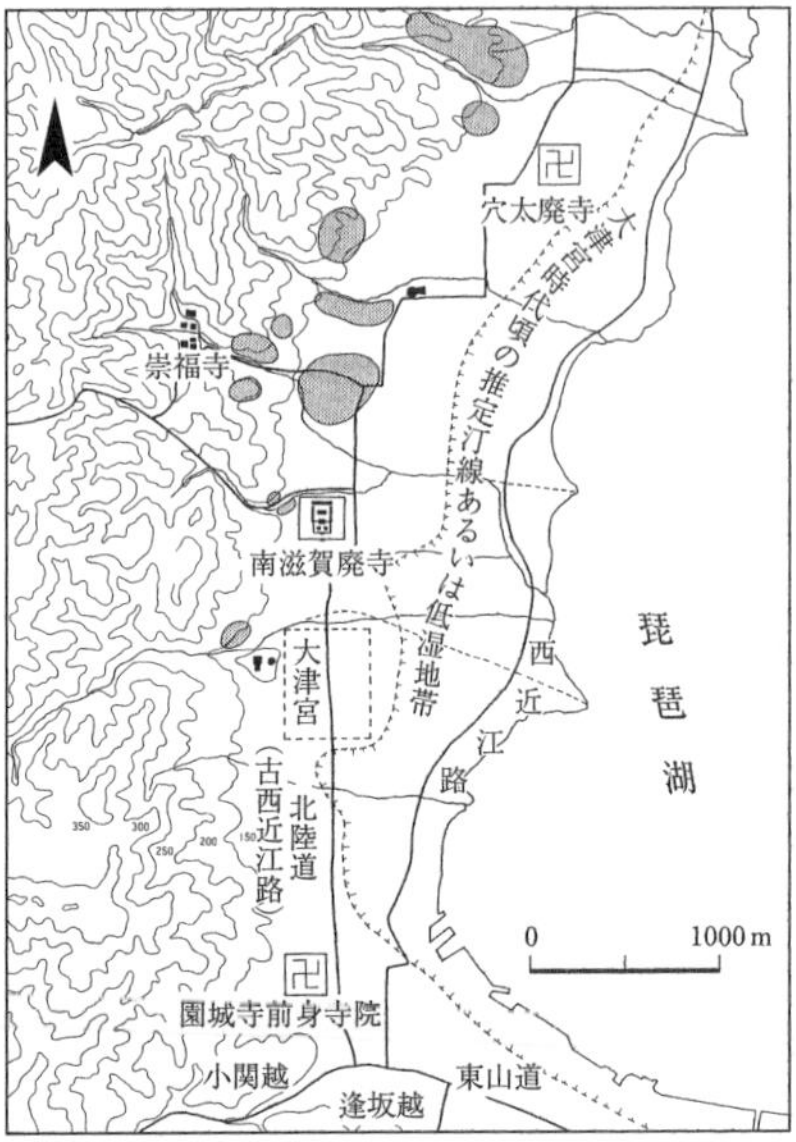


**図 13**　近江京と大津宮［吉川，2011］

## 近江への遷都

六六七年三月一九日、中大兄は近江遷都に踏み切った（**図 13**）。ただし、飛鳥には留守司《るすのつかさ》(78)を置いており、後飛鳥岡本宮や倭京を放棄したわけではない。翌年正月三日、斉明が死去して七年目にして、ようやく中大兄は即位した（天智天皇）。即位が遅れた理由は諸説あるが、やはり白村江における敗戦の影響が大きいであろう。近江遷都も防衛上の理由が最大と思われる。なかでも、①外国使節が幾度も訪れた飛鳥は情報が知れ渡っているが、近江の場合はそうではない、②近江は四周の山々と広大な琵琶湖が天然の要害となっており、東国や北陸に逃げる際にも容易、③日本海ルートで到来する高句麗との連携にも便利、といった点が考慮されたのであろう。

近江大津《おおつ》宮にあたる錦織《にしごり》遺跡（滋賀県大津市）では、内裏正殿・内裏南門とみられ

(78) 遷都や行幸のため王宮を不在にする際に置かれる官司。

る大型建物やその周囲の建物・区画施設などが検出されている。巨大な朝堂院を想定する見解もあるが、地形的にみて難しく、飛鳥宮跡Ⅲ―A期の内郭を少し小型にしたものとみるのが穏当であろう〔林部、二〇〇一〕。『書紀』にも内裏関連の施設が目立つ。(79) ただし、内郭の周辺部には官衙もあったようで、『書紀』には「大蔵《おおくら》」「大炊《おおい》」が登場する。また、琵琶湖の眺望を楽しむための「浜台《はまのうてな》」(浜楼)もあった。飛鳥の水落遺跡にあった漏剋も大津に移設されている。近江遷都は、難波遷都と同様に、官人らを本拠地から引き離すことにも一役買った。

そして、大津宮の周囲の道路沿いの要所には、北に穴太《あのう》廃寺と南滋賀《みなみしが》廃寺、南に園城寺《おんじょうじ》の前身寺院、北西に崇福寺《すうふくじ》が配置された。これらには大津宮を囲む防衛拠点としての役割もあったと考えられる〔小澤、二〇一八〕。

ところが、六六八年一〇月の高句麗滅亡を境に、東アジア情勢は大きく転換する。その直前、新羅は倭国に一二年ぶりの使節を派遣し、調を持参して関係修復を求めてきた。その際、倭国は新羅に「御調輸《みつきたてまつ》る船」を与えて朝貢使の継続的な派遣を促し、新羅もそれに応じた。その背後には、新羅と唐の関係悪化があった。

六六九年、朝鮮半島の統一を目論む新羅は、同盟関係にあった唐と戦争を始める。六七〇年、チベットの吐蕃《とばん》が唐の領土を侵犯し、その対応に追われた唐は朝鮮半島に十分な軍を進められなくなる。六七一年、唐は倭国に二度も使節を派遣し、救援

(79)「内裏」「大殿」「殿」「臥内《おおとの》」「内裏の西殿《にしの》」「西小殿《こどの》」「内裏の仏殿《ほとけのみあらか》」など。

軍の派遣を要請してきた。しかし、倭国は白村江の戦いにおける捕虜の返還と引き替えに武器・兵粮《ひょうろう》こそ渡したが、救援軍を派遣することはなかった。戦争は新羅優位に進み、唐は六七六年に安東都護府《あんとうとごふ》を平壌《へいじょう》から遼東《りょうとう》に後退させる。ただし、唐はその朝鮮半島を完全に諦めたわけではなく、新羅にとっては恐怖の対象であった。そのため新羅は、後方の憂いをなくす目的で、倭国に朝貢使を派遣し続ける。

こうして東アジアの国際関係は倭国に有利に展開していった。決して予断を許さなかったとはいえ、唐・新羅連合軍が押し寄せる恐怖から解放された点は大きい。

その最中の六七〇年二月、天智は「宮地を観《みそな》わす」ために、近江国蒲生《がもう》郡の匱迮《ひつさ》野《の》(滋賀県日野町)に行幸している。前年には亡命百済人七〇〇人あまりを蒲生郡へ移住させていた。これらは蒲生遷都の布石だった可能性が高い[林、二〇〇五]。東アジア情勢はまだ不安定なため近江の地を離れられないが、侵略の脅威がひとまず消えたことが背景にあろう。だが翌年に天智が死去し、この計画は立ち消えになる。

## 3　律令国家の形成のなかで——天武・持統・文武・元明天皇の時代

### 飛鳥浄御原宮への還宮

六七二年(天武元)、天智天皇の山科《やましな》陵を築造する最中、大海人皇子と大友皇子の間で後継者争いがおきた（壬申の乱）。大海人が勝利を収め、九月一二日に倭京に凱旋し、かつて居所のあった嶋宮に入った。三日後、母斉明天皇の営んだ後飛鳥岡本宮に移り、その南には「宮室《おおみや》」が新造された。飛鳥宮跡Ⅲ―B期に相当する飛鳥浄御原宮(80)である。Ⅲ―A期の内郭と外郭を継承し、東南郭を増設した王宮であった（**図14**）。翌六七三年二月二七日、大海人は飛鳥浄御原宮で即位する（天武天皇）。

東南郭は、東西約九四メートル、南北約五五メートルの方形区画で、公的性格の強い内郭南院と同じく砂利敷である。その中心には、内郭南院の大安殿（外安殿）を一回り大きくした四面廂の東西棟建物（九間×五間）が設けられた(81)。これも前期難波宮の内裏前殿と相似形で、長さが八割ほどである［積山、二〇一三］。

この東南郭の東西棟建物は、『書紀』の記す「大極殿」と考えら

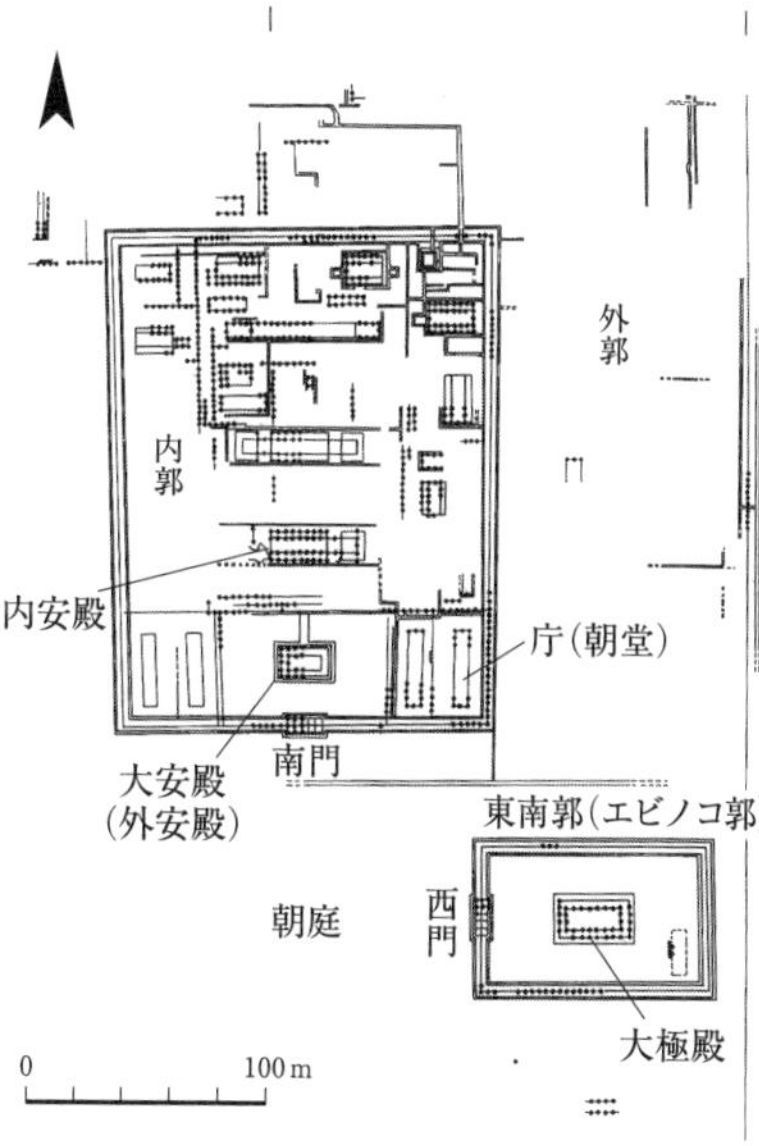


**図14**　飛鳥宮跡Ⅲ-B期遺構図［林部，2008］

(80)　この呼称が正式に定まったのは、天武天皇の最晩年となる六八六年であるが、便宜的に遡って使用する。

(81)　東南郭東西棟建物の復元模型（写真提供＝奈良県立橿原考古学研究所附属博物館）

れる〔小澤、二〇〇三など〕。「大極」(太極)は万物の根源を意味する。律令・歴史書の編纂指示、正月七日などの饗宴に際して、天武天皇は大極殿に出御し、関係者を殿前に呼び寄せている。藤原宮以降、大極殿とその一郭は天皇の独占空間となるが、それとは違った使い方である。この点とも関係するが、東南郭には南門が存在せず、南側の空間と一体的に使用できない構造になっていた。その代わりに、内郭南門と同格の西門が設けられ、内郭南方の庭(後述の「朝庭」)と有機的に結合していた。

天武は豊碕宮に比べて規模・構造の点で劣る飛鳥浄御原宮に居住し続け、次の持統天皇もそれを継承した。天武は新たに藤原宮・京の造営に取り組むが(後述)、それが本格化するのは六八〇年代になってからである。六七〇年代は、東アジア情勢が依然として流動的であった。内政的にみても、①官人登用法の制定(六七三年)、②諸氏の部曲《かきべ》(82)の廃止(六七五年)、③親王・諸王・諸臣・諸寺の山林原野等の収公(六七五年)、④貸稲《いらしのいね》(出挙《すいこ》)(83)の整備(六七五年)、⑤諸王・諸臣の封戸《ふこ》(84)の設定地域の変更(六七六年)、⑥浮浪人からの課役徴収(六七七年)、⑦官人の勤務評定法の制定(六七八年)など、重要政策が目白押しで、そちらに本腰を入れる必要もあった。

天武朝から持統朝にかけては、饗宴儀礼(85)が本格的に整備される。『書紀』を繙くと、正月一七日前後の射礼《じゃらい》(86)の記事が目立ち、「南門」ないし「西門」が利用されることが多い。これらは天皇が出御した門とみられ、「南門」は内郭の南門、「西門」

(82) 豪族の私有民。

(83) 稲の種籾《たねもみ》などを貸し付け、利息とともに返還させる制度。

(84) 上級貴族・皇族や神社・寺などの食封《じきふ》にあてられた課戸。

(85) 季節の変わり目にあたって実施される、正月一日の元日、正月七日の白馬《あおうま》、正月一六日の踏歌《とうか》、五月五日の端午《たんご》、七月七日の七夕、九月九日の重陽《ちょうよう》、一一月の豊明《とよのあかり》といった饗宴儀礼。

(86) 大射《おおゆみ》ともいい、天皇の観覧している前で官人が弓を射る行事。

は東南郭の西門を指すようである。射礼は「朝庭」「西門庭」でも実施されているので、内郭南方＝東南郭西方の庭が「朝庭」なのだろう。「朝庭」は饗宴・拝礼のほか、相撲《すまい》の場ともなった。ただし饗宴は、内郭や東南郭で実施された事例のほうが多く、王卿は特別に私的空間の内郭北院に招かれることもあった。

## 宮周辺地の整備

飛鳥を当面の王都と定めた天武は、飛鳥浄御原宮の周辺地の整備にも意を注いだ。即位年の六七三年(天武二)、天武は亡き母と関係の深い川原寺に五〇〇戸を施入《せにゅう》し、三月より一切経の書写を始めた。同年、亡き父と関係の深い百済大寺にも三〇〇戸を施入し、高市の地に移転させた(高市大寺《たけちのおおでら》)。高市大寺の所在地は雷丘《いかずちのおか》の北方が有力視されており[小澤、二〇一八]、飛鳥の北玄関口に巨大な九重塔がそびえたことになる。六七七年、高市大寺は大官大寺《だいかんだいじ》(87)に改称される。

そこから南へ少し行くと、斉明朝の饗宴施設、石神遺跡がある。天武朝には新たな建物群に生まれ変わり、持統朝頃にも大改造された。その北方域から約三五〇〇点の木簡が出土し、列島各地から貢進された税物の荷札木簡、文書行政で使用された文書木簡や記録木簡、歌・論語・九九をはじめとする習書《しゅうしょ》木簡(88)が多く含まれていた。界線を引くための定木《じょうぎ》、封緘《ふうかん》木簡(89)、具注暦《ぐちゅうれき》木簡(90)や、「大学官《まなびのつかさ》」「勢岐官《せきのつかさ》」「道《みつの》

(87) 現在も基壇の痕跡を残す大官大寺跡は、のち文武朝に新たな地に建立されたときのもの。

(88) 文字や文章の手習いなどの目的で使用された木簡。

(89) 二枚に割った木簡の間に紙の文書を挟み、紐で結んで進上する際に使用される。

(90) 吉凶などの暦注の書かれた具注暦に由来する木簡。石神遺跡出土のものは、表裏ともに上下二段からなり、上段には日付・干支・十二直《ちょく》(暦注の一種)が、下段には月の盈虚《えいきょ》・節気・入節・暦注が記され、表面は六八九年三月、裏面は同年四月にあたる。暦の種類は南朝宋の元嘉暦《げんかれき》で、現存唯一の貴重な実例。

官《つかさ》」といった官司名の書かれた木簡もある。「勢岐」は関に通じる。石神遺跡の一帯に官衙があったとみて間違いない。なお、この付近には九世紀頃まで小墾田宮が姿を変えつつも存続した(91)。飛鳥浄御原宮の時代には、雷丘の付近に民官《かきのつかさ》(92)の倉庫があったことが知られ、小墾田宮付属の倉庫に由来する可能性がある[市、二〇一〇]。

飛鳥浄御原宮の北東に目を転じると、酒船石のある丘陵の北側には、富本銭《ふほんせん》(93)の鋳造で名高い飛鳥池工房遺跡《あすかいけこうぼう》があり、その南地区で各種の手工業生産がなされた。飛鳥寺東南禅院に接する北地区(94)を含め、約八〇〇〇点の木簡が出土した。その分析を通して、工房の本格的な稼働開始は六七八年頃である点、東漢《やまとのあや》系の工人が目立つ点、天皇・皇族からも発注を受けた点などがわかる。六七七年六月、天武は東漢直《やまとのあやのあたい》の七つの悪事を糾弾したのち、罪を赦している。工房の操業を目前に控え、飛鳥・檜隈地域に基盤をもつ東漢氏の全面的協力を欲したことが、ひとつの理由と考えられる。工房の性格は諸説あるが、飛鳥寺に付属した寺院工房の範疇を超えており、天皇・国家直属の工房である点に本質を認めたい[市、二〇一〇]。

**「新城」造営と複都構想**

六七六年(天武五)、天武は「新城《にいき》」を都にするため、その予定敷地内の田畠の耕作を禁じた。「新城」は古い都城に対する「新しい都城」の意で、のちの藤原京に

(91) 雷丘東麓の雷丘東方遺跡(明日香村)の井戸内から、八世紀末—九世紀初頭頃の「小治田宮」墨書土器がまとまって出土している。その付近から七—九世紀の各時代の遺構がみつかっているが、小墾田宮の核心部にはいたっていない。

(92) のちの民部省。

(93) 『書紀』天武一二年(六八三)四月条「今より以後、必ず銅銭を用いよ。銀銭を用いることなかれ」の銅銭に相当する日本最古の鋳造貨幣。表面に「富本」と記す。

(94) 大量に出土した木簡の内容などから、飛鳥寺の物品管理を担当する現業機関が置かれたと推定されている(竹内亮

つながるとみてよい。新城の造営は年内に中止となったが、以後「京」の史料が増大する。六八〇年、京内に二四カ寺があったといい、その分布(図15)から、北は横大路、東は山田道、西は下ツ道、南は檜隈・坂田が京と認識されたようである。

六八二年に新城の造営が再開され、翌年一二月一七日、天武は複数の「都城・宮

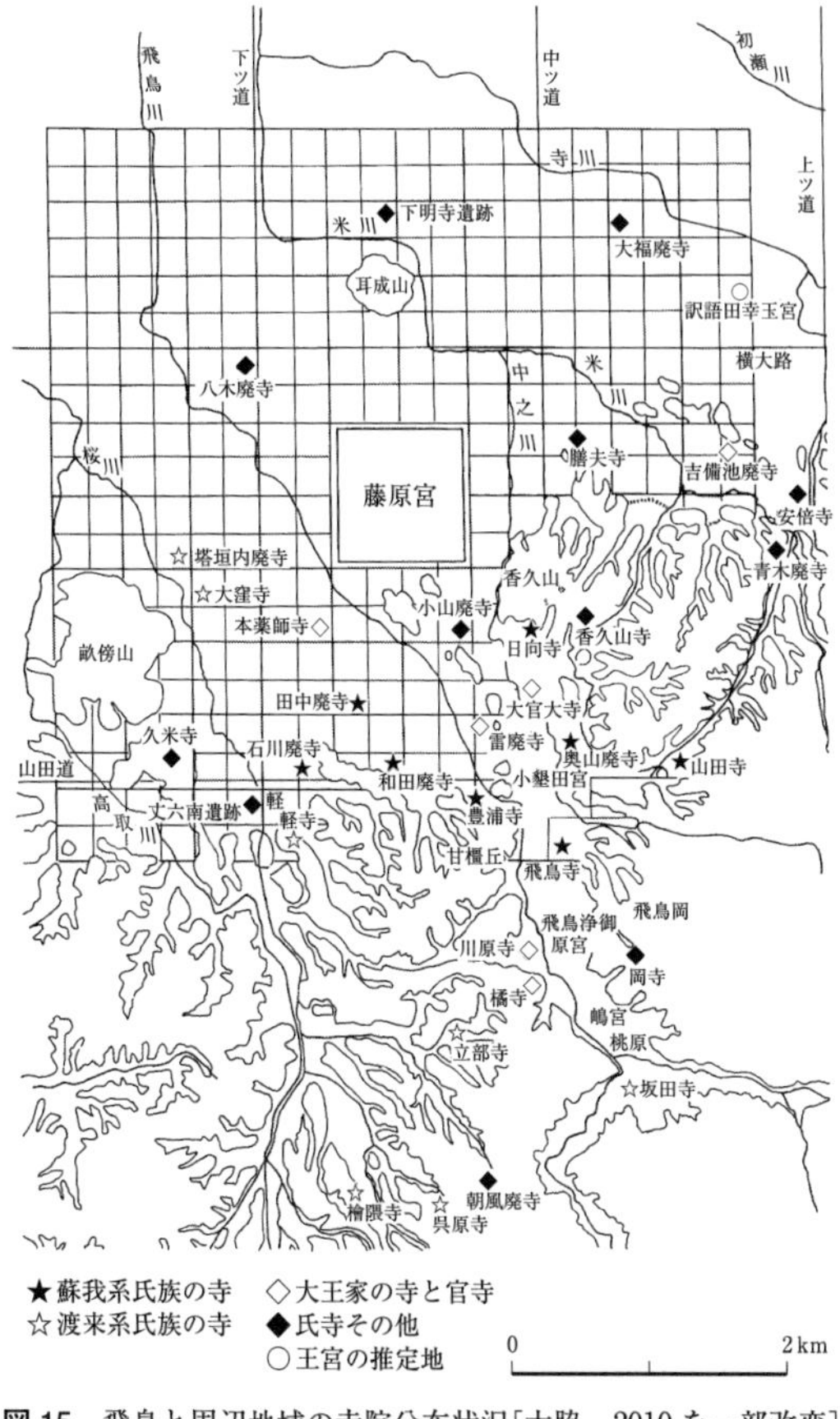

図15 飛鳥と周辺地域の寺院分布状況[大脇, 2010を一部改変]

『日本古代の寺院と社会』塙書房、二〇一六年)。

室」を造営すると宣言した。その第一段階として、難波を副都とするために、官人に難波の家地を申請させている。難波には豊碕宮がすでに存在し、難波津の管理にあたる摂津職《せっつしき》も六七七年までに設置されていた。六七九年一一月には、河内・大和国境の龍田山《たつたやま》・大坂山《おおさかやま》に関を置き、難波に「羅城」を築いた。この「羅城」は難波京のことであろう。難波宮から南方の四天王寺にかけては、藤原京の条坊（後述）の一区画の長さを半分にした方格地割が一部確認されている［積山、二〇一三］。

第二段階として、六八四年二月二八日、都にふさわしい土地を調査するために、畿内と信濃（現、長野県）に使者を派遣した。畿内では新城以外の場所も選択肢としてあったのかもしれないが、結局は新城に落ち着いた。それを意味するのが、翌月の三月九日に天武が「京師《みやこ》」を巡行し、「宮室の地」を定めたことである。「京師」は新城（藤原京）、「宮室」は藤原宮にほかならない。(95) 一方、信濃に派遣された使者は閏《うるう》四月一一日に信濃国の図を進上している。さらに翌六八五年一〇月一〇日、天武は信濃に行宮の造営を命じている。その二日後には、泊瀬王《はつせのおおきみ》・巨勢馬飼《こせのうまかい》ら二〇人が「畿内の役《えだち》」に任命されており、これは複都とすべき藤原京と難波京、特に藤原京の造営を本格化するための措置とみられる。

この天武の複都構想は、新城（藤原京）を主都とし、西国支配の要として難波を、東国支配の要として信濃を副都とするものであった［栄原、二〇〇三］。唐でも複都

（95）この六八四年に初めて藤原宮の場所が選定されたのか、すでに六七六年の新城造営段階から同じ場所に計画されていたのか、議論がある。

制が敷かれたが、より参照されたのは新羅の複都制だった可能性がある［北村、二〇一八］。新羅では、王都である金城《きんじょう》（慶州）のほか、五つの小京（六八三年段階では三小京）を置き、王都の支配層や諸州の民戸を移住させた。

ところが、六八六年正月一四日に難波宮が焼失し、さらに九月九日に天武が死去すると、複都構想は立ち消えになる。六八八年（持統二）一一月五日、二年二カ月も続いた殯(96)を経て、天武は檜隈大内陵に葬られた。これは藤原京中軸線の南延長に正しく乗り、造営途上にあった藤原京（新城）が強く意識されている。

次の『万葉集』所収の二首は、天武を「神」として讃えたものとして名高いが、低湿地であった藤原の地を都へ改造したことに対する感嘆であった。

大君《おおきみ》は　神にしませば　赤駒《あかごま》の　腹這《はらば》ふ田居《たい》を　都となしつ（四二六〇番歌）
大君は　神にしませば　水鳥《みずとり》の　すだく水沼《みぬま》を　都となしつ（四二六一番歌）

**藤原遷都に向けて**

六九〇年（持統四）正月一日に即位した持統天皇は、四年近く中断されていた藤原宮・京の造営を再開した。同年一〇月二九日に高市皇子《たけちのみこ》(97)が、一二月一九日に持統が藤原の宮地を視察している。六九一年一〇月二七日、「新益京《あらましのみやこ》」に鎮祭使が派遣され、翌年正月一二日にも持統が「新益京の路《おおじ》」を視察した。「新益」は「新たに益《ま》

(96) この間に大津皇子の謀反事件がおき（六八六年）、草壁皇子も死去した（六八九年）。

(97) 天武天皇の第一皇子。母は宗像《むなかた》（現、福岡県）の豪族の娘のため、天皇として即位できなかった。長屋王は高市皇子の第一子。

す」の意で、藤原京は倭京の拡大版と認識されていたことを示す。

　藤原京は碁盤目状の方形街区（条坊）にもとづく初の王都で、横大路・山田道・中ツ道・下ツ道で囲まれた東西約二・一キロメートル、南北約三・二キロメートルの範囲とする見解が従来有力であった［岸、一九八八］。しかし、その外側からも条坊道路が続々とみつかってきた。一九九六年、土橋《つちはし》遺跡（奈良県橿原《かしはら》市）で東西道路と南北道路がT字をなす交差点が検出され、藤原京域の西京極をなす条坊道路の側溝であることが判明し、上ノ庄《かみしょう》遺跡（奈良県桜井市）でも、藤原京域の東京極の可能性がある南北道路がみつかった。これらを受けて現在は、五・三キロメートル四方の十条十坊説が最有力である［小澤、二〇〇三など］。いわゆる大藤原京である(98)。

　六九一年一二月八日、官職・官位・戸口に応じて、四町から四分の一町《ちょう》まで段階差を設けて、宅地を班給することが命じられた。藤原京の条坊道路は路面の中心間距離が約一三三メートルになるように敷設され、これらの道路で囲まれた街区が町である。宅地が支給されるのは主に官人で、藤原京への居住が義務づけられた。

　藤原京の造営と並行しながら、寺院も建設された。六八〇年に天武が「中宮《ちゅうぐう》」（のちの持統天皇）の病気平癒のため発願した薬師寺（本薬師寺）はその代表的なもので、六八八年までに金堂が完成し、六九八年までに西塔(99)を除く主要伽藍が姿を現した。広大な藤原京内には古墳がたくさんあったが、その大半は破壊された。六九三年

(98) このなかには、天智・天武系の実質的な始祖として重視された、舒明ゆかりの田中宮・厩坂宮・百済宮が含まれており、それらを取り込む意図があったとする見方もある［金子、二〇一四］。

(99) 西塔の造営は、所用瓦によって奈良時代の造営とされる。

二月一〇日、持統は造京司《ぞうきょうし》(100)の衣縫王《きぬぬいのおおきみ》に対して、掘り出された屍を埋葬するように命じている。藤原宮南方の日《ひ》高山《だかやま》では、丘斜面の横穴墓を壊して朱雀大路を造った際に、横穴墓内の遺骸や副葬品を片付け、墓室を丁寧に埋め戻した様子が確認されている。また、畝傍《うねび》山《やま》の北方に位置する四条《しじょう》でも、破壊された五—六世紀代の古墳が多数みつかっている。その一方で、四条塚山《しじょうつかやま》古墳(現、綏靖《すいぜい》陵)や四条ミサンザイ古墳(現、神武《じんむ》陵)など、破壊を免れた古墳も存在する。皇統意識の高まりのなか、神武陵などに擬されたためとされる[今尾、二〇〇八]。

六九四年正月二一日、持統は藤原宮へ行幸し、ついに一二月六日に藤原遷都の日を迎えた。六七六年の新城造営計画から実に一八年後のことであった。

## 藤原京のモデル

藤原京の大きな特徴は、その中央に藤原宮が位置する点にある。同時代の唐長安城は王都の北端に宮室を置く北闕型であったが、それを藤原京では採用しなかったのである。それでは、何がモデルとなったのか。現在有力なのが、次の『周礼《しゅらい》』考《こう》工記《こうき》(101)匠人営国《しょうじんえいこく》条の影響を考える説である[小澤、二〇〇三/二〇一八など]。

匠人《しょうじん》、国を営《いとな》むこと、方《ほう》九里《り》、旁《かたがた》三門、国中は九経《けい》九緯《い》、経涂《けいと》は九軌《き》、左に祖《そ》、右に社《しゃ》、面《おもて》は朝《ちょう》、後は市《いち》、市・朝は一夫《ふ》なり。

(100) 藤原京の造営にあたる臨時の官司。

(101) 『周礼』は周代の官制を天・地・春・夏・秋・冬の六官に分けて記した書。前漢の時代に発見されたとされる。冬官の部が当初から欠けており、別書である「考工記」で補われた。

この解釈をめぐって中国でも古くから議論があるが、およそ以下のような理解が一般的なものであろう［岸、一九九三／吉田、二〇一一など］（**図16**）。

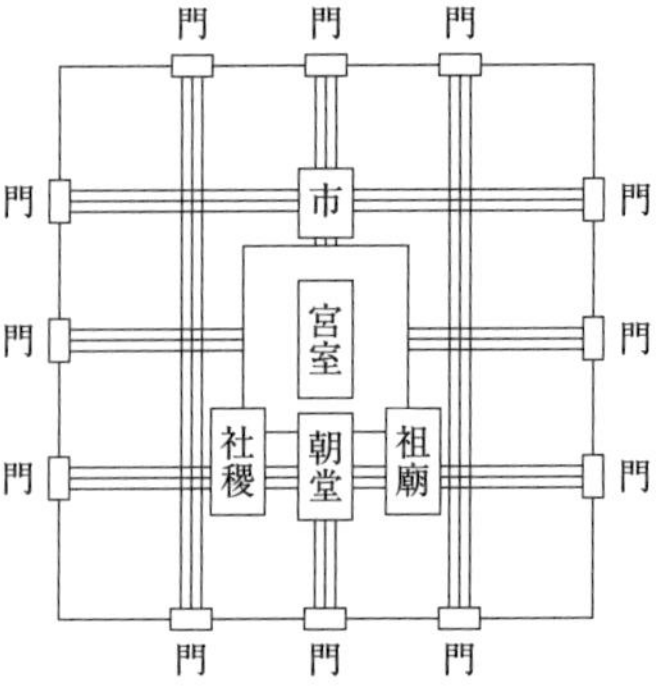


**図16**　周礼型都城概念図［岸，1993］

技術者が都城を造営する際には、一辺が九里の方形とする。各辺には三つずつ城門を設け、城内には縦九本、横九本の道路が通じるようにする。縦の道路は、車の轍《わだち》の九つ分の幅とする。そして、都城の中央には宮室を置き、その東方に祖廟《そびょう》(102)を、西方に社稷《しゃしょく》(103)を、南方に朝庭(104)を、北方に市を設ける。市と朝庭は一夫の面積とする。

この記述に関して、藤原京の次の点が共通するとされる。①藤原京は正方形の京域をもつ。②藤原宮には各辺三つずつ門が開く。③京極《きょうごく》(105)を除いて縦横九本ずつの大路が通る。④藤原京の中央に藤原宮が置かれる。⑤政治の場である大極殿・朝堂が、天皇居所である内裏の前面（南）に置かれる。⑥藤原宮の北方に市が存在する。

ところが、②③はやや問題を残している［外村、二〇〇九］。②の各辺の門について、『周礼』では王宮ではなく王都が想定されている。③の九本の道路も、七世紀

(102) 祖先の御霊《みたま》を祀る施設。
(103) 土地神と五穀神を祀る施設。
(104) ここでは政務を執る空間を意味する。図16の朝堂にあたる。
(105) 京域の一番端。

後半の代表的な『周礼』の注釈書(106)によれば、男子・婦人・車が通る三道を備えた道路(涂)を縦横三本ずつ通したものである。さらに⑥に関しても、藤原宮北方の横大路と中ツ道の交差点付近に「中市《なかいち》」が想定されているが、藤原宮の南西には「軽市」も存在している。そして、藤原京には祖廟・社稷は存在しない。

もちろん、『周礼』を参照しつつも、倭国の国是に合った改変はあり得る。だが『周礼』だけに依拠したと考える必要もない。これらの問題点を踏まえ、中国南朝の建康城(**図17**)からの影響を想定する仮説が出されている。建康は後漢以来の五《ご》郊《こう》(107)の観念に沿った「環状型の都市」で、開放的な都市空間の広がりと中軸線の弱さに特徴があり、この二点は藤原京にも該当するという[佐川、二〇一六]。まず、藤原宮の四方に京域が広がっていた。つぎに、藤原京の朱雀大路も中軸線としては脆弱であった(後述)。藤原京と建康城の違いも大きいが、こうした原理面の共通性は見逃せない。南朝最後の陳《ちん》は一〇〇年近く前に滅亡しているが、倭国は長く南朝文化を摂取してきた歴史があり、建康城を意識したとしても不思議ではない。

あわせて注目すべきは、藤原京と同時代の新羅王京の状況である。王宮である月城《ウォルソン》(108)を中心に四方に条坊が広がり、朱雀大路に相当する道も短く、道幅もさほどないなど、藤原京と類似するところがある。先に天武天皇の複都構想について取り上げ、新羅の影響を受けた可能性があることをみたが、これは藤原京にも該当しそ

(106) 唐賈《か》公《こう》彦《げん》の『周礼疏《そ》』。

(107) 皇帝が行なう天の祭祀を郊祀といい、王都の南郊を基本としつつも、北郊・東郊・西郊・中郊に祭壇が設けられることがあった。

(108) 本書、李炳鎬「百済・新羅からみた倭国の都城」参照。

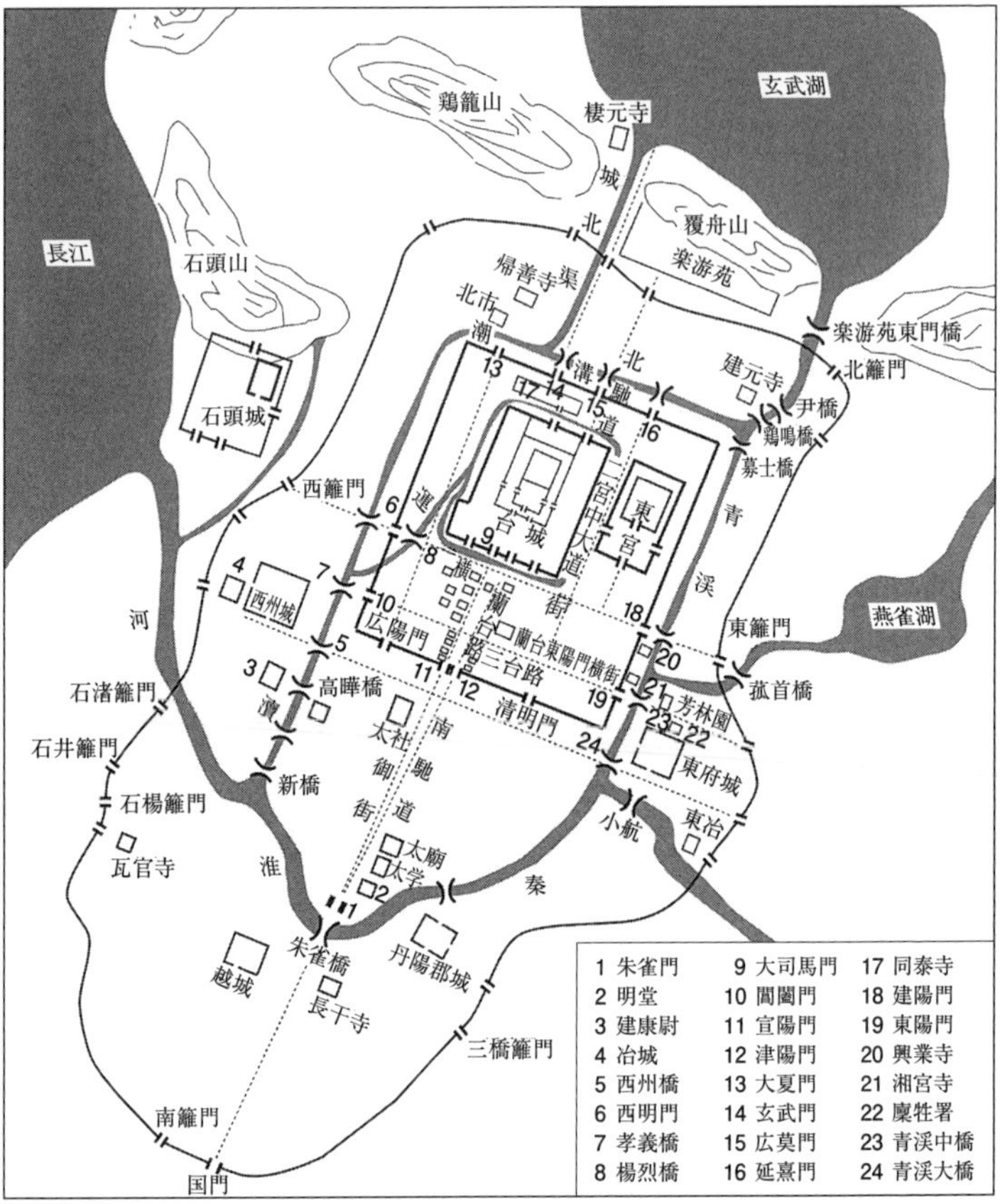


図 17　南朝梁代建康城配置図[佐川，2016]

うである。倭国は長らく朝鮮半島を介して中国文化を吸収してきた歴史がある。中国の伝統的な王都のあるべき姿を新羅王京にみいだし、それを参考に藤原京を構想した可能性は十分にある[佐川、二〇一六]。

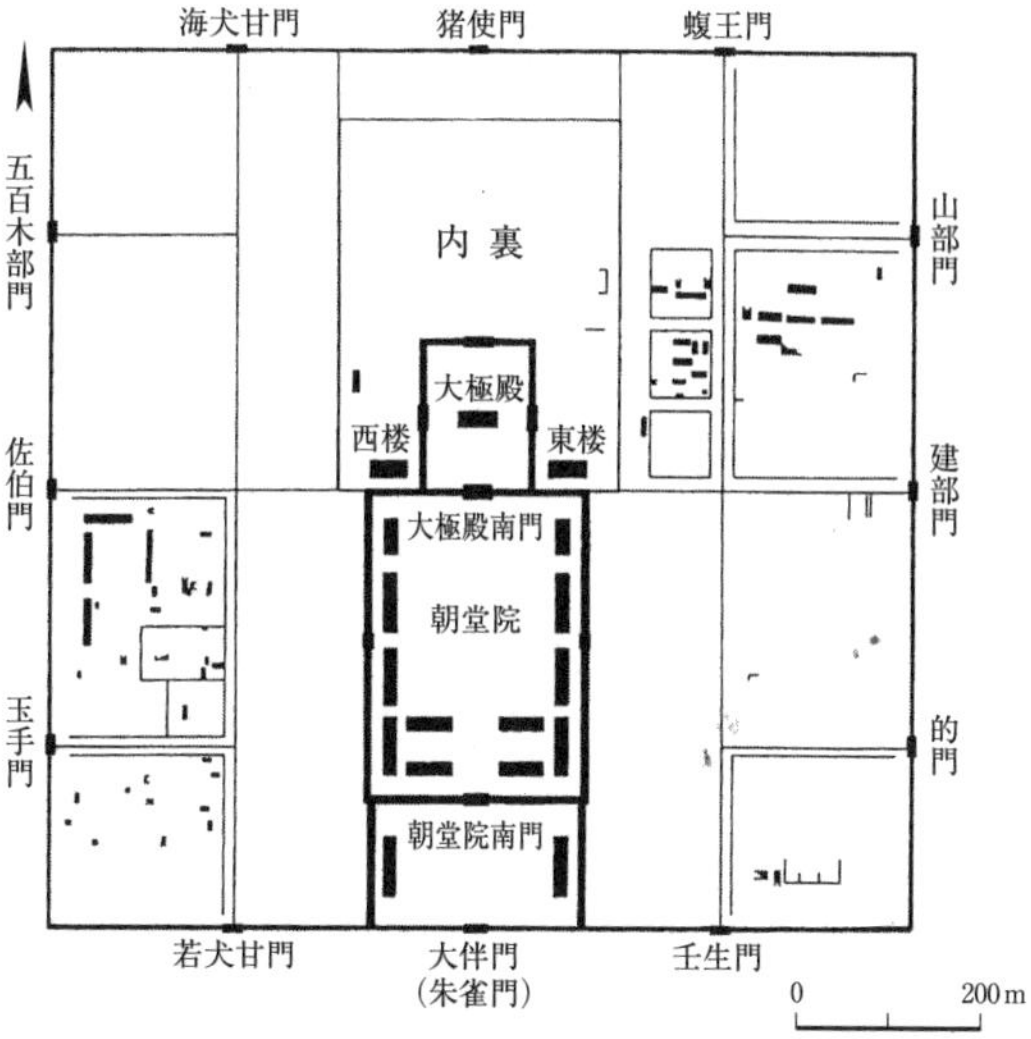


**図 18**　藤原宮遺構図[小澤, 2018 を一部改変]

## 藤原宮の内部

藤原宮は東西約九二八メートル、南北約九〇七メートルもあり(**図18**)、前段階の飛鳥浄御原宮と比べて格段に大きく、豊碕宮をも凌駕した。その南北中軸線上には、北側に内裏地区、南側に大極殿・朝堂院地区が配置され、その東西両側には官衙地区が設けられた。宮全体は内濠と外濠をともなう大垣(109)によって囲まれ、

(109) 大垣を挟んだ両側に濠を備えるのは、藤原宮の大きな特徴となっている。外濠と藤原京条坊の道路側溝との間には外周帯も存在。

各面に三つの門（宮城十二門）[110]が開いた。

しかも、寺院に遅れること約一〇〇年、王宮初となる瓦葺の礎石建物が建ち並んだ。藤原宮は恒久的な王宮として造営され、歴代遷宮は終焉を迎えたのである。藤原宮で瓦が葺かれたのは、大極殿・朝堂院地区、大垣・宮城門などであった。一方、内裏や官衙地区では、伝統的な檜皮葺《ひわだぶき》の掘立柱建物が基本であった。瓦は二〇万枚以上が必要で、奈良盆地のほか、讃岐《さぬき》国の宗吉瓦窯《むねよしがよう》（香川県三豊《みとよ》市）[111]など遠隔地からも調達された。

さて、大極殿院は、内裏地区の外郭に取り込まれた格好で存在する。前期難波宮（豊碕宮）の内裏前殿区画に類似しており、飛鳥宮跡Ⅲ—B期の内郭南院と東南郭を統合・発展させたものといえる。中央の大極殿（九間×四間）は、前期難波宮の内裏前殿よりも巨大で、前期難波宮と違って長殿は存在しない。これは大極殿院が天皇の独占空間となったことを示す。回廊は複廊で、各面に門が開いた。なかでも、内裏外郭の正門でもある大極殿南門（七間×二間）は、饗宴時に天皇が出御することもあって、藤原宮で最大の門であった。また、大極殿南門の東西には巨大な楼閣建物（九間×四間）が並び、『続日本紀』に登場する東楼と西楼とみられる。

朝堂院地区は、前期難波宮と類似するが、南北幅は約三二一メートルに拡大し（東西幅はほぼ同じ約二三六メートル）、朝堂も巨大になる一方で、数は一二に減って

（110）門号には王宮の警備などに関わってきた氏族の名称が付けられた。たとえば、南面中門を大伴門、西面中門を佐伯門と呼ぶ。なお、大伴門は四神にもとづいて、特別に朱雀門とも呼ばれた。

（111）二十数基の登り窯がみつかる。瀬戸内海に近く、運漕にも便利な立地。

いる。以後、一二朝堂が基本となる。[112] 朝堂の内側は広大な朝庭が広がった。これら全体を複廊の回廊が囲み、各面に門が付いた。また、朝堂院の南方には朝集殿が一棟ずつ東西対称に並び、当初は掘立柱塀が、のちに複廊が全体を囲った。

官衙地区は、宮内道路を基準に一三地区が想定されている。このうち、①内裏東官衙地区、②東方官衙地区、③西方官衙地区の状況が比較的よくわかっている。①は小区画に分けて小型建物が多数配置され、②③は大規模な区画に大型建物が少数配置されている。さらに、官衙は宮外にも置かれた。藤原宮のすぐ南に立地する左京七条一坊は、その敷地内から出土した約一万三〇〇〇点の木簡の分析を通じて、宮城十二門の警備などにあたる衛門府《えもんふ》が官衙を構えたことが判明している[市、二〇一〇]。また、左京六条三坊には、藤原京内の行政を掌る京職《きょうしき》の官衙が置かれた。藤原京が左京と右京に分かれると、左京職の官衙として使われ、右京七条一坊の地に新たに右京職の官衙が置かれるようになる[市、二〇一七]。

これらの官衙は建て替えられた事例が多く、それは建物の耐用年数という観点だけでは説明できない。藤原宮の時代の一六年間は、大宝律令《たいほうりつりょう》の制定・施行された七〇一年を境に二分できる。大宝令では、浄御原令では曖昧であった官司間の序列を細かく定め、[113] 文書様式も大幅に整備されている。こうした事情が関係しよう。

(112) 副都である後期難波宮(奈良時代の聖武朝に造営)とそこから資材を運搬して造営された長岡宮では八朝堂であった。

(113) 中央官司について、浄御原令制では官・職の二つしかなく、同一官司を官とも職ともいった例があるが、大宝令制ではランクと統括関係にもとづいて、官・省・台・府・職・寮・司・坊・監・署の一〇種類に細分された。

## 大極殿・朝堂院地区にみる藤原宮の造営過程

以上のような藤原宮の姿は、実は遷都当初のものではない。特に完成が遅れたのは大極殿・朝堂院地区である。この地区の発掘調査事例は多く、文献史料の分析もあわせて、A〜H段階の造営過程が明らかにされている[小田、二〇一九](**図19**)。

まず、天武朝に新城の造営が始まると、のちの大極殿・朝堂院地区にも条坊道路側溝が掘られる(A段階)。藤原宮内の条坊道路側溝の多くは、藤原宮の造営が進展する過程で埋められることから、「先行条坊」と呼ばれている。また、一部の場所では、それに先行する「先々行条坊」もみつかっている。この二つの条坊については、六七六年(天武五)と六八二年の新城造営と結びつける見方が有力である。

やがて、藤原宮の南北中軸線やや東寄りの場所に、幅三—一二メートル、深さ二メートル前後の運河が掘削される(B段階)。資材運漕用の運河であろう。『万葉集』所収の「藤原宮の役民《えきみん》が作る歌」には、近江の田上山《たなかみやま》で伐採した木材を宇治川に流し、筏《いかだ》に組んで泉河《いずみがわ》(木津川)を遡らせた状況が詠まれている(五〇番歌)。その先については、山背国南部の泉大津《いずみおおつ》(現、京都府木津川市)で陸揚げされたのち、大和国との国境となる平城山《ならやま》を越え、筏を組み直して佐保川《さほがわ》を下り、溝幅が約一〇メートルもある下ツ道東側溝と米川《よねかわ》を経て、この運河に入ったと推定されている。

この運河の最下層からは一〇〇点以上の木簡が出土し、木簡の年代観から、運河

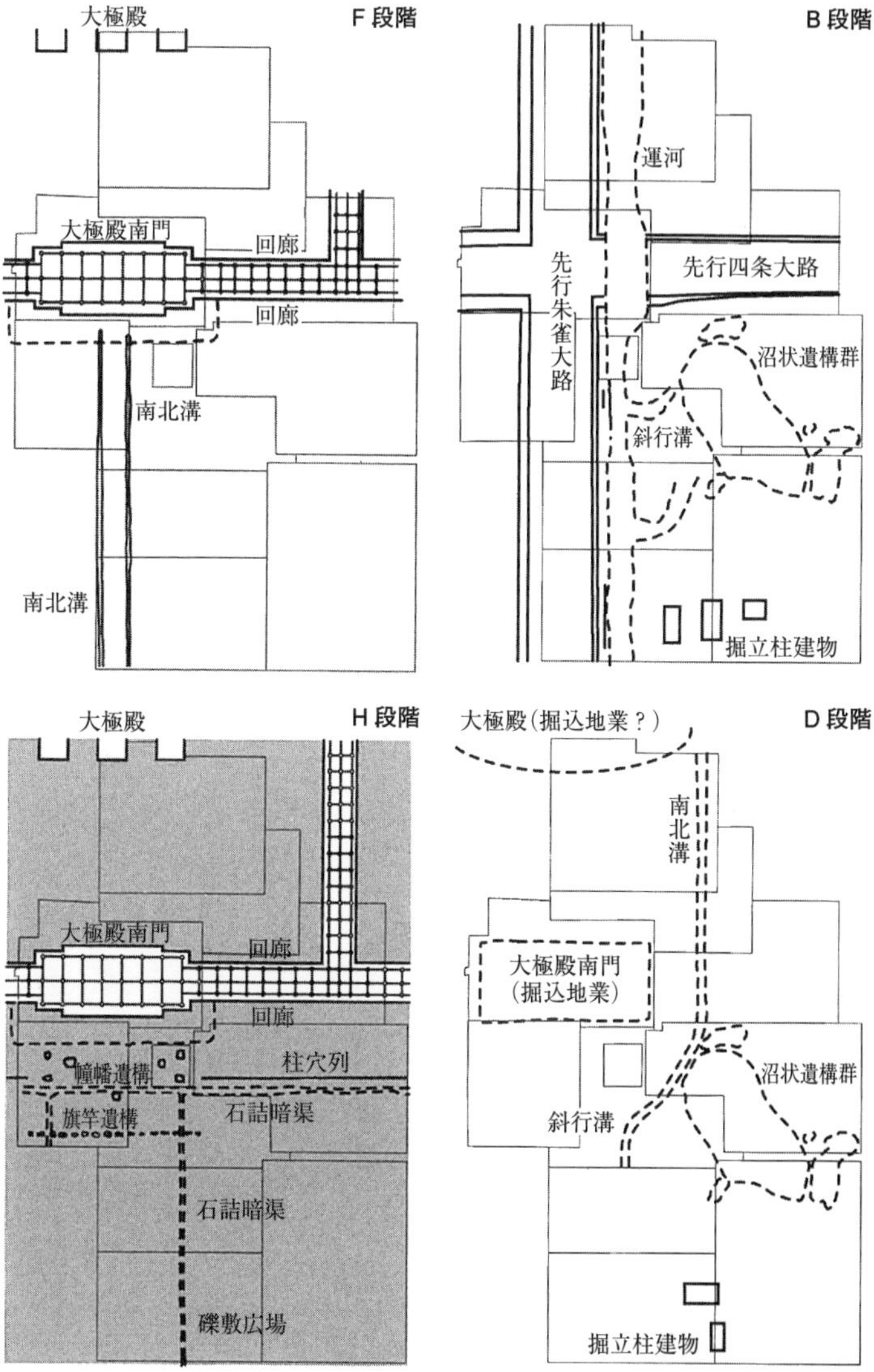


**図 19**　藤原宮中枢部の造営過程［小田，2019 を一部改変］

の掘削は天武朝まで遡るとみられる。また、建築部材・手斧削屑《ちょうなけずりくず》や各種の動物骨なども多数出土している。満三、四歳のオス馬の骨が目立ち、関節部分が変形したものもある。生産地は東日本内陸部が主流で、駄馬として酷使されたのち、殺処分され、馬肉や皮・脳などが取り出された〔奈良文化財研究所編、二〇一六〕。さらに、大極殿南門の南側では、運河に接続する支流や大小さまざまな沼状遺構もみつかっている。支流は水量を調節し、資材などの積み上げを行なう機能を担い、沼状遺構は運河で運ばれた木材をプールした場所のようである。

ついで、運河の本流が埋められ、派生する溝も段階的に付け替えられる（C～E段階）。それは、大極殿南門の掘込地業《ほりこみちぎょう》段階(114)（C段階）、大極殿の掘込地業段階（D段階）、大極殿院・朝堂院回廊の施工段階（E段階）、という変遷をたどる。掘込地業に際しては、運河堆積土を浚渫《しゅんせつ》し、丁寧な版築技法によって基壇を造成している。なお、C・D段階の工程順序は、運河の上流から埋めるほうが効率的な工事が進められるためであり、大極殿南門→大極殿の順番に建物が建設されたとは限らない。

その後、運河関連の遺構は埋め立てられ、前段階の掘立柱建物も撤去される。こうして朝堂院の朝庭の整備が開始され（F段階）、やがて砂利敷が施され（G段階）、ついには儀式空間として使用されるにいたる（H段階）。

大極殿・朝堂院地区では、基本的に大極殿院→朝堂院の順番で建設された。それ

(114) 地面を掘り下げ、粘土・砂・砂利などを入れながら埋め戻し、地盤を固める技法。

(115) 足を踏み鳴らしな

ぞれ殿舎の建設が優先され、回廊は後回しにされた。朝堂は建設の途中で計画変更もされている（コラム参照）。朝堂院東面回廊については、その造営のために設けられた溝内から、大宝三年（七〇三）の年紀をもつ木簡が出土している。

藤原宮大極殿の初見は六九八年正月一日の元日朝賀で、孝徳朝から続く元日朝賀で初めて外国使節（この場合、新羅使）が参列した。朝堂の初見は七〇一年正月一六日の踏歌節会《とうかのせちえ》[115]で、皇親や官人らを朝堂に集めて宴が催されている。大極殿は六九七年八月一日の文武天皇の即位儀で使用されていないこと[116]、朝堂はその東面回廊の完成時期が七〇三年以降であることを念頭に置くと、それぞれ初見記事の直前に完成したと判断される。いずれも巨大な殿舎で、大量の瓦が必要なこともあって、六九四年の藤原遷都には間に合っていない。しかし、内裏地区や官衙地区がほぼ仕上がっていれば、天皇の生活や日常政務に特段の支障はなかったのであろう。

## 「文物の儀、是に備れり」

七〇一年（文武五）正月一日、次のとおり、盛大な元日朝賀が催された（**図20**）。

天皇、大極殿に御《おわ》しまして朝《ちょう》を受けたまう。其の儀、正門に烏形《うけい》の幢《はた》を樹《た》つ。左は日像《にっしょう》・青竜《せいりゅう》・朱雀《すざく》の幡《はた》、右は月像《げっしょう》・玄武《げんぶ》・白虎《びゃっこ》の幡なり。蕃夷《ばんい》の使者、左右に陳列す。文物の儀、是《ここ》に備れり。*（『続日本紀』）

がら調子をとって、舞い歌う儀礼。

(116) ただし、即位の宣命に「此の天《あま》つ日《ひ》嗣《つぎ》高《たか》御座《みくら》の業《わざ》」とあり、後世には高御座は大極殿に設置されることから、このとき大極殿が使用された可能性も残る。いずれにせよ、藤原宮大極殿の成立は六九四年までは遡らない。

* **（大意）** 文武天皇が大極殿に出御なさって、元日朝賀の儀を行なわれた。その儀では、大極殿南門に烏形幢を立て、その左側（東側）には日像・青竜・朱雀幡を、右側（西側）には月像・玄武・白虎幡を立てた。新羅使も左右に並んだ。国家の威儀に関わる文物の制度が、ここにすべて整った。

**図 20**　701 年の元日朝賀（画＝早川和子，図版提供＝奈良文化財研究所）

「正門」は大極殿南門のことで、藤原宮の中心（藤原京の中心でもある）にある巨大な門。天皇の空間である大極殿院と、臣下の空間である朝堂院を結びつける役割を果たした。この大極殿南門の前面（南）に、七本の幢・幡が立てられた。中央は天皇位を象徴する三足烏《さんそくう》(117)の烏形幢で、その両隣は日月を象徴する日像幡と月像幡、両端は四神の幡である。平城宮・長岡宮の発掘調査成果をもとに、これらは門の北側に横一列に並ぶと予想されていたが、意外にも門の南側（朝庭部）に中央に一本、その東西に三本ずつ三角形状に並び、さらにその南側にも一六本の旗竿が立っていた。七〇一年は大宝律令の制定・施行、三十数年ぶりとなる遣唐使の任命(118)、首皇子《おびとのみこ》（のちの聖武天皇）の誕生などがあり、記念すべき年であった。こ

(117) 神武東征で神武天皇を導く役割をした八咫《やた》烏《がらす》とされる。

(118) ただし、天候悪化のために、渡航は翌七〇二年に延期される。

れらは事前にわかっており、六九八年時と同じく新羅使の参列もあって、元日朝賀の儀を盛大に催したのである。

なお、右の記事だけをみると、このとき大極殿・朝堂院地区は完全に整備されていたと思ってしまう。たしかに、大極殿に加え、朝堂も前年末頃に完成していた。だが少なくとも朝堂院の東面回廊はまだ完成していなかった（完成は七〇三年以降）。とはいえ、朝堂で囲まれた朝庭はそれ自体、儀礼空間として十分であるし、周囲に幕などを張ればよかったため、大きな問題とはならなかったのであろう。

そして、前述したように、大宝律令の施行をきっかけに、多くの官衙も建て替えられ、藤原宮は新たな段階へと突入する。

## 平城遷都へ

しかし結果として、藤原京は恒久の王都とはならなかった。七〇八年（和銅元）二月一五日、前年に即位した元明天皇は、平城遷都詔を宣布する。「遷都の事、必ずとすること遑《いとま》あらず*」と述べながらも、「京師《みやこ》は、百官の府にして、四海の帰《おもむ》く所なり*」という認識のもと、「平城の地、四禽《しきん》図に叶い、三山《さんざん》鎮《しずめ》を作《な》し、亀筮《きぜい》並に従う。都邑《とゆう》を建《た》つべし*」と命じた。これを受けて、三月一三日に造宮卿《ぞうぐうきょう》が、九月三〇日に造平城京司《ぞうへいじょうきょうし》が任命され、平城遷都に向かって一気に動き出していく。

*（大意）遷都のことは思いもしなかった。

*（大意）京師とは、官僚制機構の所在地であり、周辺の蕃国が朝貢するような場所である。

*（大意）平城の地は、四神が図讖《としん》（未来の吉凶の予言書）にかない、三山が鎮めをなし、亀筮（亀《き》卜《ぼく》と筮占《ぜいせん》）はどちらもよい。よろしく都邑を建設すべきである。

この平城遷都詔は、隋の文帝の大興城（唐長安城の前身）造営詔が下敷きになっている。これらの詔の趣旨は、既存の王都がありながらも、周辺の蕃国が朝貢するような新たな王都を造営する、というものである。大興城に関する詔を下敷きにしたのは、倭国が隋唐の王都を理想と認めたことを意味する［佐川、二〇一六］。

それまで倭国は、隋唐の優位性を感じつつも、朝鮮半島を介して隋唐以前の中国文化（特に南朝文化）も摂取していた。隋唐の北闕型の王都を知りながら、藤原京ではあえて別タイプの王都を造るほどであった。これに対して、平城京では唐長安城の影響が色濃く認められる。北闕型の王都、含元殿《がんげんでん》(119)を模した大極殿、曲江池《きょっこうち》を模した平城京東南部の池……。その最たるものは、平城京の外京を除いた本体部分を、唐長安城を長さ二分の一（面積四分の一）に縮小し、九〇度回転させた形に設計したことであろう［井上和人、二〇〇八］。あえて九〇度回転させたのは、東西の丘陵部を極力避ける側面もあったが、朱雀大路を長く設定する狙いが大きかった。

平城京の朱雀大路は、路面幅が約七二メートルもある。平城京南端の羅城門《らじょうもん》から、平城宮の正門である朱雀門まで長さ約三・八キロメートル。その先には、高さ約二メートルの塼積擁壁《せんづみ》(120)の上に築かれた大極殿がそびえる。朱雀大路は緩やかな登り勾配で、羅城門と朱雀門の高低差は約一四メートル、羅城門と大極殿の高低差は約二一メートルある。朱雀大路を北進する者にとって、周辺の視界は徹底的に遮られて

(119) 大明宮の中心建物のひとつで、壇上に高くそびえ、左右に翼楼が付いていた。

(120) レンガである塼を壁に積み上げる。

おり、朱雀門とその奥にある大極殿が目に飛び込む構造になっていた(121)。
一方、藤原京の朱雀大路は飛鳥川以北にのみ造営され、長さは約五〇〇メートルしかなく、羅城門もなかった可能性が高い。路面幅も約二四メートルで、他の条坊道路と大きな違いはなかった。また、藤原京の地形は北が低くなっており、藤原宮のすぐ南には日高山が立ちはだかる。そのため、朱雀大路は山の上を通り、藤原宮を見下ろした。さらに、汚水を含む排水が宮内に流入するという欠点も抱えていた。

これらの克服を目指したのが、平城京にほかならない。その転機をもたらしたのは、七〇二年(大宝二)派遣の遣唐使である。粟田真人《あわたのまひと》ら一行は、長安城大明宮《たいめいきゅう》で七〇三年の元日朝賀に参加し、高さ約一五メートルの塼積基壇の上にそびえ立つ含元殿、そこに出御した武則天《ぶそくてん》(122)を下から仰ぎ見ている。その印象は強烈で、これぞ中華と再認識したに違いない。七〇四年(慶雲元)一〇月九日、真人は帰国報告を行なった。その翌月二〇日には、藤原京は未完成のまま造営工事を打ち切ることが決定された。七〇六年二月一六日になると、新都造営に向けて労働力を確保するための法令が出された。七〇七年二月一九日には、五位以上に「遷都の事」を議させ、途中文武の死を挟んで、翌年の平城遷都詔につながっていくのである。

七〇九年一二月五日、元明天皇は平城宮へ行幸した。翌年の元日朝賀を平城宮で挙行するためであろう[市、二〇一四b]。この元日朝賀では、将軍・騎兵隊に引率

(121) 本書、馬場基「平城京を探る」参照。

(122) 中国史上唯一の女帝。則天武后《そくてんぶこう》とも。唐の高宗《こうそう》の皇后で、六九〇年に即位して聖神《せいしん》皇帝と称し、国号を唐から周と改めた(武周《ぶしゅう》革命)。

された隼人《はやと》(123)・蝦夷が、朱雀大路から大極殿の前庭部まで行進し、そこに立ち並んでいた官人らとともに、大極殿に出御する元明に拝礼を行なった。これは初めて隼人・蝦夷が参列した元日朝賀であり、平城京が中華にふさわしい王都であることをアピールする意味をもった。そして、三月一〇日に平城遷都を迎えるのである。

(123) 古代に南九州に住んでいた人々。

## おわりに

最後に、飛鳥時代における王宮・王都の歩みを簡単に振り返っておこう。

まず前史として、古墳時代には、天皇の代ごとに宮を移す「歴代遷宮」の現象がみられた。「〇〇宮に坐《まし》して天下《あめのした》治めしむ」という定型表現にみるように、天皇の治世は宮号によって象徴された。王宮は基本的に大和と河内に営まれ、特に奈良盆地の東南部に集中した。具体的にいえば、本論で言及した磐余地域と飛鳥・檜隈地域のほかに、磐余地域北方の磯城《しき》地域や石上《いそのかみ》地域が該当する。

歴代遷宮というと、断絶的な王宮の姿をイメージしがちである。しかし実際には、建て替えられながらも王族間で伝領されたり、近隣地に王宮が営まれたりすることも珍しくなかったようである。とはいえ、王宮がいくつかの核をもちつつも、分散していたことは間違いない。また、内廷関係の諸機関は王宮内にあったが、その他の実務的な職掌は王族や群臣・豪族の居宅で担われるのが一般的であった。そのため、王宮の周囲に形成される王都も十分な発展を遂げるにはいたらなかった。

六世紀になると、王宮の所在地は徐々に磐余地域に収斂されていく。そして、五九二年(崇峻五)に推古天皇が豊浦宮で即位すると、七一〇年(和銅三)に平城遷都を迎えるまで、孝徳朝の難波宮、天智朝の大津宮などの例外もあるが、飛鳥とその周辺地に王宮が集中的に営まれるようになる。王宮の周囲には諸施設が設けられ、徐々に政治・経済・文化・宗教の中心地となっていった。

とりわけ寺院の存在は大きい。それは単なる宗教施設にとどまらず、今でいえば総合大学のようなものであった。屹立する塔に代表されるように、エキゾチックな寺院は人々を驚嘆させたはずである。五八八年における飛鳥寺の造営開始以降、飛鳥とその周辺地には寺院が次々と建てられ、さらに斉明朝には独特のモニュメントが設けられ、他地域とはひと味違った王都の姿を強烈に印象づけた。

また、難波遷都や近江遷都などは官人らを本拠地から強制的に引き離し、多くの官人が王都に居住するようになる。こうして王都は徐々に都市的な様相を示すようになり、約一〇〇年後の六九四年(持統八)には、碁盤目状の街並みをもつ藤原京への遷都が果たされるまでになる。

飛鳥時代の王宮はそれぞれ特徴的であるが、あえて画期を求めるならば、①推古天皇の小墾田宮(六〇三―六二九年)、②孝徳天皇の難波長柄豊碕宮(六五一―六五四年)、③持統・文武・元明天皇の藤原宮(六九四―七一〇年)となろう。

①小墾田宮は約二年半の歳月を費やして造営され、大殿―大門(閤門)―庁・朝庭―南門という構成をとり、外交使節を招き入れても恥ずかしくない立派なものとされた。それまで外交儀礼や交渉は主に難波を舞台としたが、王宮が新たな意味をもち始める。また、外来宗教であった仏教が、王宮の内部にも入り込んでいった。

②難波長柄豊碕宮は、いわゆる大化改新の一環として、それまでの大和から離れ、外交の最前線ともいうべき難波の地に造られた。唐の膨張策に起因する激動の東アジア情勢に対処することに加え、王族・群臣・豪族らを本拠地から切り離すことで、それまで不徹底に終わった朝参を促す狙いがあった。豊碕宮は四方が六五〇メートル以上もあり、当時としては破格の規模であった。それまで天皇の居所と政務の場を兼ねていた大殿が、私的性格の強い内裏後殿と、公的性格の強い内裏前殿に分離し、後者はのちの大極殿へつながる。また朝堂院も、庁(朝堂)の数が一気に増え、朝庭も広大となった。さらに、実務のための官衙が宮内に取り込まれる。

③藤原宮は、四方が九〇〇メートル以上もある巨大な王宮である。豊碕宮以後、後飛鳥岡本宮(六五六―六六七年)、大津宮(六六七―六七二年)、飛鳥浄御原宮(六七二―六九四年)が営まれたが、さまざまな制約もあって小型化しており、藤原宮はむしろ

豊碕宮を継承・発展させたものといえる。最も注目すべきは、王宮として初めて瓦が葺かれた点である。さらに藤原宮の周りには、五・三キロメートル四方の広大な藤原京域が設定された。これらは藤原宮・京が恒久的な王宮・王都として造営されたこと、換言すれば歴代遷宮が終焉を迎えたことを意味する。

ところが、藤原宮・京はわずか一六年で役割を終え、七一〇年に平城遷都が実施される。さまざまな要因があろうが、王都の北端に宮室を置く「北闕型」の唐長安城（その前身の隋大興城）を理想的な都として認め、その実現を目指したことが大きい。それ以前にも、豊碕宮が上町台地の北端に造られ、北闕型を意識した可能性があるが、飛鳥に王宮が戻ったため不十分に終わった。また、藤原宮にいたっては、藤原京のまさに中心に位置する。これは『周礼』を参考にしたと一般に理解されているが、中国南朝の建康城や新羅王京からの影響も考えられる。唐長安城はそれに大きな影響を与えた北朝の北魏洛陽城とともに、中国の伝統的な考え方からすれば異端であった。魏晋南北朝時代という長い分裂の時代を知り、隋も短命で終わったことを知っている当時の為政者が、唐を絶対視しなかったとしても不思議ではない。その意味で平城遷都は、唐を直接の手本にして、新たな国作りを進めていく意志を露わにしたものということもできよう。

## 引用・参考文献


相原嘉之、二〇一七年『古代飛鳥の都市構造』吉川弘文館
浅野　充、二〇〇七年『日本古代の国家形成と都市』校倉書房
市　大樹、二〇一〇年『飛鳥藤原木簡の研究』塙書房
市　大樹、二〇一二年『飛鳥の木簡』中公新書
市　大樹、二〇一四年a「難波長柄豊碕宮の造営過程」武田佐知子編『交錯する知』思文閣出版
市　大樹、二〇一四年b「平城遷都直前の元日朝賀と賜宴」吉村武彦編『日本古代の国家と王権・社会』塙書房
市　大樹、二〇一七年「文字資料からみた調査地の性格」奈良文化財研究所編『飛鳥・藤原宮発掘調査報告V』
市　大樹、二〇一九年「子代離宮と小郡宮」辻尾榮市氏古稀記念論集編集委員会編『辻尾榮市氏古稀記念論集』
井上和人、二〇〇八年『日本古代都城制の研究』吉川弘文館
井上　亘、一九九八年『日本古代朝政の研究』吉川弘文館
今泉隆雄、一九九三年『古代宮都の研究』吉川弘文館
今尾文昭、二〇〇八年『律令期陵墓の成立と都城』青木書店
植木　久、二〇〇九年『難波宮跡』同成社
榎本淳一、二〇一一年「比較儀礼論」荒野泰典ほか編『日本の対外関係2　律令国家と東アジア』吉川弘文館
小澤　毅、二〇〇三年『日本古代宮都構造の研究』青木書店
小澤　毅、二〇一八年『古代宮都と関連遺跡の研究』吉川弘文館
小田裕樹、二〇一九年「藤原宮・京の造営」川尻秋生編『古代文学と隣接諸学8　古代の都城と交通』竹林舎
金子裕之、二〇一四年『古代都城と律令祭祀』柳原出版
狩野　久、一九九〇年『日本古代の国家と都城』東京大学出版会
岸　俊男、一九八四年『古代宮都の探究』塙書房
岸　俊男、一九八八年『日本古代宮都の研究』岩波書店
岸　俊男、一九九三年『日本の古代宮都』岩波書店

北村優季、二〇一三年『平城京成立史論』吉川弘文館
北村優季、二〇一八年「天武朝の複都制」佐藤信編『史料・史跡と古代社会』吉川弘文館
鬼頭清明、二〇〇〇年『古代木簡と都城の研究』塙書房
木下正史、一九九三年『飛鳥・藤原の都を掘る』吉川弘文館
木下正史、二〇〇三年『藤原京』中公新書
黒崎　直、二〇〇七年『飛鳥の宮と寺』山川出版社
栄原永遠男、二〇〇三年「天武天皇の複都構想」『市大日本史』6
佐川英治、二〇一六年『中国古代都城の設計と思想』勉誠出版
志村佳名子、二〇一五年『日本古代の王宮構造と政務・儀礼』塙書房
積山　洋、二〇一三年『古代の都城と東アジア』清文堂
積山　洋、二〇一四年『東アジアに開かれた古代王宮・難波宮』新泉社
外村　中、二〇〇九年「賈公彦『周礼疏』と藤原京について」『古代学研究』181
田島　公、一九八六年「外交と儀礼」岸俊男編『日本の古代7　まつりごとの展開』中央公論社
鶴見泰寿、二〇一五年『古代国家形成の舞台・飛鳥宮』新泉社
寺崎保広、二〇〇二年『藤原京の形成』山川出版社
東野治之、二〇一七年『聖徳太子』岩波ジュニア新書
直木孝次郎、一九九四年『難波宮と難波津の研究』吉川弘文館
中尾芳治、一九九五年『難波宮の研究』吉川弘文館
中尾芳治・栄原永遠男編、二〇一四年『難波宮と都城制』吉川弘文館
奈良文化財研究所編、二〇一六年『藤原宮跡出土馬の研究』
西本昌弘、二〇〇八年『日本古代の王宮と儀礼』塙書房
西本昌弘、二〇一四年『飛鳥・藤原と古代王権』同成社
仁藤敦史、一九九八年『古代王権と都城』吉川弘文館

仁藤敦史、二〇一一年『都はなぜ移るのか』吉川弘文館
橋本義則、一九九五年『平安宮成立史の研究』塙書房
橋本義則、二〇一八年『日本古代宮都史の研究』青史出版
林　博通、二〇〇一年『大津京跡の研究』思文閣出版
林　博通、二〇〇五年『幻の都大津京を掘る』学生社
林部　均、二〇〇一年『古代宮都形成過程の研究』青木書店
林部　均、二〇〇八年『飛鳥の宮と藤原京』吉川弘文館
菱田哲郎、二〇一二年「考古学からみた王権論」土生田純之ほか編『古墳時代研究の現状と課題　下』同成社
古市　晃、二〇〇九年『日本古代王権の支配論理』塙書房
古市　晃、二〇一九年『国家形成期の王宮と地域社会』塙書房
古内絵里子、二〇一七年『古代都城の形態と支配構造』同成社
吉川真司、二〇〇五年「王宮と官人社会」上原真人ほか編『列島の古代史3　社会集団と政治組織』岩波書店
吉川真司、二〇一一年『シリーズ日本古代史③　飛鳥の都』岩波新書
吉田　歓、二〇〇二年『日中宮城の比較研究』吉川弘文館
吉田　歓、二〇一一年『古代の都はどうつくられたか』吉川弘文館
吉田　歓、二〇一四年『日中古代都城と中世都市平泉』汲古書院

**挿図引用文献**

大脇　潔、二〇一〇年「飛鳥・藤原京の寺院」木下正史・佐藤信編『古代の都1　飛鳥から藤原京へ』吉川弘文館
奈良文化財研究所編、二〇〇二年『飛鳥・藤原京展』朝日新聞社
早川和子(絵)、二〇一六年『飛鳥むかしむかし　飛鳥誕生編』奈良文化財研究所編、朝日選書

## コラム　藤原宮の朝堂にみる試行錯誤

飛鳥時代の王宮・王都の動きは目まぐるしい。それは場所の移動だけではない。ある特定の殿舎であっても、いざ施工する段になって、当初の計画を変更するような場合があった。その一例として、藤原宮の朝堂《ちょうどう》を取り上げてみよう。

藤原宮の朝堂院には、東西約二三六メートル、南北約三二一メートルの広大な空間に、巨大な一二棟の朝堂が東西対称に建ち並んだ。藤原宮に続く平城宮や平安宮も一二棟の朝堂から構成され、各朝堂には着座すべき官司《かんし》が決まっていた(**図1**参照)。

藤原宮の朝堂院は、戦前に日本古文化研究所が発掘調査をしている。それは、礎石の据えられた痕跡(礎石据付掘形)を狙い撃ちし、建物規模を明らかにするものであった。それから約六〇年後、奈良文化財研究所が再発掘に着手し、筆者も一部参加の機会を得た。建物とその周辺域も含めた面的な調査ということもあって、多くの知見を得ることができた。ここでは、南北に並ぶ東第一堂(昌福堂《しょうふくどう》)~東第四堂(明礼堂《めいれい》)の規模と構造に限定して述べてみよう。

東第一堂は桁行《けたゆき》九間、梁行《はりゆき》四間の総柱建物とされてきた。総柱建物とは、方眼の交点すべてに柱が立つ建物のことで、倉庫や楼閣建物に多い。しかし再発掘の結果、棟通りには礎石据付掘形がないことが判明した。すなわち、総柱建物ではなかったのである。凝灰岩《ぎょうかいがん》の破片もみつかっており、基壇《きだん》外装に凝灰岩を用いた土間の建物であったようである。屋根は格式の高い入母屋造《いりもやづくり》もしくは寄棟造《よせむね》で、東第二堂(含章堂《がんしょう》)以下が切妻造《きりづま》であるのと異なる。

東第二堂は桁行一五間、梁行四間の総柱建物とされてきた。しかし、想定地の東外側から一列分の礎石据付掘形が新たに検出され、梁行は五間で、その総長は東第一堂に等しいことが判明した(東第一堂の梁行は四間であるが、一間あたりの寸法は東第二堂よりも長い)。興味深いことに、西一列の礎石据付掘形の下層からは、東第二堂の建設予定地を囲んだと覚しき溝が検出された。当初は梁行四間の建物を予定していたが、工事の途中で五間に拡大されたことを示唆する。

また、東第一堂の調査所見を受けて、東第二堂の棟通りには礎石据付掘形がないだろうと予想していたが、実際には一回り小さい礎石据付掘形が検出され、床束《ゆかづか》(床を支える束)の可能性が考えられた。東

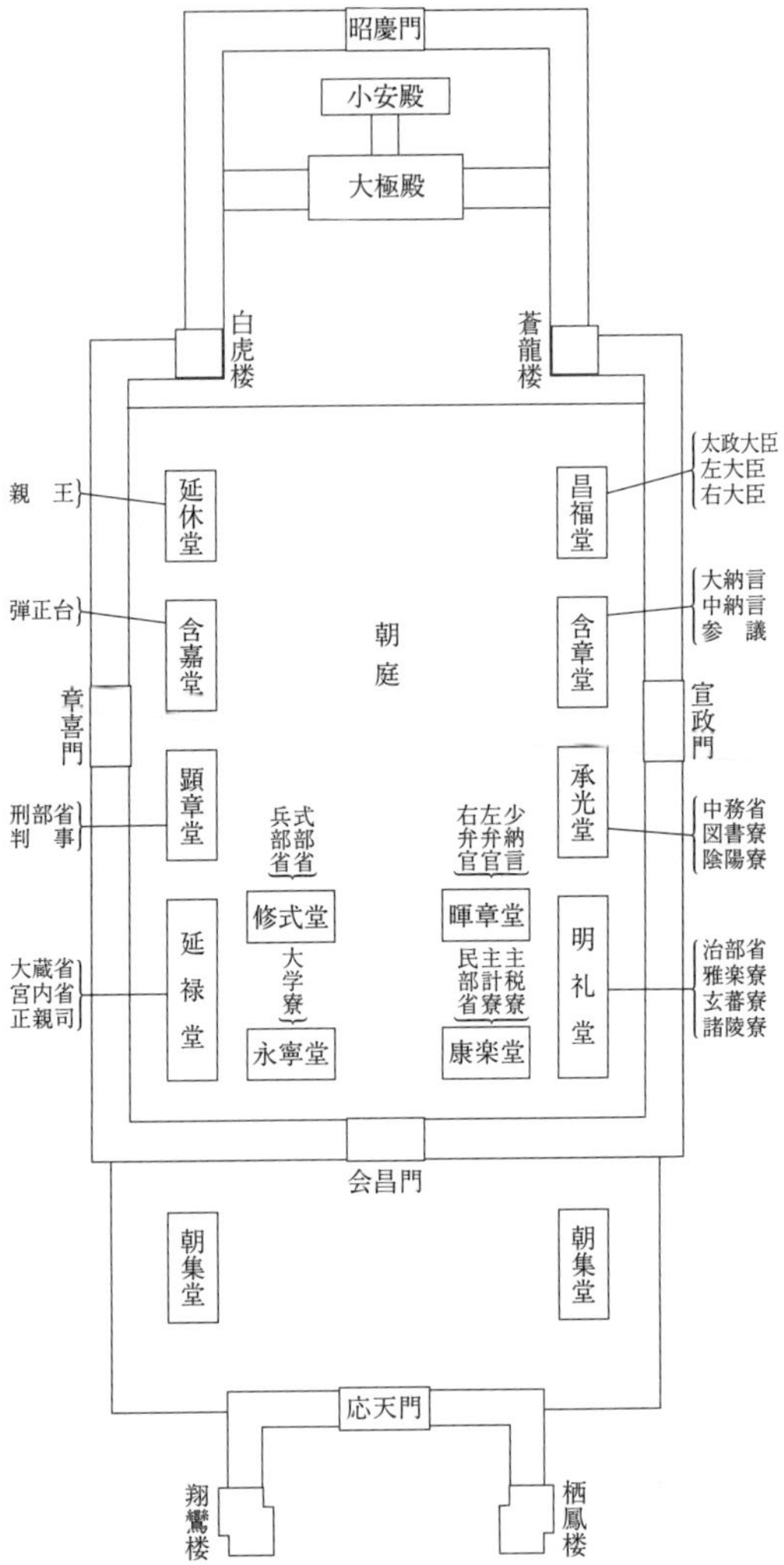


**図1** 平安宮朝堂院推定復元図[吉川, 2005]

第三堂以下もそうであるが、凝灰岩はみつかっておらず、木製の基壇外装、もしくは縁をもつ床張建物であった可能性が出てきた。東第一堂に朝座をもつ大臣や、西第一堂に朝座をもつ親王は倚子を使用していたのに対し、その他の官人の座具は、七〇四年(慶雲元)に五位以上に榻《しじ》(牀《しょう》とも。台状の腰掛け)が支給されるまで席《むしろ》であったことが、建物構造の違いに現れたと推測している。

　ついで、桁行一五間、梁行四間の総柱建物とされてきた東第三堂(承光《しょうこう》堂)の発掘調査に着手した。

**図2**　藤原宮朝堂院基壇東外周部(東第3堂)の雨だれ痕跡(写真提供＝奈良文化財研究所)

問題の棟通りからは、予想外に巨大な礎石据付掘形が検出され、床束とするにはためらわれた。また基壇の外側には建物解体時の瓦が大量に廃棄されており、その直下には軒先からの雨だれ痕跡も綺麗に残っていた(**図2**参照)。これによって、梁行四間の建物と確定した。

　ところが調査の最終段階になって、東第三堂の東外周部において、瓦堆積とその下面の整地土よりも下層から、上部が削平された礎石据付掘形が一列分姿を現した。つまり、梁行五間の建物として工事に着手したが、途中で四間に切り縮めたことが判明したのである。梁行四間の棟通りの礎石据付掘形が巨大であるのも、当初は棟通りでなかったことを思えば納得できる。東第四堂もまた梁行五間から四間に計画変更されている。

　こうして東第二—四堂は施工段階で計画が変更されたことが判明したわけであるが、それはいかなる理由によるのか。筆者の推定は次のとおり。

　当初は、東第一堂と東第二堂以下の二大区分を志向した。東第二堂以下は梁行四間にする予定であった。しかし、東第二堂の造営を進めていく過程で、東第二堂以下も梁行五間になるように計画変更を行なう。これによって東第一—四堂の梁行の長さは等しくなるが、東第一堂の優位性は基壇外装・屋根などの点で依然として保たれている。ところが、東第三堂以下の工事が本格化すると、東第一・二堂との格差を設ける必要性を感じ、梁行四間へ再変更する。

ここで藤原宮以外に目を向けてみよう。前期難波宮(難波長柄豊碕宮《なにわながらとよさき》)の場合、朝堂院の朝堂は一四棟もしくは一六棟なので単純な比較はできないが、藤原宮の最終段階と同じく、東第一堂、東第二堂、東第三堂以下の三大区分になっている。一方、平城宮東区朝堂院の一二棟の朝堂は、下層の掘立柱建物と上層の礎石建物の二時期に大別されるが、下層では東第一堂、東第二堂以下の二大区分がとられたのに対し、上層ではこの二大区分が解消され、平安宮にも受け継がれる。

以上からは、東第一堂と東第二堂の特殊性が順次失われていく流れが読み取れる。藤原宮はその試行錯誤の最中にあったこともあり、何度も変更されたのであろう。

ではなぜ、東第一堂と東第二堂は特別扱いされたのか。東第一堂は、大臣が着座すると、東第二堂にいた大納言以下がそこに移り、弁官や諸司・諸使による上申文書の読申に対して決裁を与える公卿《くぎょう》聴政がなされる。しかし、大臣が不参の際には、東第二堂が公卿聴政の場となった。このように公卿聴政の場となったことこそ、両堂が特別扱いされた大きな理由であろう。

# 平城京を探る

馬場　基

# はじめに――平城京を見る目線

## 平城京のイメージ

平城京は、しばしば古代国家、あるいは律令国家の「完成」として、語られる。それは、こんなイメージだろう。

平城京は、大宝律令《たいほうりつりょう》施行（七〇一年〈大宝元〉）後に造営された「代替わりごとの遷宮無き都城」である。「みやこ」は「みや」のある「ところ」で、天皇の代替わりごとの「遷宮」を前提としていた。初の本格的都城と称された藤原京でも、この伝統を十分には克服できず、平城京ではじめて、行政機能・都市機能と天皇の居所が一体となった、歴代遷宮を克服した「都城」となった。

この「都城」たる平城京では、高度にシステム化された律令制度に基づく国家運営が行われ、国力も増大した。増大した国力を背景に、また遣唐使の盛んな往来の甲斐もあって、多様で高度で絢爛《けんらん》たる文化――漢詩文(1)・仏教はじめ多様に広がる――が花開いた。世に言う「天平《てんぴょう》文化」であり、その粋は正倉院《しょうそういん》宝物(2)として今日に伝わる。

この見方は、確かに、平城京の一面を叙述しているだろう。だが、平城京という

(1) 例としては、『日本書紀』の文飾に見られる中国典籍の知識や、日本最初の漢詩集とされる『懐風藻《かいふうそう》』などがある。

(2) 東大寺正倉に伝来した宝物。聖武天皇遺愛の品々を、光明《こうみょう》皇太后が東大寺大仏（盧舎那仏《るしゃなぶつ》）に献納したものが中心である。唐や新羅《しらぎ》からの舶載品も多く含まれる。保存状態が良好で、世界的にも貴重な八世紀の宝物とされる。

「都城」が背負っている「歴史的課題」、言い換えれば「時代の十字架」に対する説明が、十分にできているとも思えない。

都城は、支配の中心的な拠点空間である。その内容をもう少し具体的にみてみると、①天皇の居所であり、②儀礼・行政の場であり、③上記①②を支える「都市」的空間であり、④さらに①〜③と密接に関わる宗教的な場でもあった。

本章では、この四つの視点を意識しながら、平城京の歴史性を、考えていきたい。

## 1　平城京を作ろう

### 平城京の地形

平城京は、奈良盆地北端中央部に位置する(二頁、**図1**参照)。北側は比較的なだらかな――「なら」という地名の由来になったという伝承もある――奈良山丘陵であり、ここから伸びる台地上に平城宮が乗る。奈良山丘陵を越えると木津川《きづがわ》のほとりに出る。

険しい山間部を西流してきた木津川が平野部へと抜け出て、北へと流れを変える屈曲点付近にあたり、後背湿地[3]を有する河川港湾に適した地点である。この木津川は、巨椋池《おぐらいけ》につながり、巨椋池は琵琶湖《びわこ》へも、大阪湾へもつながっている。[4]

(3)　河川の自然堤防外側に広がる湿地。旧河道の痕跡の場合もある。
(4)　木津川と平城京の交通・物流上の結びつきは深く、多様である。

平城京の南側は奈良盆地の平野が広がる一方、東西方向に目をやると、西では生《い》駒《こま》断層、東では春日《かすが》断層とどちらも南北につながる断層がその地形に関与しており、比較的険しい地形によって遮られる。なお、これらの断層による地形は、それぞれの西側で険しく、東側でなだらかである。平城京は南北につながる地形の中に座っている。

平城京のエリアは、全体としては、北が高く南が低く、また東西が高く中央付近が低い。ただし、平城宮付近は例外的に北側からの尾根が伸びており、中央部が高くなっている。平城京内には、佐保川《さほがわ》・薦川《こもがわ》・秋篠川《あきしのがわ》などの河川が南流し(巻末三一一頁、**資料3**参照)、おそらく遷都前には、これらの河川は大きく蛇行しながら合流して、大和川《やまとがわ》に注いでいた。上流部では、佐保川・薦川は宮の東側を南南西方向に流れ、秋篠川は宮の西側をかすめつつ南南東に流れており、平城宮の南側で合流していたとみられる。平城宮の位置する台地は川の間に位置しており、谷が開削された東西および南側よりも高い地形となっている。

また、佐保川(及び薦川)と秋篠川による谷地形以外にも、上記の谷と同じ方向に走る谷や、それらに注ぎ込む方向の小さな谷地形が確認できる。遷都前の平城宮周辺には、台地の縁辺部に相応しく、複雑に入り組んだ地形が展開していたと考えられる。

## 前史と立地の意義

平城京内には旧石器時代の遺跡も存在し⑤、また弥生時代の集落も確認されているが、特に注目したいのは古墳時代以降である⑥。平城京域のすぐ北側には古墳中期に遡る巨大な古墳群（佐紀《さき》盾列《たてなみ》古墳群）が並ぶ。古墳群の南側にあたる平城宮周辺域では、埴輪窯《はにわよう》が発見されているほか（**図1**）、埴輪の生産や葬送儀礼と関係の深い土師《はじ》氏の居住地も想定されている等、古墳時代にも大規模な集落が展開していた重要地域であったと考えられる。また、平城京は大和国添郡《そう》（のちに添上郡《そえかみ》・添下郡《そえしも》が分立）にあたり、添郡は天皇家の直轄地たる添御県《そうのみあがた》の旧地とみられ、王権とも関連の深い土地であった。

**図1**　平城宮内出土埴輪（写真提供＝奈良文化財研究所）

交通路の点でも平城宮周辺は重要である。七世紀には奈良盆地を南北に貫く交通路として、上ツ道・中ツ道・下ツ道の三本の直線道路が整備されていたことが知られる［馬場、二〇一七］。これらの三つの道は、発掘調査

（5）旧石器時代の遺跡としては、法華寺《ほっけじ》南遺跡などがある［奈良文化財研究所編、二〇〇三］。

（6）平城宮内では、平城宮造営に伴って破壊された神明野《しめの》古墳や前方部を削られた市庭《いちにわ》古墳が知られる他、朝集殿院下層流路が特に著名である［奈良国立文化財研究所編、一九八一］。

でも確認されており、下ツ道は幅二二メートルという巨大なものであった。平城宮・京の中軸線は、この下ツ道を踏襲する。平城宮付近は、下ツ道が平坦な奈良盆地内から、奈良山丘陵に差し掛かる地点、平野と峠の境界にあたる。また、遺構としては検出されていないものの、地形や神社の立地等から想定される道路が、平城宮南面付近を東西方向に通っていたとみられる。この東西道路は、おそらくは生駒山を越えて日下《くさか》江《え》(現、大阪府東大阪市)を経て難波津等につながる道であったと考えられる。したがって、平城宮の中軸線と合致する下ツ道と、平城宮南面付近を東西に通るこの道路の交差点は、平城宮朱雀門《すざくもん》(7)付近に想定される。平城宮朱雀門付近は、下ツ道側溝の出土品から添郡大野里家(8)の存在が想定され、かつ交通の要衝であった可能性が指摘されているが、これらは朱雀門付近が①平野と峠の境界であり、②二つの道路の交差点だったと想定される、という点とよく合致する。

一方、生駒山の存在にも注意しておきたい。生駒山系は、上述のように、大阪側で急峻、奈良側でなだらかであり、大阪側から生駒山系を越えることには困難を伴う。中世の事例でも、奈良盆地へ軍勢が侵入する際に生駒山系を直接越えた例は見られない。奈良盆地にとって生駒山系は西側の天然の城壁といえよう。一方飛鳥地域は、龍田《たった》越え以南、竹内峠以北の比較的なだらかな山塊に面しており、大阪側からの防御という点では若干平城宮エリアに劣ると考えられる。

(7) 古代の宮城は方形を基本とし、各面に三門、計一二門が開いたとされ、これを宮城十二門と呼ぶ。藤原宮はこの基本形。平城宮は東側は張り出し部に合わせて調整され、平安宮では北側に延びた部分に門が追加(計一四門)された。各方向三門とする構造は、平城宮内裏等でも認められ、古代宮殿の基本的な設計パターンだったとみられる。

宮城十二門のうち、正門にあたる南面中門が朱雀門である。宮城十二門は、警備にあたるなどゆかりの深い氏族の名称が冠され(例、西面中門＝佐伯《さえき》門)、朱雀門も「大伴《おおとも》門」とも称されたが、正門という特殊性から朱雀門という唐風の呼称が優先された。

このように、平城宮・京は、王権と関連の深い、交通の要衝に立地し、かつ大阪湾側に対して——瀬戸内海からの侵攻に対して——防御性の高い場所に、営まれたのである。

## 条坊制とは

世界史的に見ると、歴史的都市空間の構造・設計には大きく「方形地割《ほうけいちわり》」と「同心円地割」が存在する。[9] 方形地割(グリッド・パターン)は、植民都市や軍事拠点都市、開拓地等に多く見られるという指摘がある。方形区画では、各区画の面積が均一になるため、移住した人々に対する均等な土地配分が容易に実現できる等、植民都市等に適しているとされる。一方、空間的には均一性が高く、「中心」が不鮮明になる傾向にある。

同心円地割は、中心から同心円状・放射線状に区画が展開する。その空間の「中心」は極めて明瞭である。中心には「民会」や「教会」など政治・宗教にかかわる、その空間にとって最重要の施設が設置される。一方、区画ごとの大きさは不均等になり、また「中心」に対する「周縁」が存在することになる。

平城京は、「条坊制《じょうぼう》」と呼ばれる、方形地割による土地区画を骨格とする。平城京をはじめ日本の都城が方形地割を採用している理由は、植民都市であるなど、世

(8) 大宝令制では、国—郡—里という地方行政組織が編成された。この里の役所が里家である。ただし、国・郡では官衙が整備された一方、里レベルでの官衙の整備が全国的に行われたか等は不明である。

(9) 以下、都市の類型化については、[妹尾、二〇〇一]による。

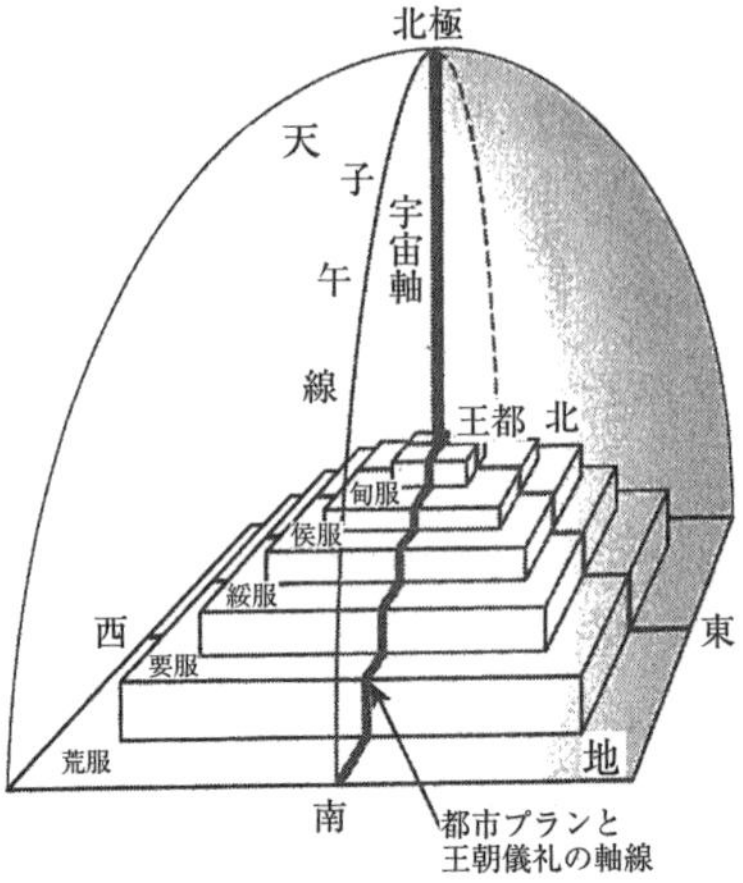


**図2** 長安城の概念図[妹尾，2011を一部改変]
中国古代の世界観では，地は方形で天は球形で，方形の地の象徴が方形地割である．これら，方形の地と球形の天の中心が皇帝であり，具体的には太極殿・玉座となる．

界標準的な理由からではなく、方形地割による中国都城をモデルとしたためと考えられる。

さて、中国都城では、方形都市の宿命である中心性の弱さを、劇場的な正面性と、中心を持つ円球的な空間を組み合わせて克服し、「中心性」を強く表現していたことが明らかにされている（**図2**）。平城京も、こうした中国都城の用いた「中心性」の表現のうち、劇場的な正面性を受け継いでいた。その枢要は（下ツ道―三橋《みつはし》―）羅城門《らじょうもん》―朱雀大路―朱雀門―大極殿《だいごくでん》（後述）という直線の中軸線の確立と、そこに連続的に展開する中心性の演出であった。

一方、中国都城に存在した円球的な空間の認識は、平城京では希薄である。そして、方形地割には、同心円地割のような固定的な中心が存在しないため、理論上は方形のどの場所に中心を設定するのかは変更可能である。つまり、中心（宮）が動き得ることは、平城京の歴史を考える上で重要なポイントとなる。

## 平城京の条坊

平城京の条坊は、「大路」で区切られた「坊」という区画が基本で、坊が東西方向に並んだ列が「条」である(巻末三一一頁、**資料3**参照)。南北は九条、北から一条、二条と呼ぶ。東西は中軸の朱雀大路を挟んで、それぞれ四坊(計八坊)が基本で、五条以北では東側は三坊増えて七坊が連なる。朱雀大路の東側が左京、西側が右京なのは、後述する位置にある、天皇が居す平城宮から見ての左右に基づく。

坊の位置は、「左右京のいずれか」「北から何条めか」「朱雀大路から何坊めか」の順で示される。「左京三条一坊」という具合である。また東西の大路では、三条の北側が二条大路、南側が三条大路というように、各条の南側の大路がその条の数詞で呼ばれる。南北の大路の場合、右京二坊であれば内側(東側)が西一坊大路、外側(西側)が西二坊大路というように各坊の外側を通る大路がその坊の数詞で称される。なお、大路の幅は、朱雀大路が最大で、以下いくつかの「格《かく》」があった[井上、二〇〇四]。

各坊は「小路」によって東西南北を四分割、合計一六分割される。一六分割された単位を「町《ちょう》」または「坪《つぼ》」と呼ぶ(**図3**)。平城宮に一番近い側(左京では西北、右京では東北)が一坪、そこから南北方向千鳥式に数字で呼ばれる。そして、平城宮は一・二条にあり、朱雀大路北端に接し、四坊分の方形と東面の張り出し一二坪分を占める。

　これらの方形区画の設計は、約五三〇メートルごとの基準線によっており、基準線を大路の中心線として地割を行ったと考えられる。

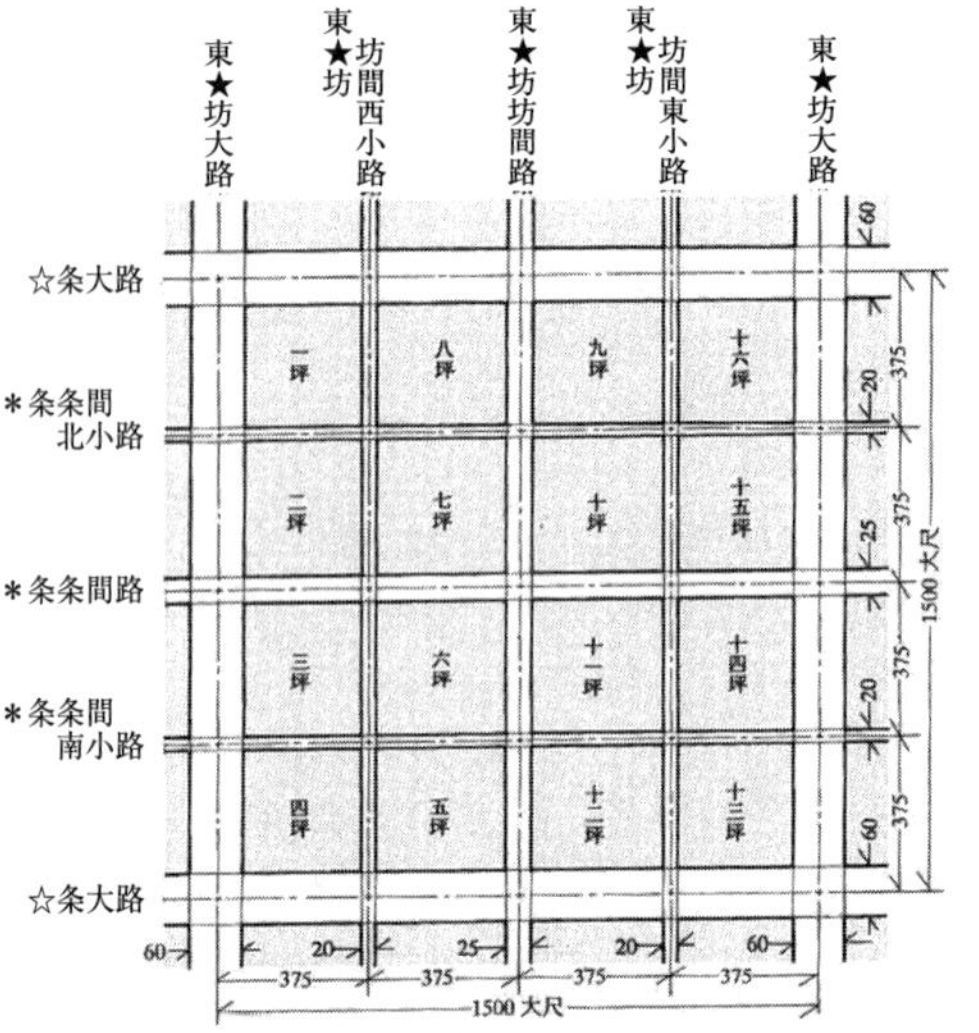


**図3**　平城京条坊設定模式図(左京)[井上, 2004]

この方式は、設計の際の計算等は容易であり、また同じ道路でも区間によって路面幅が変化するような場合にも対応がしやすい。一方で、区画する大路の幅によって坊や坪の大きさがまちまちになる。方形地割では、それぞれの区画の均質性が一つの重要な要素だが、平城京では各区画の面積が異なり、しかも規模の大きい道路に面する(=重要性が高いと思われる)区画ほど面積が小さくなる。これは、居住者を重視した都市空間の区画としては必ずしも適切ではないと言えよう。

なお、平城京の大きさは、南北九条約四・八キロメートル、東西は十一坊分とすると約五・八キロメートルである。

## 朱雀大路

平城京の中軸線を見てみたいと思う。

平城京南面は「羅城(10)」が築かれ、京の内外を視覚的にも明示する。下ツ道を南から北上すると、道の正面・羅城の中央に羅城門が開く。最新の研究によれば、羅城門は七間五戸と想定されている(11)。下ツ道と羅城門の間の堀には「三橋」と呼ばれる橋が南北に架かり、下ツ道と羅城門をつないでいる。

羅城門を通過すると、朱雀大路が広がる。道路幅は、七〇メートルを超える。その両側に幅約三・六メートルの側溝が穿たれ、側溝の外側には高さ約六メートルの築地《ついじ》塀《べい》・坊牆《ぼうしょう》が屹立する。この坊牆のために朱雀大路から東西への視覚はほぼ遮られており、寺院の甍《いらか》はおろか、塔の最上部の水煙《すいえん》さえも見ることはまずできない。通行者の視点は、おのずと朱雀大路上約三・五キロメートル先の朱雀門、さらにその奥にそびえる大極殿へと収斂する[馬場、二〇〇五]。

朱雀門前は、平城京で最大の朱雀大路と、約三七メートルという朱雀大路の半分、

(10) 都市・都城を取り囲む城壁。

(11) 「七間五戸」とは、柱が八本で柱間が七つ、そのうち中央の五つが扉として開くということ。平城京の羅城の存在および羅城門の最新の見解は[井上、二〇〇八]参照。

**図4** 朱雀大路西側溝跡，二条大路横断部分（南から．写真提供＝奈良文化財研究所）
この側溝に渡された，二条大路用の橋の基礎とみられる遺構が三基確認された．

京内で二番目の道路幅を誇る二条大路が交差する。これだけでも相当の広場であるが、さらに、この交差点に接する左京三条一坊一坪・右京三条一坊一坪には、道路と坪内を画する築地塀が築かれなかった。これらの坪は交差点と一体となって、東西約二五〇メートル・南北約一五〇メートルの広場を形成していたと考えられている。

朱雀大路の両側溝は、二条大路の路面を貫いていた[12]（**図4**）。二条大路は朱雀門前でこの両側溝で寸断された格好で、東西それぞれ三カ所架橋されていた。羅城門前では、東西方向に溝が通り橋が架かっていた。言い換えれば、京内と京外を峻別する意識が強いとみられる。一方朱雀門前では、朱雀大路は朱雀門まで突き当たっている。朱雀大路と朱雀門を空間的に連続させる意図が強く感じられる。平城京の中軸線を、強烈に演出していたのである。

(12) 朱雀大路側溝が二条大路路面を貫通している状況等、朱雀門前の様々な状況は、国土交通省による朱雀大路緑地整備に先だって行われた発掘調査によって、詳細に判明してきているが、正式な報告書は二〇一九年六月現在編集作業中で未刊である。発掘調査の概報としては、『奈良文化財研究所紀要』二〇一七などがある。

(13) 大極殿（院）の南側に隣接し、朝堂が建つ、儀礼と政務の中枢的空間。平城宮では中央区・東区の二つの区画がある。中央区朝堂院は朝堂四堂で、儀礼空間や後には饗宴空間として利用されたと考えられている。東区朝堂院は一二堂で、政務空間、後には儀礼空間や饗宴空

## 宮内の空間構成

平城宮内の空間構成の特徴として、①二つの中枢区画、②東張り出し部、の二点が指摘される。

奈良時代前半の平城宮には、朱雀門の北側の四堂型式の朝堂院《ちょうどういん》(13)（中央区朝堂院）・広大な前庭部を伴う大極殿院・大極殿（第一次大極殿）と、壬生門《みぶもん》北側の朝集殿院《ちょうしゅうでんいん》(14)・一二堂型式の朝堂院・大安殿（大極殿）の二つの中枢施設が並立していた（**図5**）。特に大極殿（もしくは大極殿相当）の建物が並立することを中心に、両者の性格の違い・使われ方の違いに関する議論が積み重ねられてきた。そして、東区中枢施設が、前後の都である藤原宮・平安宮の中枢施設と類似し、連続性が認められる点などから、日本の都城の通例的な中枢施設であるととらえられる一方、中央区の中枢施設の特異性に着目して、そこに平城京の歴史的意義を見いだし得ることが指摘されている。

大ざっぱに言えば、中央区は、「小中華」の「皇帝」たる天皇が君臨するために、当時の世界標準を目指した空間である。唐長安城大明宮含元殿《がんげんでん》を模したともいわれ、(15)大規模な前庭部に列立する臣下・諸蕃《しょばん》(16)と、大極殿に御して彼らを見下ろす天皇が対峙する構造となっている。一方、東区は「倭国」の「大王《おおきみ》」たる天皇が世襲的・血縁的・伝統的権威によりながら列島を支配するための空間だった。日常的政務はこの空間で執り行われ、大嘗祭《だいじょうさい》(17)もこちらで執り行われるのが通例であった。

間としての性格も併せ持つようになったと考えられる。長岡京時代までは太政官院と称され、平安宮時代に朝堂院あるいは八省院（八一八年〈弘仁《こうにん》九〉以降）と称されるようになった（本論では分かりやすさを考え朝堂院とする）。

(14) 近年では、朝集堂院と称されることが多い。朝堂院の南側に位置する区画で二堂の朝集堂が建つ。

(15) 含元殿は、唐長安城の宮城北東に造営された大明宮の正殿（四四頁、図9参照）。大極殿に代わって国家的儀礼の場となったとされる。粟田真人ら、大宝の遣唐使が実見したと考えられている。

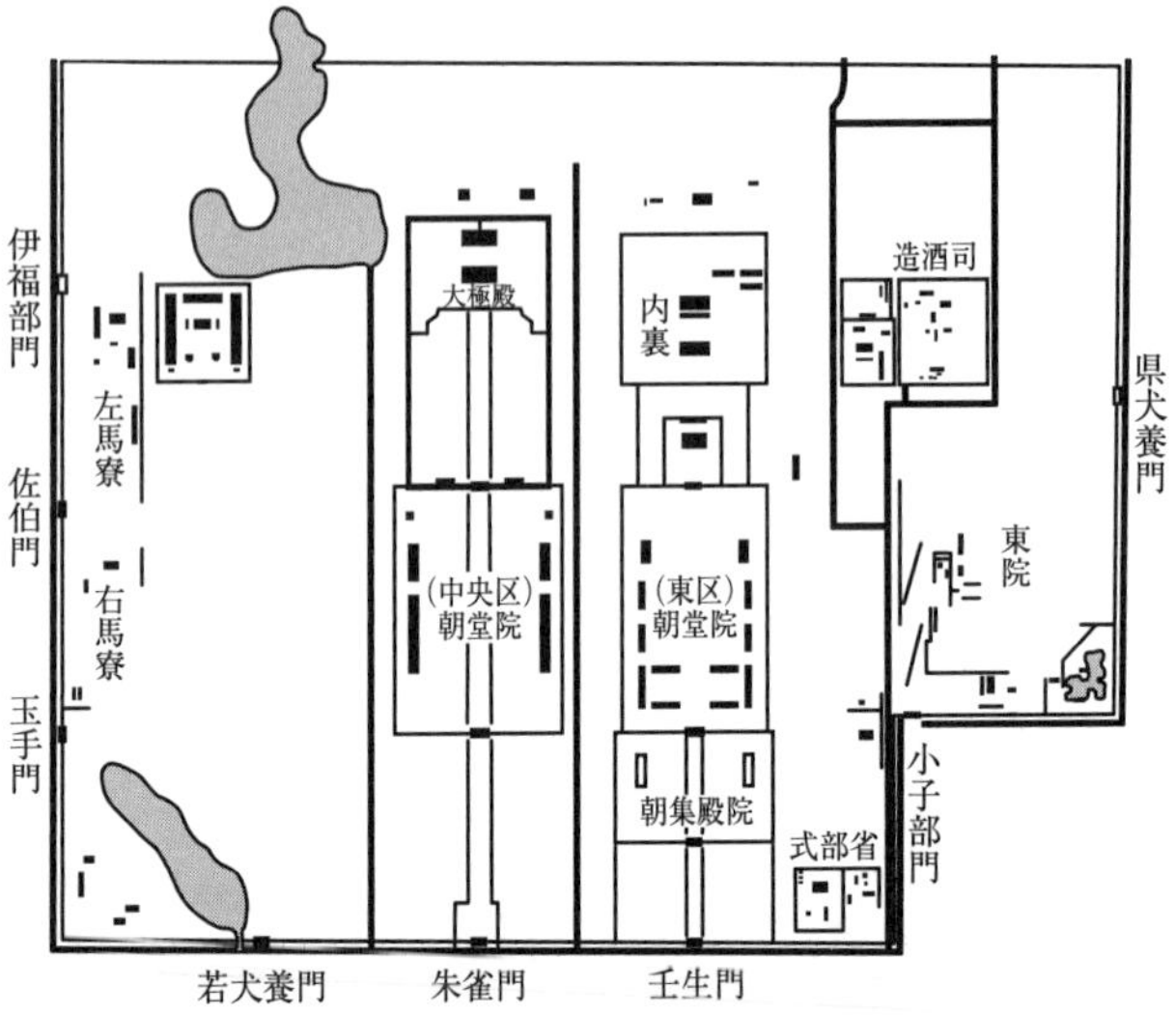


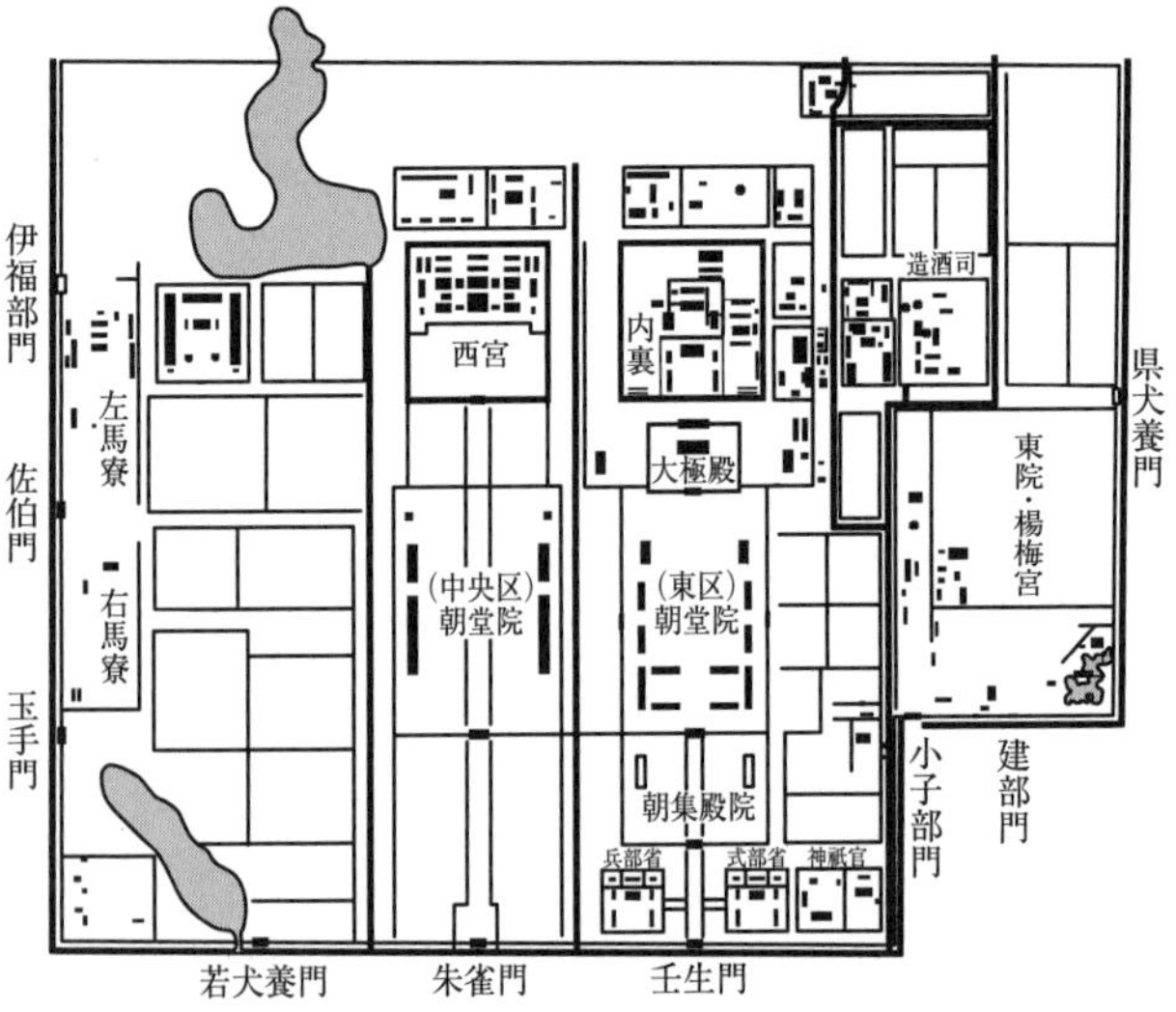


**図5** 平城宮の変遷.（上）奈良時代前半,（下）奈良時代後半

つまり、「皇帝」と「大王」が、天皇制の中でいまだ融合せず、それぞれに空間が必要になっていた状況を反映していると考えられる。こうした「先進性」と「伝統」の並立――あるいは拮抗・相克――は、平城宮の随所に見いだすことができる。例えば、平城宮に独特な東側の張り出し部分の南半を占める「東院《とういん》」も、こうした文脈で理解できると考える。

東院は、当初は首《おびと》皇子(後の聖武天皇)の東宮《とうぐう》(18)として整備された宮殿と考えられている。宮殿は約二五〇メートル四方=平城京でいうと四町分を占め、その中に約一〇〇メートル四方の中枢区画が存在する、二重構造となっている。この大きさと空間の構成は、平城宮内裏《だいり》や長屋《ながや》王《おう》邸(一一頁、**図5**参照)と類似し、空間の構成という点では遡ると推古朝小《お》墾田宮《はりだのみや》の構造にも通底する。外郭《がいかく》内には中枢区画の居住者を支える施設・機構(宮内省(19)・東宮坊・政所《まんどころ》(20)他)が展開し、その内側の内郭《ないかく》が居住空間となる。藤原宮では、天皇の「宮」が「国家の宮」である藤原宮の中心に位置するようになった。国家の宮である藤原宮は、天皇の宮の外側に政務空間と、外廷官司《がいていかんし》(21)の空間が展開する三重構造である。平城宮ではさらに、「皇太子の宮」も国家の宮たる平城宮内に包摂された。皇太子の宮が国家の宮に包摂されたという点では、天皇を唯一の頂点とする国家体制の確立・明確化をみることができる一方、その構造は独立性の強い「皇子《みこ》の宮」のそれと同様の、前代以来の伝統を色濃く残すものであ

(16) 皇帝・天皇を中心とみたときの、その外縁部に居する異民族の呼称。

(17) 天皇の即位に際して行われる特別な新嘗祭《にいなめさい》。専用の施設である大嘗宮が造営され、神事が執り行われる。天皇と神が共食・共寝し、一体化することが中核だという。倭国の伝統を引く行事とされ、天武天皇の時代に伝統的な皇位継承のあり方の一環として整備されたものと見られている。

(18) 春宮とも。皇太子の居所(宮)、あるいは皇太子自身を指し示すこともある。

(19) 天皇の家産や生活に直接関わる、内廷官司を中心とした役所。

**図6**　姫寺廃寺出土瓦（写真提供＝奈良文化財研究所）
重弧文の瓦．平城京以前の型式であり，遷都以前からの寺院の存在を示す．

った。天皇の宮・皇太子の宮が解体し、国家の宮の中に融合していくのは、平城遷都よりだいぶ後になる（後述）。

## 宗教都市・平城京

先述のように、平城京は奈良盆地北部に位置する。したがって平城遷都では、最初の仏教文化が花開き、寺院が造営された飛鳥地域から、王権中枢が離れることになる。そこで、平城京では計画的な大寺院の造営を中心としつつ、既存の寺院や信仰を取り込んで、宗教空間の整備が行われた。

既存の寺院として著名なものは、海竜王寺《かいりゅうおうじ》(22)である。正倉院文書では「隅寺《すみでら》」と称されるこの寺院は、奈良時代より古いとみられる瓦が出土することや、条坊地割との関係から[井上、二〇〇四]、遷都以前より営まれていた寺院だと考えられている。この他には八条付近の姫寺《ひめでら》(23)なども、奈良時代より古い瓦の出土で知られるが（**図6**）、寺院としての遺構は確認できていない。

(20) 家産機構の統轄部門。

(21) 内廷官司が天皇の家産機構的要素が強いのに対して、国家的な業務を取り扱う官司。

(22) 奈良市法華寺町にある真言律宗の寺。法華寺の前身である藤原不《ふ》比《ひ》等《と》邸宅の北東隅にあったため、「隅寺」とも呼ばれた。

(23) 平城京左京八条三坊に存在したと考えられている寺院。伽藍などの詳細は不明だが、平城京造営以前から存在した寺院である。

平城京の四大寺（大安寺《だいあんじ》・薬師寺《やくしじ》・元興寺《がんごうじ》・興福寺《こうふくじ》）のうち、天皇家の寺院の大安寺・薬師寺は藤原京内での大官大寺《だいかんだいじ》(24)・本《もと》薬師寺の立地を意識したとみられる位置に、計画的に移転・造営された。一方、氏寺《うじでら》としての性格もあわせもつ元興寺・興福寺は、左京七坊という京の東端に造営された。平城京の計画には、大寺院の造営が織り込まれていたのである。なお、大官大寺・本薬師寺・法興寺《ほうこうじ》（飛鳥寺《あすかでら》）は飛鳥の地で、平城京遷都後も活動を継続していた。

　これらの寺院の中で、とりわけ注目されるのが興福寺である。興福寺の寺伝『興福寺流記《るき》(25)』は、鏡女王《かがみのおおきみ》（藤原鎌足の夫人）発願《ほつがん》になる丈六仏《じょうろくぶつ》を安置した山階寺《やましなでら》がはじまりで、その後飛鳥に移転して厩坂寺《うまやさかでら》となり、平城京に移転して興福寺になったとする。しかしながら、厩坂寺は四大寺の一つに数えられるほどの寺格を有さない。一方、平城京に移転していない飛鳥地域の有力寺院に、弘福寺《ぐふくじ》（川原寺《かわはらでら》）がある。勅願寺であり、本来平城京に移転すべき寺院であろう。そして、唐には「弘福寺」が「興福寺」と名称を変えた事例がある。また、発掘調査で明らかになった、創建―天平年間以前の興福寺中金堂院《ちゅうこんどういん》のデザインも、川原寺との関連性が見られる。これらから、興福寺は、弘福寺（川原寺）の寺格を継承しつつ、藤原氏の氏寺としての性格も付与され、平城京で整備されたと考えられている[加藤、一九八九／馬場、二〇〇三]。王権と藤原氏が一体となった寺院、ということができよう。ただし、氏寺と

（24）奈良県明日香村にあった寺院。舒明天皇の発願による百済大寺が、高市大寺、大官大寺と移転し、のちに大安寺となったとされる。

（25）興福寺の縁起などを記述した典籍。数次にわたる編纂・追記などが想定され、最終的には鎌倉時代に成立したと考えられる。奈良時代の縁起の引用も含まれる、基礎的史料。

**図7**　興福寺・五重塔上から東を見た景色．遠くに春日山が見える(写真提供＝奈良文化財研究所，興福寺)

しての色が濃厚になるのは、藤原不比等《ふひと》[26]の死後(七二〇年〈養老四〉以降)、供養のために建てられた北円堂《ほくえんどう》の造営以降の可能性も想定される。

その立地も注目される。興福寺は左京三条七坊、春日山から西に延びる尾根の中でも、最も西に飛びだした崖上に位置する。平城京内を一望し、また平城京内から仰ぎ見られる場所である(**図7**)。上述のように、平城京内の視界、ことに朱雀大路からの視界はコントロールされていた。朱雀大路を歩いても、平城京内寺院の大伽藍《がらん》を垣間見ることはできない。ところが、朱雀大路北端・朱雀門前という、平城京内でも最も重要な「広場」から、興福寺を望むことができるのである。コントロールされた視覚効果の中で、興福寺だけが、それも平城京内で最も重要な場所から見えることの意義は、軽視できない意味を持つ。

立地には、もう一つ重要な意義がある。平城京の東の山々は、後にも山林修行の場となったり、春日山(三笠山)が信仰の対象であったりするように[27]、霊的な力を持

(26) 藤原鎌足の次男。持統朝から積極的な活躍が知られ、大宝律令制定や平城遷都に大きな役割を果たしたと考えられる。また、文武天皇夫人・聖武天皇母の藤原宮子、聖武天皇皇后の藤原光明子はいずれも娘で、天皇家と強い姻戚関係を結んだ。なお、不比等の四人の男子はそれぞれ「家」を興し、藤原一門は氏から家へという律令制に適合した変化をいち早く遂げた。

(27) 春日大社は、そもそもは春日山(三笠山《みかさやま》)をご神体とするものであったと考えられている。また、東大寺の前身寺院となる寺院等が、平城京の東側の山々に展開していた[吉川、二〇一一]。

つ聖なる土地であった。興福寺はその山々から最も西に張り出した尾根上、いわば山々の力が集中して平野部＝平城京内にもたらされる、針の先にそびえる。単なる視覚効果以上の精神的意義が存在していたとみるべきであろう。平城京が左京側に張り出したような平面形状である理由の一つが、この興福寺と平城京をつなぐことにあるのは、間違いないように思われる。

**「地形」から作った造営工事**

さて、興福寺を訪れると、その境内は広い平坦地となっており、尾根の先端部に大伽藍を展開する場所がよくぞ確保された、と感心してしまう。だが、発掘調査によって、この大伽藍の乗る平坦地は、人工的に造成されたことが判明している。

図8　興福寺・中金堂跡発掘全景（南東から．写真提供＝奈良文化財研究所，興福寺）

伽藍の中心にある中金堂は、小山を削って基壇《きだん》のかなりの部分までを作り出している

**図9**　朱雀門前出土製鉄関連遺物（写真提供＝奈良文化財研究所）

（**図8**）。土の状況などから考えて、現在の地表よりも最低でも二メートル程度は高く盛り上がっていたことは間違いない。一方、その東側では、谷地形を埋め立てた状況が観察された。この谷は南南西方面に広がっており、興福寺南大門の大半は、この谷を埋め立てた上にあたる。確認された埋め立ての深さは二メートルを超え、谷は本来は猿沢池につながっていたとみられる。現在、南大門と猿沢池の間は「崖」といってもよいほどの急な傾斜地となっているが、そのかなりの部分は平城遷都時に谷を埋め立てることによって、形成されたのである。

山を削り谷を埋めて造営されたのは、興福寺だけではない。大規模なものから小規模なものまで、膨大な土木工事が行われて、平城京の「地形」が形作られた。

朱雀門の東南側には、東南に向かって落ち込む谷地形が存在していた。平城宮の造営時、この傾斜を利用して鍛冶《かじ》工房(28)が展開していた（**図9**）。造営が進むと、この鍛冶工房もろともに谷を埋めて、二条大路と、朱雀門前広場の平坦面を作り出した。

（28）金属製品を製作する工房。鍛冶工房跡では、製作に必須の炉跡や、炉に関連する遺物（鞴羽口《ふいごはぐち》など）、また特有の廃棄物（金属滓）や多くの木炭などの出土が目立つ。大規模な精錬作業は産地周辺などで行われたと考えられ、平城京域や平城宮周辺では小鍛冶と呼ばれるような原料から製品を生産する工程が行われていたと考えられる。炉からの廃棄物の処理などの都合から、傾斜地や谷地形がしばしば利用された（典型的な事例は飛鳥池工房遺跡）。

この他、台地状の安定した地形に見える平城宮東側の法華寺地区でも、遷都時に谷を埋めた痕跡や、谷地形を利用して短期的に工房を営み、その後埋め立てた様子が確認されている。地形を利用しながら工房等を操業して造営工事を進め、造営の進捗に合わせてそれらを埋め立てて平坦地へと造成する、というのは、平城京造営での一つの典型的手法ということができるだろう。

そうしたやり方での最大の事例の一つが、秋篠川を用いた水運である。佐伯門のすぐ西側、平城京右京一条二坊四坪・二条二坊一坪の発掘調査では、古墳時代以来何度も氾濫を繰り返していた秋篠川旧流路が、最終的に木の根を用いた護岸などで整備されつつ穏やかな流水にコントロールされ、さらに念入りに埋め立てられて一条南大路が通された様相が明らかになった。現在、平城京域の秋篠川は、条坊に沿って南流する。だが、これは平城京造営時に流路を整備し、付け替えたものである。そして、付け替える前、あるいは付け替え工事と並行して、秋篠川旧流路は、護岸され、また新流路との調整によって水量をコントロールされながら、平城宮内へ資材を運び込むための運河として利用されていたらしい［馬場、二〇一七］。おそらくこの利用の背景には、中山瓦窯(29)に代表される瓦窯からの瓦供給の他に、秋篠川上流部と山田川―木津川とつながる木材などの物資運搬ルートの整備も存在したであろう。

(29) 国指定史跡。平城宮の北西、秋篠川北岸の丘陵部に位置する瓦窯。一〇基以上の窯跡が時期差を持ちつつ展開する。平城宮第一次大極殿の瓦などを生産した、奈良時代前期の主力となる瓦生産地。

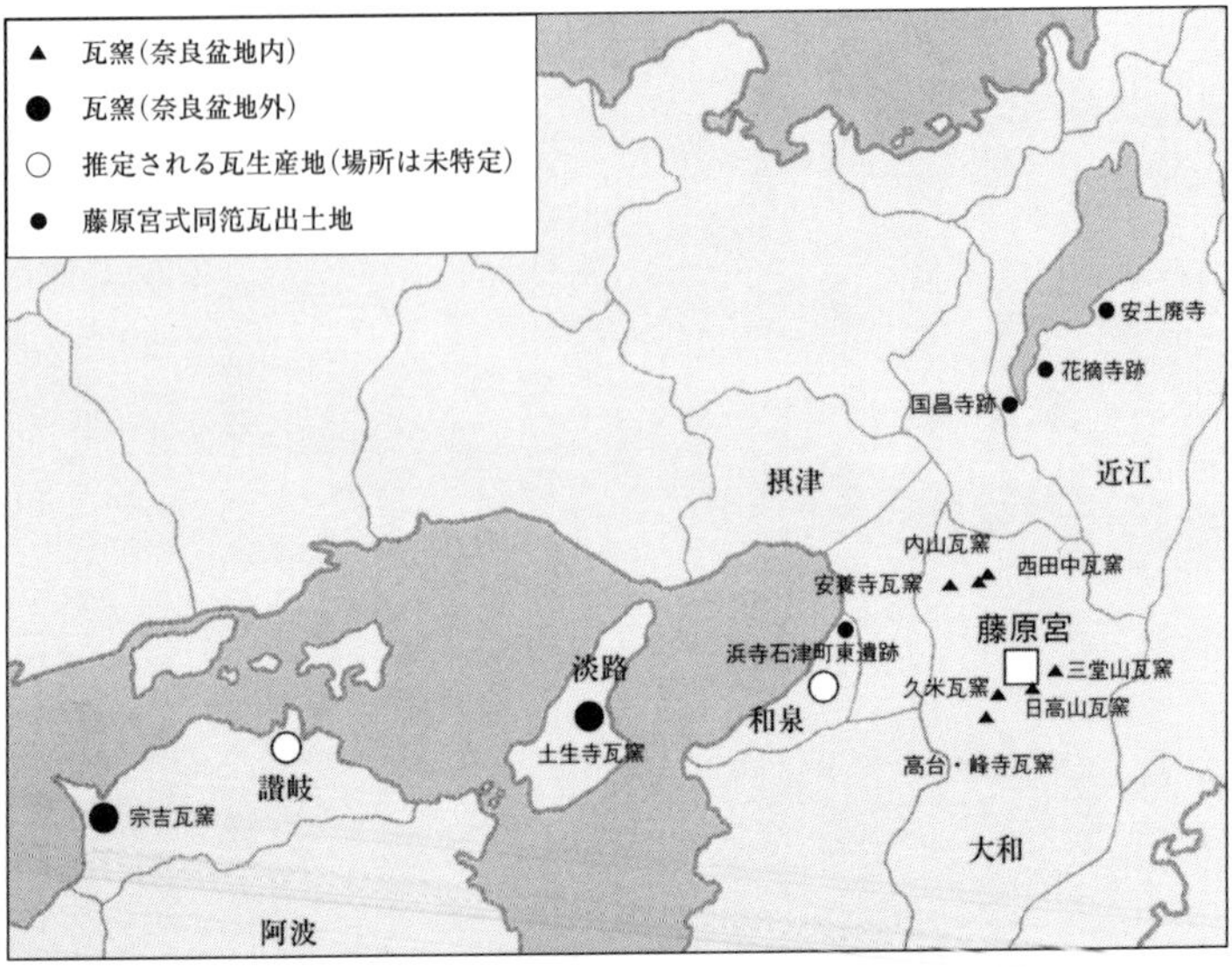


**図 10**　藤原宮の瓦生産地［石田，2018］

さて、造営資材には、藤原京から解体して運搬された資材と、新規に調達された資材がある。再利用と新調の様相が最もよく分かっている事例の一つが、瓦である［中川、二〇一二］。藤原宮から運搬された瓦は、朱雀門や南面大垣《なんめんおおがき》(30)などで多く利用された。一方、遷都当初に新調した瓦は、第一次大極殿に集中的に投入されている。中軸線を構成する施設を早急に整備するため、かたや再利用瓦を積極的に利用し、一方

(30) 平城宮の周囲に廻らされた築地塀を大垣と呼ぶ。南側の大垣をとくに南面大垣と呼ぶ。

最新のデザインを求めた第一次大極殿には新調した瓦を集中投入したのであろう。リソースを巧みに分配して目的を実現したといえる。そして新調する瓦も、藤原宮造営では遠くは讃岐《さぬき》国（現、香川県）宗吉瓦窯からも来ているように、各地から分散的に供給されていたが（**図10**）、平城京の瓦はほぼ周辺の瓦窯、主に奈良山の瓦窯群で生産された。平城京造営に先立って、近隣での資材生産体制も整備され、「地産地消」が確立していた。

**平城京の到達点**

政治空間としてみると、平城京は、羅城門―朱雀大路―朱雀門―第一次大極殿という中心軸の整備によって、正面性による劇場型中心性の演出を実現した。これは、藤原京ではなし得なかった到達点といえる。一方、二つの中枢施設を必要とした点に象徴される、グローバル・スタンダードとローカル・ルールの併存状況は、当時の社会状況を如実に反映していると考えられる。中国的「皇帝」と伝統的「大王」という二つの側面・権威のあり方は、いまだ天皇制の中で止揚されていなかった。(31) 異質な両者を、融合することなく併存させざるを得なかった未熟さを見て取ることができるだろう。

都市空間としてみると、平城京には未熟な点が目立つ。先述のように、条坊の設

(31) なお、ここでいう「伝統的」とは、当時の人々が「伝統」と認識したであろうあり方を指し、七世紀代後半に整備され直した「伝統」だと考えている。武士道が幕末から明治期以降に喧伝されたように、「伝統」は失われつつあるタイミングで整備され、失われてから美化されるようである。

定は、道路心を基準としているため、大路に面する重要と思われる区画ほど、宅地の面積が小さくなる。グリッド・パターンの都市計画としては、均質性の不徹底は問題だと言わざるを得ない。だが、平城京が、貴族層が拠点としていた飛鳥の地から離れた場所に造られたことは、否が応でも京内の宅地に居住せざるを得ない状況を生み出し、京内への貴族層の集住をもたらした。貴族の居住は、その貴族の生活を支える人々の集住にもつながる。こうした点では、平城京は人々の集住を促進し、人口の密集＝都市化を促す要素を有していた。

また、平城京は木津川に近接し、木津川―巨椋池、巨椋池から瀬田川を遡上して琵琶湖経由で東日本、あるいは巨椋池から淀川を下って大阪湾経由で西日本、というように水路によって全国につながる流通網に接続している。平城遷都に伴う陸路の交通網再編も行われているが、特に飛鳥・藤原地域から大きく変化しているのは、この全国規模の水運網との接続であり、物資の集積力は飛躍的に向上したと考えられる。平城京造営工事に際しても、この水運網は最大限活用され、また秋篠川の事例にみられるような整備も行われ、水運網との接続はより強化された[32]。大規模工事にともなって、交通網(物流網)が整備されることは、今日でもよくみられる現象であろう。流通という点でも、平城京はその前段階よりも都市としての力量を大きく向上させている。

(32) 一方、平城京左京三坊には、東堀河が掘削された。東堀河は、佐保川から分かれ、東市の横を抜けており、佐保川水運と接続していた。掘削時期は不明だが、遷都前後であろう。奈良時代末まで盛んに利用されたことが判明している。

手工業製品の供給という点では、瓦の事例で紹介した「地産地消」の確立が注目される。藤原京段階以前では、膨大な人口を擁する都市が必要とする、膨大な消耗物資、具体的には土器と瓦の生産が、京周辺に集約される様相は確認できない。平城京では、瓦については遷都当初から京周辺での生産でまかなわれるようになった。土器、特に須恵器《すえき》(33)の生産と供給については、現在議論が多々あるが、おそくとも奈良時代半ば頃には京周辺——奈良山から生駒山麓——で生産・供給されるようになっていた。膨大な日常的消費を確実に支える体制が確立していった点は、平城京の都市性を考える上で大きな到達点ということができるだろう。

造営工事・土木技術の観点からも、多くの工夫が見いだせる。藤原京では造営に用いられた運河は数回の付け替えが確認されているが、平城京では自然地形を最大限活用しつつ運河を利用しており、かつ複数回の付け替えは確認できていない。また、土地の造成以前に、まず自然地形を利用して工房を操業し、あるいは近隣に大規模な瓦製造地帯を整備して、瓦という重量が大きく壊れやすい、輸送コストの大きな資材の効率的な供給を実現した。藤原宮造営時点と比べると、造営の計画性や運営力は大幅に練達し高度化した。

また、平城京右京三条一坊一・二・七・八坪の発掘調査では、興味深い状況が確認された。条坊道路の路面が、宅地よりも低くなっていたのである。もしこれが、

(33) 古墳時代中・後期から奈良・平安時代に日本で作られた、素焼きの土器。朝鮮半島由来の技術により生産が始まったが、次第に形などが日本化した。

宅地の湿気を軽減し、なおかつ、路面をなだらかにする目的からだとすると、相当に高度な計画性を持って造営が進められたということになるだろう。
こうした練達が、上述の政治的目的の実現に大きく貢献したのである。

## 2　平城京を直そう

### 「近代化」と長屋王の変

平城京は、伝統と近代とを内包していた。遷都後、地名は二字の好字㉞に改変され（七一三年〈和銅《わどう》六〉）、服は左襟㉟になったように（七一九年〈養老三〉）、近代化施策が推進された。皇位継承も「生前退位」＝譲位《じょうい》が原則となった。新天皇の正統性は、「天智天皇の定めた不改常典《ふかいじょうてん》」㊱に基づいた先帝指名によって担保され、皇族としての「血の濃さ」は、第一条件ではなくなる。奈良時代初頭最大の政変である長屋王の変（後述）も、これら近代化政策の一環ともみる見解が有力となっている。

高市《たけち》皇子は天武天皇の長子で、壬申の乱㊲での活躍で名高い。生母の関係㊳で皇位継承からは外れたものの、天武の皇子の中でも重要人物と目される。その嫡子が、長屋王である（**図11**）。長屋王の母は、天智天皇の子・御名部《みなべ》皇女で、御名部の姉妹が草壁《くさかべ》皇子の妃・阿閇《あへ》皇女、すなわち元明《げんめい》天皇、さらに長屋王の妻は草壁・元明の皇

(34) 良い意味を持つ文字。日本で地名など固有名詞を漢字で表記する際は、漢字の音を用いることが多い。その際、良い意味を持つ文字を用いるようにした。

(35) 本人から見て左側の襟を、より外側（前）に合わせる身につけ方。中国では、右襟は異民族の風俗と見なされたとされる。

(36) 元明・元正・孝謙天皇は即位宣命《せんみょう》の中で、自らの即位の正統性を裏付けるものとして「天智天皇の定めた不改常典」をあげ、桓武《かんむ》天皇以降の天皇の即位でも類似の表現が継承される。詳細な内容は不明で諸説あるが、皇位継承のルールを示すと考えられる。八世紀代

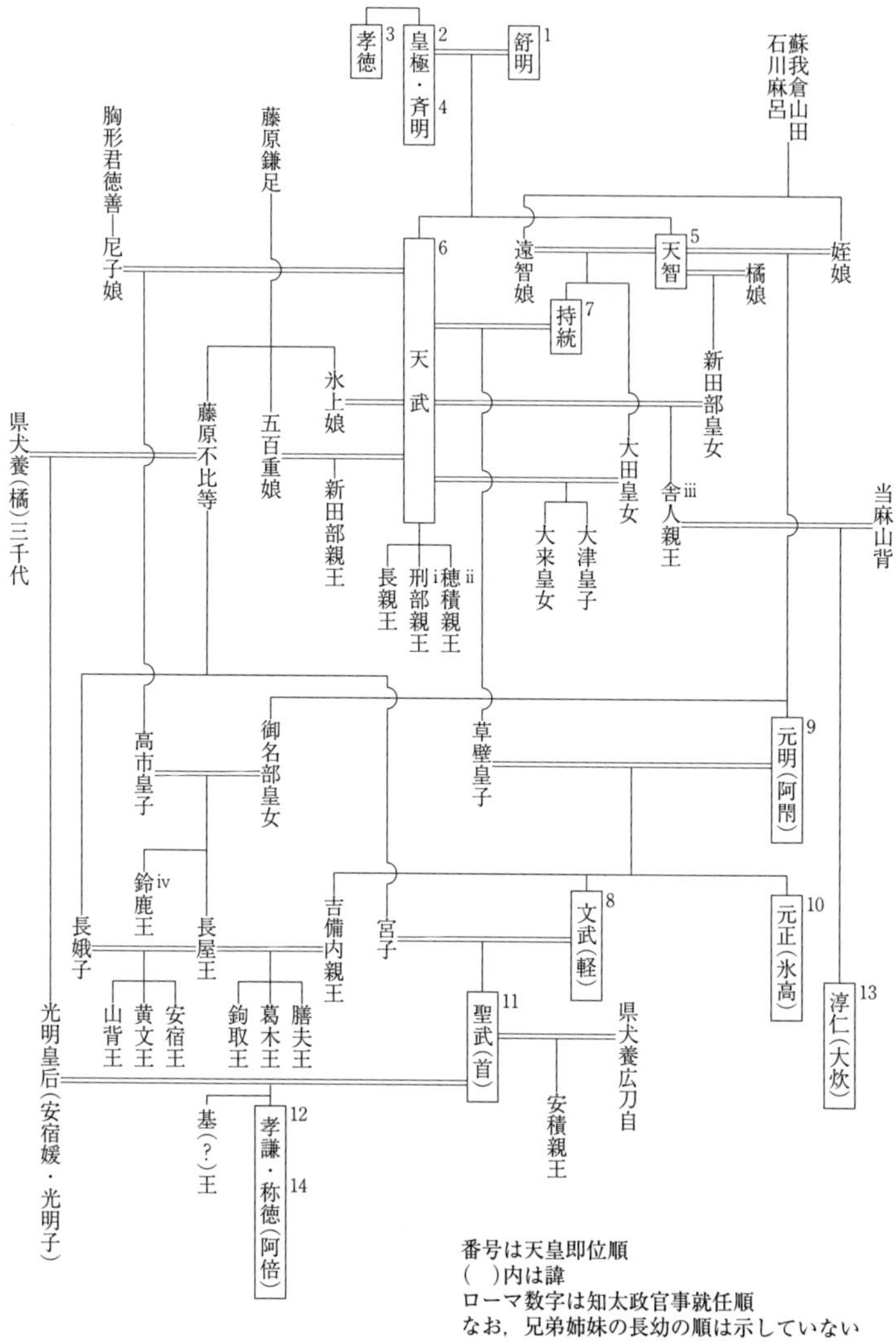


**図 11**　天皇家関連系図[坂上，2011]

女の吉備《きび》内親王、吉備内親王の姉妹が氷高《ひだか》内親王（元正《げんしょう》天皇）と、抜群の血筋を誇る。長屋王の嫡子・膳夫《かしわで》王に至っては、藤原宮子《みやこ》の子の聖武《しょうむ》天皇や、その聖武天皇と藤原光明子《こうみょうし》の子である孝謙天皇よりも、遥かに天皇家の血が濃い。長屋王家は「伝統的」な視点において、最も有力な皇位継承候補たり得る一族である。

　長屋王の邸宅は、平城京左京三条二坊一・二・七・八坪とみられる〔奈良国立文化財研究所編、一九九五〕。四町を占める広大な邸宅は、内郭と外郭を有する「宮」であった。邸宅内から出土した三万点を超える木簡の分析からは、長屋王が人脈も資産も、高市皇子のものを引き継いでいたらしいことが明らかにされている。例えば、高市皇子の母方の実家の九州・宗像《むなかた》とは直接の往来が継続していた。封戸《ふこ》は瀬戸内の要衝に点在する。家産機構の中核には、高市皇子の代からのつながりの深い、赤《あか》染《ぞめ》氏が関与していた（**図12**）。長屋王のような、こうした人的・財政的基盤を背景に持つ有力な皇族・王族が、重要な政治的地位につくあり方は、天皇一人に王の権威を収斂するような君臣関係の観点や、氏族よりも官人個人の能力を第一とする律令法のタテマエなどからみると、先端的というよりも伝統的な側にある。

　木簡の文字の「雰囲気」[39]も——数値的な分析作業を終えておらず、多分に印象論としての側面が強いが——奈良時代的というより、やや古い印象が強い。長屋王その人自身は、律令や仏教も学んだ当時最先端の知識を有した人物で、政治手法や思

の意識としては、前天皇が後継の天皇を指名する、というものであった可能性が高いと考えられるだろう。

（37）実質的には叔父・甥間での皇位継承をめぐる争乱で、中国の王朝交替とは内実は大きく異なる。しかしながら、『日本書紀』は王朝交替を意識した記述をしており、八世紀初頭段階では当時の古代国家のスタート地点と認識されていた可能性も指摘される。この描き方の場合、天武天皇は王朝の創始者という位置づけになる。

　一方、八世紀代の天皇たちは、天智天皇の血も濃く引いており、また皇位継承に際しては天智天皇に正統性を求める場合もある。この場合、天智

考は、むしろ革新的だった可能性も十分に想定される。ただ、長屋王を取り巻く世界、あるいは彼が依拠する基盤には、あまりにも「伝統」が色濃く漂う。

七二九年(天平元)二月、長屋王は謀反の嫌疑により自邸を囲まれ、自殺に追い込まれる。長屋王の変である。長屋王の変は、藤原氏による他氏排斥の一つだという見方が、かつては主流であった。その後、長屋王家木簡の分析が進み、その家政運営の様相が明らかになったことで、長屋王自身よりもその子の膳夫王の排除をめざしたものであったとの指摘や[寺崎、一九九九]、壬申の乱で活躍した人々=壬申功臣の過大な優遇を排除するための動きとする見方[仁藤、二〇〇六]などが提示されている。つまり長屋王・長屋王家の排除は、藤原氏という一氏族の目的・野望によ

**図 12**　長屋王家木簡(表裏，写真提供＝奈良文化財研究所)
長屋王家の家令として赤染徳足の名が見える．

天皇やその時代が古代国家のスタート地点という見方になる。八世紀代はこの二つの「出発点」の認識が併存していたと考えられる。

(38) 古代には、母方の血縁も重視された。高市皇子の生母は地方豪族の宗像(胸形)氏出身であり、皇位継承候補者としてはこの点が問題となる。

(39) 木簡の文字の「雰囲気」については、科研費での研究会報告などがある。

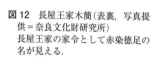

るものではなく、聖武天皇も含めた王権・政権の意志だった可能性が高いと考えられる。長屋王や膳夫王は、聖武天皇にとってその皇統を脅かす存在であると同時に、伝統的・旧来的な皇位継承の価値観を断ち切って新時代にふさわしい安定的な継承体制を構築するためにも、排除すべき存在であった。

### 長屋王の変と「都市」

長屋王の変は、平城京という視点でみるならば、そこに内包されていた先進と伝統の、先進が伝統を侵食する一場面と捉えられる。そして興味深いことに、この伝統の排除がその後長く都にまとわりつく新しい伝統の出発点でもあった可能性が浮上している。

『日本霊異記《りょういき》』[40]中巻第一は、長屋王の遺骨が土佐国に流れ着き、その「気」によって土佐国内で死者が発生したため、天皇の命により遺骨を「紀伊国海部郡《あまのこおり》椒枡《はじかみ》の奥の島」(友ヶ島か)に移した、という説話を伝える。長屋王の遺骨が「祟った」と考えられ、それを天皇の命令で移すことで「鎮《しず》めた」点に注目したい。『日本霊異記』の成立は平安時代に降るが、長屋王を「長屋親王」と称するなど、奈良時代の情報を多く含んでおり、この説話も平安時代に降って成立したのではなく、奈良時代のいずれかの時点で成立したと考えたい。早良《さわら》親王[41]による祟りより半世紀ほど遡

(40) 平安初期の仏教説話集。布教のための説話という性格から、その内容は当時の社会に一定程度以上受け入れられるものだったと考えられ、当時の社会通念・認識を反映しているものと思われる。

(41) 光仁天皇の皇子、桓武天皇の同母弟。七八五年(延暦四)、藤原種継《たねつぐ》暗殺事件に加わったとして皇太子を廃され、淡路に配流される途中で死亡。死後怨霊として恐れられ、祟りを鎮めるために崇道《すどう》天皇の尊号が追贈された。

る、政争の敗者が祟ったはじまりともいうべき物語である。そして、これに対応するかのように、長屋王の変の現場となった平城京左京三条二坊の利用のしかたにも、興味深い様相が見いだされる。

長屋王邸の北側、二条大路上に道路側溝に並行して掘削された溝から、大量の遺物が出土した。その中に木簡約七万四〇〇〇点が含まれており、「二条大路木簡」と称している（図13）。この二条大路木簡の分析から、旧長屋王邸では光明皇后の皇后宮職(42)が活動した痕跡が見られること、その北側の左京二条二坊四・五坪は藤原麻《ま》呂《ろ》(43)の邸宅とみられること、が判明している。注目したいのは、皇后宮職の活動の様子である。

図13　二条大路木簡（表裏，写真提供＝奈良文化財研究所）

二条大路木簡は、七三五（天平七）―七三六（天平八）年に破棄されたものが最も多い。そして、そこから皇后宮職の活動内容を調べると、どうも天平八年の吉野行幸(44)に関連する木簡が主体となっている。木簡の利用と消費は日常的に発生するが、廃棄は

(42) 皇后宮を支える令《りょう》外《げ》官。律令制には中務省被官に中宮職《ちゅうぐうしき》があり、皇后の生活を支えた。光明立后にあたって、中宮職が皇太夫人《こうたいぶにん》（藤原宮子）に属していたため、新設された。光明子の皇后宮職は光明子の造寺活動などの活躍を支える拠点となり、後には改組されて紫《し》微中台《びちゅうだい》になるなど、政治的にも重要な位置を占めた。

(43) 藤原不比等の四男で、京家の祖。洒脱な人物だったらしい。七三七年（天平九）没。

(44)『続日本紀』天平八年六月乙亥（二七日）条に、吉野行幸の記事が見える。

日常的に行われる場面よりも、何らかの契機にまとめて行われた事例が目立つ。こうした点から、長屋王邸跡地での皇后宮職の活動は、ほぼこの時期に限定される印象を受ける。吉野行幸の前後に、集中的に皇后宮職がこの地で活動していた可能性が考えられる。

また、吉野行幸の前後には、聖武天皇もこの地に滞在したらしい。行幸の準備のために立ち寄ったと考えるのが妥当だろうが、わざわざ平城宮から目と鼻の先の、長屋王一族が自殺したこの場所に立ち寄って宿泊したのであろうか。また、なぜ皇后宮職はわざわざこの地で吉野行幸の準備をしたのであろうか。

そもそも、この天平八年の吉野行幸は、前年に西海道《さいかいどう》から始まった疫病の流行への対処と考えられており、二条大路木簡中にも、疫病の退散を祈念したとみられるものが含まれている。こうした目的の行幸の際、長屋王邸跡にわざわざ立ち寄っていることには、一定の意味が想像されるのではないだろうか。『日本霊異記』の説話と合わせて考えると、疫病流行の一因を長屋王の祟りと捉えていた可能性「寺崎、一九九九ほか」、その怨念を鎮めるために長屋王邸に立ち寄った可能性は、十分に考えられるであろう。また、近年、二条大路木簡と同じ溝から出土した土器に灯明皿として利用した後に廃棄された一群があり、万灯《まんどう》供養(45)に用いられたと考えられていることをさらに進めて、この供養の目的は長屋王の怨霊を鎮めるためだった、とす

(45) 多くの灯明を仏に供える供養。基本的には仏教行事と考えられるが、道教をはじめとする他の習俗の影響も想定する必要もあろう。

(46) 七四〇年(天平一二)一〇月から一二月にかけて、平城宮から伊勢・美濃・近江を経て恭仁宮に至る行幸。かつては、九州での藤原広嗣《ひろつぐ》の乱のさなかに出発していることから、内乱からの避難とする見方が強かった。近年では、藤原広嗣の乱鎮圧後もすぐには帰京していないこと、平城京に戻らず恭仁京への遷都が連続的に行われていること、近江で発見された行宮《あんぐう》とみられる遺跡の規模・内容から考えると

る見解も提示されている〔神野、二〇一九〕。
都城の、都市の、怨霊の伝統が始まる。ただ、長屋王の場合、彼を鎮め祀る御霊社の存在は確認できない。また、『続日本紀』天平一〇年七月丙子（一〇日）条には、中臣宮処連東人《なかとみのみやこのむらじあずまひと》が長屋王を「誣告《ぶこく》」したと記す。長屋王が冤罪であることは広く認識されていたにもかかわらず、名誉回復もなされていないなど、後の怨霊達とは処遇に違いが見られる。怨霊も、怨霊を鎮める方も、まだまだ初心者で不慣れだったのだろうか。

## 恭仁京・紫香楽宮と難波

七四〇年（天平一二）、東国行幸へと旅立った聖武天皇は、平城宮には戻らず、新都恭仁京《くにきょう》（現、京都府木津川市）の造営に取りかかる（巻末三二一頁、**資料4**参照）。東国行幸の評価は、動揺した天皇の逃避行という見方から、権威の再生などを目指した計画的・戦略的なパレードとする積極的な理解へと変貌しつつある[46]。恭仁京造営もこの一環として考えると、背後に周到な計画が存在した可能性が高い。

近年の研究によれば、恭仁京遷都後も、平城宮・京の機能は維持されていたとみられる。行幸の際には奈良にも留守官が置かれたり、しばしば「平城の獄[47]」も利用されている。また、平城宮第一次大極殿および大極殿院の東西回廊は、恭仁宮に移

入念に準備されていた可能性が高いこと、などから積極的な目的を見いだそうとする方向性が主流である。特に、行幸のルートが壬申の乱の際の天武天皇の移動ルートに重なることから、天武天皇と自らを重ね合わせて、天皇としての権威・求心力を強めようとした、とする見解が有力となっているが、完全には重ならない部分もあり、さらなる検討も必要であろう。また、恭仁遷都も行幸出発時点から計画されていた可能性が高いと考えられる。

(47)『続日本紀』天平一三年三月己丑（八日）条、天平一四年一〇月癸未（一二日）条に、それぞれ「平城獄」に投獄した記事が見える。

**図 14**　大極殿院西面回廊一本柱塀跡（写真提供＝奈良文化財研究所）

築されるが、平城宮第一次大極殿院の東西には、改めて遮蔽施設が構築される。これは、掘立柱《ほったてばしら》塀だが、巨大なもので、とても間に合わせの仮設物というようなレベルではない（**図14**）。第一次大極殿院という区画の維持、言い換えれば平城宮の施設の維持が意図されていた。京内でも、唐招提寺《とうしょうだいじ》下層から天平一五年（七四三）の年紀を持つ木簡が出土している。この木簡は、瓜の進上状とみられ、使用から廃棄までのサイクルは短いと考えられる。つまりは、天平一五年に平城京内の貴族邸宅の活動が確認できる。『万葉集』では、恭仁遷都後の平城京の荒廃が詠まれるが、[48] 上記の状況から考えると、文学的表現もしくは「程度の問題」にとどまるだろう。恭仁宮・京は平城宮・京と併存しながら補完関係を持ちつつ、計画・造営されたと考えられる。この時期の都の新営は、「移転」というよりも「追加」である。

恭仁京は唐・洛陽城を模したという見方が存在する。平城京の外港である泉津《いずみのつ》（木津）も京内に取り込んでおり、水運との強いつながりは確実である。木津川水運

（48）『万葉集』には、天平一六年四月五日に、大伴家持が「平城故宅」（平城故郷旧宅とも）で詠んだ歌が収められている（巻一七・三九一六―三九二一）。例えば三九一九では「あをによし　奈良の都は古りぬれど」と平城京の衰退を詠んだとされている。

は、淀川を経て難波京・大阪湾経由で西日本へ、また瀬田川・琵琶湖経由で東日本へとつながっている。また、陸路の点で見ても、東国方面へのアクセスは平城京よりも優位だったとみられる。恭仁京は水運と流通を中軸に据えた都であり、平城京と機能・役割を分担していたのである。

こうした複数の都城での機能・役割の分担は、恭仁京造営以前から難波京と平城京で行われていた。難波は、古墳時代以来、大阪湾に面した瀬戸内海水運の出発点にして終着点であり、また八十島《やそしま》祭(49)に象徴されるように、天皇の魂の力を高める聖なる地でもあった。聖武天皇は、この難波京の整備にも力を注いでいた「山本、一九八八／栄原・仁木編、二〇〇六ほか」。拠点・都城の複数化と機能分担は、この時代の一つの流れであった。ただ、長い伝統と重要性を誇る難波京の整備に加えて、新規に恭仁京を造営した理由はどのように考えられるであろうか。直接的にその理由を示す材料は乏しいが、東国行幸の終着点であることやその立地、恭仁京の次に造営された紫香楽宮《しがらきのみや》(現、滋賀県甲賀市)の様相を勘案して推測するならば、瀬戸内海世界・西日本に軸足を置く難波京に対し、「東国シフト」とでも言うべき東日本への注目があるのではないかと考える。

(49) 天皇の即位儀礼の一つ。大嘗祭の翌年に実施。難波津で天皇の衣服に大八洲《おおやしま》の霊を付ける。難波という土地が、国土のエネルギーが結集する地と見なされていたことが背景にあるとされる。

## 二都並立

さて、恭仁宮には「二つの内裏」があることが明らかになっている。これは、元正太上天皇の内裏と聖武天皇の内裏と考えられている。太上天皇にも、内裏が必要なのである。先に有力皇族の宮のうち、天皇と皇太子の宮が取り込まれたものが平城宮、という見方を述べたが、譲位による皇位継承が常態であったこの時代、しかも天皇と太上天皇の権能・位置づけが「対等」であったこの時代においては、太上天皇の宮もまた重要な「宮」である。平城宮では、皇太子の宮＝東宮は、東張り出し部の発見以来注目され、東院地区がこれに該当すると考えられている一方、太上天皇の宮殿についてはあまり検討されてきていない。平城宮内には太上天皇の宮を探す必要が、恭仁宮には皇太子の宮を探す必要が生じている。

恭仁京は造営なかばにして工事が中断され、紫香楽宮の造営が本格化する。恭仁京を洛陽に見立て、竜門石窟に該当する仏の都を紫香楽宮で実現しようとした、という説も魅力的だが、同時に紫香楽宮の「立地」にもう一つの意味を見いだしたい。紫香楽宮(宮町遺跡)から北東に進むと、近世東海道水口《みなくち》宿に出る。野洲川《やすがわ》を下れば琵琶湖はすぐそこで、遡れば伊勢国鈴鹿《すずか》関(三関《さんげん》の一つ)へと至る。この地は恭仁京以上に東国とのアクセスに恵まれている。こうした点において、紫香楽宮は恭仁京の延長とも評するべき性格を有している。

『続日本紀』には天平一五年の東海・東山・北陸三道二五カ国の調庸等を紫香楽宮に納めさせたとの記事がある。宮町遺跡出土木簡の貢進元を確認すると、全体的にこの三道の諸国のものが多く、例外は丹波・丹後・讃岐がわずかにあるほか、隠《お》岐《き》の短鰒《みじかあわび》が[50]みられる。年紀は天平一五年の他、一六年のものもあり、天平一五、一六年には東国の調庸物が多く紫香楽宮に運び込まれていたこと、また特別な品目や一部例外的な品が西日本からも運ばれていたことが知られる。以上から、紫香楽宮は「東国の都」としての性格を有していた、という見通しを得られると考える。一方、難波京は上述のように基本的には瀬戸内海世界、西国に向き合う都である。

天平一六年二月に、聖武天皇が難波から紫香楽に向い、難波京には元正太上天皇と左大臣 橘 諸兄《たちばなのもろえ》が留まって以降、『続日本紀』の記載は聖武天皇と元正太上天皇の動きを並列的に記載しており、あたかも朝廷が二カ所に分裂したかのような印象を受ける。難波京に留まった橘諸兄は、難波京を「皇都」と宣言するが、天皇不在の中での「都」の宣言が異例だったためか、この「皇都」という語は類例に乏しい、不思議な表現である。東国の調庸物が主として紫香楽宮に納入されていたとすれば、西国の調庸物は主として皇都たる難波宮に納入されたのだろう。かつて恭仁宮では、同一の「宮」の中に並立していた天皇と太上天皇の「宮」が、別の「都」に並立し、日本を東西に分割統治したような様相と見られるのではないだろうか。王権のあり

(50) 鰒の加工法の一つ。鰒の身を、短く短冊状に切って干した物。木簡では隠岐国からの貢納品で、長鰒(熨斗《のし》鰒。鰒の身をかつらむきにして干す)を納める安房《あわ》国と対照的。どちらも神饌に用いられる。

方が、都の移動・空間の様相にも、確実に影響していたと考えられよう。

## 遷都と住民

貴族たちは、遷都の度に新都への移住が求められた。ただ、先にも触れたように、天平一五年に平城京内の貴族邸宅の活動が確認でき、平城京内の邸宅も拠点として維持していた可能性が高い。『万葉集』からみた大伴氏の研究でも明らかにされているように、当時の貴族は都城内の居宅以外にも拠点・宅を所有することが通例だったとみられ、旧都の邸宅もそうした拠点の一つとして維持されたのであろう。貴族たちは、宮や都が移ることに十分対応できる体制を有していた。

下級官人層のあり方でまず注目したいのは、彼らの出勤状況についてである。激務とされてきた下級官人層であるが、式部省[51]関連木簡を分析すると、分番官[52]でも規定の出勤日数に不足していたらしい事例が全体の半分を占める。下級官人層は上日《じょうじつ》（出勤日数）にそれほどこだわってはいなかった可能性が高い［馬場、二〇一八／二〇一〇a］。特に畿内出身の場合、本貫地《ほんがんち》[53]や一族の本拠地とのつながりが強かったとみられる。近年の研究によれば、下級官人困窮の象徴的事例とみられていた月借銭《げっしゃくせん》[54]も（**図15**）、官司側からの強制貸し付けとみられ、下級官人層が蓄積していた富を収奪するための手段だった可能性が高まっている［市川、二〇一五／栄原、二〇一八］。律

(51) 文官の人事を司る。被官に大学寮。平安宮では朱雀門と朝集殿の間の東側に位置する。平城宮では、壬生門と朝集殿院の間の東側の官衙が該当すると考えられている。平城宮式部省の南側の溝から、考選関係木簡の削屑が膨大に出土した。

(52) 番上官とも。番を定めて上る（勤務する）ことから。これに対し、長上官は常時出勤する。

令国家の官司機構の中で最大多数を占める下級官人層は、必ずしも官司機構に依拠しきった生活を営んでいたわけではなく、都城に完全に依存していたわけでもなかった。「兼業官人」が主流だった。

もっとも正倉院文書などから考えると、下級官人の中にも「専業官人」は存在していたとみられる。これらの人々は生活の基盤を平城京に移し始めていたと考えられる[北村、二〇一三]。また、市人《いちびと》に都の選択を問いかけたように、(55) 生活基盤を都城に置く都市住民が確かに存在していたであろう。そして彼らもしばしば「移動」していた様子で、『日本霊異記』には平城京を拠点としつつ敦賀《つるが》まで交易に出かける商人が描かれている。

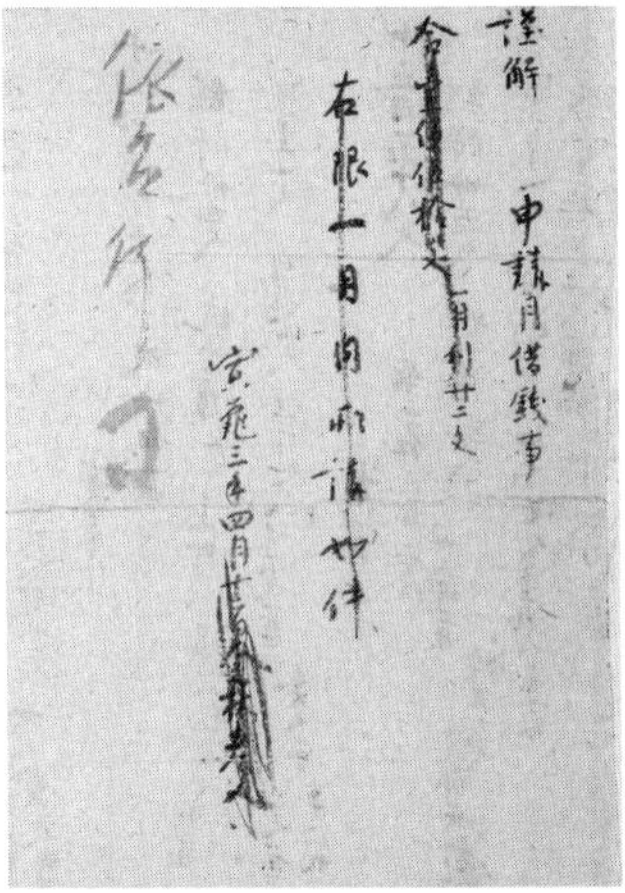

**図15**　月借銭解(写真提供＝宮内庁正倉院)
宝亀3年4月12日.「念林老人」の名が朱で抹消されていることが借用の完済を示す.

僧尼も都城の重要な構成メンバーである。彼らは律令規定によって、原則的に寺院内で暮らすことが義務づけられていたため、遷都があろうと、寺院が造営されなければ所属寺院に残ることにな

(53) 戸籍に記載された所属地。律令制では、原則本貫地の郡内から出ることはできない規定となっていた(本貫地主義)。

(54) ローン。借金。

(55) 『続日本紀』天平一六年閏正月戊辰(四日)条に「市《いち》に就きて京を定むる事を問わしむ。市の人皆恭仁京を都とせんことを願う」とある。この条文での「市の人」は「市にいた人」という可能性もあるが、市人が競って平城還都の際に戻った、という記載もある(『続日本紀』天平一七年五月丁卯〈一〇日〉条)ことなどもあわせると、市に活動拠点を置く人々が都城の重要なプレーヤーであったことは確実である。

る。ただし、僧尼もまた積極的に動く人々であった。律令でも山林での修行は認められていた。そのほかにも、広範に活動していた様子がうかがわれる。そうした広域的活動をする僧尼の最も代表的な事例が、行基《ぎょうき》であろう。法会でも修行でも、必要があれば旅をする人々であった。

総じて、八世紀の人々は、我々が漠然と想像する以上に、移動する人々だったらしい。制度的には、それぞれの本貫地に縛りつけられていることになっているが、そこに収まりきらない活発な移動が行われていたようである。

### 平城還都

七四五年（天平一七）、紆余曲折を経て聖武天皇・元正太上天皇はそろって平城宮に戻る。律令国家はまだ複数の都城を経営するには実力不足だったとする見解は確かに首肯できるが、同時にこれだけ頻繁な遷都を可能にするだけの実力を持っていた、とも言えるように思う。

さて、平城宮の施設は維持され続けていた。だからこそ、迅速な還都《かんと》が可能だった。行政機構は、都が複数に分かれようとも、頻繁に移動しようとも、歯車のように安定した活動を維持できる「システム」として成立していた。平城宮跡内裏北外郭内官衙からは、平城還都直後の整理作業で廃棄された木簡群が出土した[56]。その中

(56) 一九六三年、平城宮内裏の北東、内裏外郭内に掘られた一つのゴミ捨て穴から、約一八〇〇点の木簡が出土。平城宮で（日本で）初めて一〇〇〇点を超える木簡の一括出土である。天平一七—一八年頃の一括性の高い資料であり、その後の木簡の整理方法や研究方法の確立に大きな影響を与えた。

奈良文化財研究所の木簡担当者の間では、この木簡群を「八二〇」（ゴミ捨て穴がSK八二〇と名付けられたことから）、「US」「ヨンパー」（出土地点がUS四八と称される場所だったため）という愛称で呼ぶことが多い。

にはいかにも引っ越し作業で荷物に付けられていたという風情の木簡も含まれるが、全体としては極めて日常的な宮廷の様子を映し出している印象を受ける。

都が頻繁に移動しても、それぞれの機能が維持された背景には、平城宮を中心に拠点施設は維持され続けて、すべてを根こそぎ移転させるという移動ではなく、新しい都が「追加」されていったことや、どの都も畿内の流通圏・交通圏内であり、かつ流通・交通の要地だったことがある。そのため、全く新しい交通・流通網を構築することなく、政治的中心としての機能や一定程度の経済的な中心という、都としての機能が維持できた。

追加された都は整理され、旧来の難波京と平城京に舞台はしぼられる。この二都、特に平城京を中心に新たに国家の再構築がはかられる。都が一カ所になることで、分散していた官僚機構や造営工事が集中したこともあって、これ以降平城京は急激に巨大化・都市化し、住民も成長していくことになる。

## 3　平城京を棄てよう

### 大仏開眼

平城還都直後最大のプロジェクトは、なんといっても大仏造立である。紫香楽宮で着手したものの頓挫、平城還都後に奈良での再挑戦の舞台となったのは、平城京の東の京外の地だった。

今日、羅城門跡から見ると、東北方向、ちょうど四十五度の方角に興福寺の五重塔が見える。そしてこの五重塔に覆い被さるように、東大寺大仏殿が背後に望まれる。東大寺は、興福寺を見下ろす場所に造営されたのである。

**図 16**　第 1 次大極殿西楼跡発掘調査全景
（北から．写真提供＝奈良文化財研究所）

興福寺の立地の意味について、先に述べた。東大寺の立地も、興福寺のそれが持つ要素を備えているのみならず、東大寺造営以前に平城京を睥睨《へいげい》していた興福寺を、さらにその上から見下ろしている[57]。また、羅城門から朱雀門までの距離と、朱雀門から東大寺の正門である西大門までの距離は同じである。羅城門―朱雀門の関係を朱雀門―西大門で繰り返す演出とみることもできよう。

大仏を覆う大仏殿が完成に近づく頃、平城宮内では第一次大極殿院の解体が進んでいた（**図16**）。第一次大極殿は、平城京のランドマークとして、視覚的にも強力な

（57）標高は、平城宮大極殿付近で七〇メートル強、興福寺中金堂で九〇メートル強であり、東大寺は一〇〇メートルを超える。

**図 17**　(左)東大寺空撮，北北東から，(右)朱雀門前整備状況，西から，この先に東大寺が見える(写真提供＝奈良文化財研究所)

中心性を有していた。第一次大極殿の建物が移築された後も、区画としては維持されていた。この区画を解体するということは、羅城門―朱雀門―大極殿という平城京の中心軸の放棄を意味する。区画の解体作業は、還都直後から着手されていた可能性が想定できるが、その最終的な解体・改造完了は七五三年(天平勝宝五)前後とみられる。

代わって、平城京最大の建物として登場したのが、東大寺大仏殿である(**図17**)。この建物は、都で最大の建物であるだけでなく、興福寺同様、朱雀門前広場から仰ぎ見ることができる。巨大建造物で示される平城京の中心は、大極殿から大仏殿に移動した、と言ってよいだろう。羅城門―朱雀門とつながる中心軸は、朱雀門―西大門と続いて、大仏殿に至る。

平城京は方形地割の都市であり、中心が移動し得る。また平城京では、「軸」上に線的に展開する中心性の演出がなされているため、軸線を延長することも可能であった。平城宮それ自身は、従来と同じ場所で一定の中心性を発揮していたが、さらにその奥に、新しい中心が生み出されたとみることができるのではないだろうか。平城京という空間の中心は、平城宮から東大寺へと移動した［馬場、二〇〇五］。

新たな平城京の中心は、「智識《ちしき》」[58]という新しい結合原理によって造営することが目指された。この「智識」の中心に天皇が位置することで、天皇が全国民の中心に君臨する。また、大仏に向かって「三宝《さんぼう》の奴《やっこ》」[59]と称しつつ、人々には王として向き合う。これらの権威のあり方、正統性の主張は、従来の天皇を支えたそれとは大きく異なっている。近代と伝統が相克する時代の中で苦悶した、聖武その人の一つの答えだったのかもしれない。

東大寺が平城京内ではなく、京外に造営された理由として、京内に十分な敷地を確保できなかったからという説明がなされることがあるが、例えば西大寺(後述)は京内に造営されているように、この説明は十分とは言えないだろう。京外に立地することに、積極的な意図を見いだしたいと思う。平城京という、天皇の支配する都城に「内包」されることなく、都城を突き抜けた先から都城の全てを見下ろすという目的に基づいた「京外」なのだ、と考えたい。

(58) 仏典中の「善知識」の略から転じて、日本古代社会では仏道修行をする仲間、ことに仏事に結縁・財物提供などによって協力する人々や集団のこと。

(59) 『続日本紀』天平勝宝元年四月甲午(一日)条の宣命に見える。三宝とは、仏法僧のことだが、ここでは仏教もしくは大仏のことであろう。このとき、聖武は北面《ほくめん》(臣下の側の着座の仕方)で大仏に向き合い、左大臣橘諸兄にこの宣命を読み上げさせた。その後、石上乙麻呂に臣下への宣命を読み上げさせており、その中では伝統的な神話的世界も宣べられている。

## 東大寺と都市・平城京

東大寺の造営は、「智識」という理念を持つと同時に、律令国家という権力・統治機構の実力によって裏打ちされたプロジェクトでもあった。

東大寺の寺地は、現在でも起伏に富んでいるが、造営以前はさらに複雑な地形だったとみられる。『東大寺要録』実忠二十九箇条には、東大寺造営後も地形改変に伴う影響が続いた状況が述べられている。

言うまでもなく大仏は巨大な金銅仏であり、建物群も巨大なものである。この実現には、相応の高度な水準の建築技術や鋳造技術が必要であることは、想像に難くない。そして東大寺の造営は、地盤改良から始まる膨大な工事の集合体である。巨大プロジェクトは、「一人の匠の熟練の技」では実現できない。多くの労働力を効率的に運用し、必要な技術を必要な場所に的確に投入する、といった現場運営、現場に適切に物資——建築資材・機材から労働者の食料まで——を供給する支援・供給体制などが、有機的に結びついて機能する必要がある。

正倉院文書に残る石山寺《いしやまでら》造営関係文書は、こうした状況を如実に物語っている。東大寺居士とも称されたという造営の名手・佐伯今毛人《さえきのいまえみし》(60)は、こうしたマネージメントの名手だった。高度な技術者を必要とする工程を減らし、作業を単純化し、労働

(60) 八世紀代の官人。造営に長け、長らく造東大寺司長官を務めた。西大寺造営や長岡宮造営も主導した。造東大寺司系の技術集団を育成・統率して、造営事業を推進したのであろう。その活躍から、佐伯氏としては異例の参議正三位にまで上った。

力を集中投入する。今毛人とその周辺には、度重なる遷都の中で、こうした経験とノウハウが蓄積されていたに違いない［佐藤編、二〇一〇］。

　奈良時代後半に次々と造営された巨大寺院には、よく似た工法が多用されている。瓦葺きの重い建物を建てる際には、柱は礎石の上に建てる。礎石は、上面は柱を受けるために平面を作るが、下面は凹凸が残ったまま用いられることが多い。そこで、興福寺など奈良時代初頭の寺院では多くの場合、礎石の形状にあわせて穴を掘り、根石と呼ばれる基礎固めの石を並べて、その上に礎石を据えるという工程をとる。また、礎石建ちの建物は重量も大きいため、基壇の版築(61)は厳重になされる。

　これに対して奈良時代後半の新薬師寺・西大寺・西隆寺で多用される工法は少し異なる。まず柱を立てる場所に、隅丸方形の穴を掘る。そこに、礎石や建物の荷重を受けるための基礎（石・瓦）などを配しつつ、土を積み上げる。ある程度積み上がったところに根石をならべ、礎石を据える。壺掘地業《つぼほりちぎょう》と呼ばれる工法である（**図18**）。

　壺掘地業は、藤原宮の門でも用いられ、薬師寺中門でも用いられているが、主要な堂舎（金堂など）で用いられ始めるのは、奈良時代後半に降るようである。この工法の便利なところは、建物全体をがっちりと版築しなくてすむため、手間が減る点、礎石ごとの形状に合わせたカスタマイズが少なくてすむ（最終段階だけでよい）点、また壺掘の作業は、当時ポピュラーだった掘立柱の掘り方と同様の技術であるため、

（61）本書二五頁、注15参照。

**図 18**　西大寺食堂院推定檜皮殿跡
（左）発掘現場全景，北東から
（右）壺掘地業の状況
（写真提供＝奈良文化財研究所）

「コモディティ化」していた（標準的な）工法だったことがある。作業を分割し、単純化し、共通化し、効率を高めたと評価できるであろう［佐藤編、二〇一〇］。

東大寺東塔は、高さ七〇メートルを誇る。このランドマーク・タワーを取り囲む回廊の工事に関する記録が残されている。これを見ると、単純労働者が圧倒的多数をしめ、さらにその単純労働者の多くが「雇」＝雇い入れ、だという。

これは、雇い入れることができる労働力が、平城京周辺に存在していたことを意味する。こうした、流動的な労働者の姿は、早く長屋王家木簡中にも見いだすことができる、古代都城の重要なプレーヤーである。彼らは、工事現場で工事作業に従事する以外にも、市周辺で輸送業に関わるなど、多様な活動を展開している。富と人とが集中する都市ならではの存在形態であり、その労働力が前提としてあればこそ、東大寺造営を始め大規模な土木工事の遂行が可能になっていたことから考えれば、東大寺造営もまた都市ならではのビッグ・プロジェクトであった。

翻って、東大寺造営に大きな足跡を残した行基も、畿内の有力者ネットワークの活用と、流民化した民衆を組織することで多くの事業を遂行していった。これも都市とその周縁部ならではの活動であろう。東大寺は、都城・平城京の飽和点であり、都市・平城京の結晶であった。

## 住民たちの様子

さて、京内の宅地が奈良時代後半になると細分化されることは従来から指摘されていた。最近の調査でも、左京九条域で奈良時代の後半に小規模宅地化する様子が確認された。京南端部の九条でも、宅地が細分化されていく様子は、住民の増加、特に家族ぐるみで平城京に居住する人々の増加を如実に物語っている。

地図上では平城京内であっても、丘陵部であるためあまり利用されていなかったと想定されていた右京四坊域でも、それほど密ではないものの建物が発見される事例が積み重ねられている。一方、左京四坊域では、奈良時代前半からの湿地が、奈良時代後半に至っても埋め尽くされることなく残っていたという事例もある。平城京内は、想像以上に利用されている一方、思いがけず開発が進んでいない部分もあった。

平城京は手工業生産の拠点でもあった。東西市周辺では、金属加工や漆製品加工、動物遺体を利用した加工などの痕跡が多く発見されている。酒肆《しゅし》(酒屋)の存在も知られ、平城京の都市としての面目は充実していったといえよう。

一方、佐保川の髑髏《どくろ》による呪詛の記録がある。[62]人々が地方の本貫地から離れて都市に軸足を移したり、流民化した人々が日々の糧を求めて集まってくると、当然ながら病人、さらには死者も出る。彼らの遺体は、埋葬されることもなく、京内の川辺にうち捨てられていた可能性が想定される。都市の負の側面も着実にひろがっていた。

(62)『続日本紀』神護《じんご》景《けい》雲《うん》三年五月丙申(二九日)条。称徳天皇への呪詛のために用いられたとされる。

## 天皇の都としての混乱

平城宮内でも、宮殿の改修が繰り返し行われ、奈良時代後半には、平安宮に引き継がれる官衙配置や空間構成が確立してくる。これらの改造の多くは、還都後に実施されたとみられるものの、還都後に集中的に行われたというよりも、全体としては奈良時代を通じて徐々に行われたと考えた方がよいかもしれない。

とはいうものの、第一次大極殿・大極殿院の解体、新しい宮殿施設への建て替えが還都後に行われた点から考えると、天平勝宝年間(七四九―七五七年)に平城宮は大きく改造されたと言えるだろう。これにより平城宮・京の中軸線上に「大極殿」が存在しなくなるという事態が引き起こされたのであり、平城宮の「中心性」という意味で決定的に大きな影響を与えた。これは先に述べたように、京内の新たな中心として東大寺大仏殿が登場することとも関連している。

平城京を、天皇の支配を体現する政治空間として考えると、天皇の居所たる平城宮が中心性を喪失していることは、大きな欠陥となる。聖武天皇は、おそらくは大仏と直結することで空間の中心に存在し続けることを指向したと考えるが、そのあり方が皇族・王族・貴族といった当時の支配階層や社会にすんなりと受け入れられたか、となると疑問とせざるを得ない。もし受け入れられなかったならば、こうした平城京の変化は、天皇の求心性や、天皇を中心とする空間演出の喪失、と感じられたに違いない。

その後、聖武天皇の娘である称徳天皇は平城京西域の開発を推し進める。その中心事業が西大寺の造営である。西大寺は、恵《え》美押勝《みのおしかつ》の乱(藤原仲麻呂《なかまろ》の乱とも、七六四年〈天平宝字八〉)の戦勝を祈願しての四王堂に始まり、平城京最後の大規模寺院として整備されていった。薬師・弥勒の二つの金堂を備える伽藍配置を持ち、八角形七重の塔をも備える計画を有しており[63]、意匠の面でも特異であり、平城京内に異空間が忽然と現れたような状況と言ってよいだろう。

平城宮から西大寺南大門前に通じる一条南大路は、ちょうどこの頃、旧秋篠川を埋め立てた部分の沈下等を解消するような整地や、排水体系の改変による水はけの確保など、大規模な再整備が行われたことが明らかになっている［神野ほか、二〇一六］。これは、西大寺の整備と無関係ではないだろう。平城宮と西大寺を直結させる道路として、整備されたと考えられる。

東大寺の造営によって、平城宮は中心性を低下させていた。さらに新たに出現した、西側の特異な――たとえとしては、町中に突如ディズニーランドが出現したような――空間と直結することで、さらに中心性の不安定さは増したと思われる。

加えて、称徳天皇の時期の平城宮内に目を向けると、注目すべき施設がある。第一次大極殿の跡地は、先ほど述べたように解体される。そして区画の規模を変更した上で再整備されて、内裏内郭と同規模の宮殿空間となる。調査者は「百柱の間」と称しているが、『続日本紀』に当てはまる殿舎を求めるならば、称徳天皇が居所とした「西宮」に該当する。この西宮の南面、中央区朝堂院地区に該当し、かつ称徳天皇重祚の際には大嘗宮が営まれた場所に、大型の建物が建てられた。重要な空

(63) 西大寺伽藍や建物の様相は、『西大寺資財流記帳』に記載がある。塔については藤原永手が西大寺の塔が八角七重であったのを四角五重にしたという伝えがあり(『日本霊異記』)、発掘調査によって現存する四角形基壇の下層に八角形の基壇構築痕跡が発見されている。

間に突如として現れた建物であり、他に類例がみられない。これを、道鏡の法王宮とみる見解がある。

西宮は、朱雀門の北に位置するから、称徳天皇は再び平城京の中軸に復帰したように見える。だがその目の前には、道鏡の法王宮が建つ。その法王宮から真西には佐伯門があり、一条南大路を経て西大寺に直結している。

平城京は、その空間構成に大きな混乱を抱え込むようになっていた。

## 東院地区の変遷の意義

称徳天皇崩御後、光仁《こうにん》天皇が即位する。平城宮内では光仁天皇即位後に大々的な「掃除」が行われた。平城宮東方官衙地区では、この時期の巨大な廃棄土坑《どこう》＝ゴミ捨て穴が発見された。南北七メートル・東西一一メートルの土坑に、一度ゴミを廃棄した後に火をつけて容積を減らし、埋めて平坦にした。この土坑から、膨大な遺物が出土し、発掘調査から一〇年を経た今日でも洗浄作業が続いている（**図19**）。ゴミの廃棄元は衛府《えふ》(64)とみられ、宮中枢部の警備に関連する記載もみられ、興味深い。

ただ、この時期の建物の建て替えなどの様子は、なかなか確認できない。その中で注目されるのは、東院地区である。東院地区では、これまでの発掘調査の結果、六時期に渉る時期変遷を認めている。これは、現時点で遺構の時期として認識して

(64) 古代国家において、天皇側近・宮内などの警備を担った役所の総称。

いるものが六時期に分かれる、ということで、今後さらに別の時期が確認されたり、確認されていない時期が存在する可能性も排除しきれない。この六時期は出土遺物の分析や『続日本紀』の記事等との関係性の検討から、Ⅰ期：天平年間以前、Ⅱ期：還都後、Ⅲ期：天平勝宝年間、Ⅳ期：天平宝字年間、Ⅴ期：天平神護・神護景雲年間、Ⅵ期：宝亀年間以降、と考えられており、Ⅴ期が「東院玉殿」の時期に、Ⅵ期が「楊梅宮」の時期に該当する。

　近年、この東院地区の東北部で、厨房に関連する施設群が発見された。宮内でも最大級の井戸とその周辺の舗装、井戸から西に伸びる水路とそこにかかる覆屋《おおいや》、また井戸の東側が一段高くなり、そこに展開する炉(竈)群と建物、これらと井戸をつなぐ階段、などであり、水場と火所が有機的に配置された一大調理施設群である[65]。

　先ほど指摘したように、平城宮内に太上天皇の居所を探す必要がある。太上天皇がおり、さらに皇太子がいた場合、原理的には宮内に最低三カ所は「宮」

**図 19**　東方官衙地区出土木簡(写真提供＝奈良文化財研究所)
「天皇崩給」と記される．遺構の年代等から，称徳天皇崩御を指す．

(65) 当該遺構の概略は[小田ほか、二〇一九]。洗浄作業中でまだ全貌は明らかではない。

が必要になる。平城宮内のいくつかの宮を、必要に応じてこれらの三者が利用したとみられる。平城還都の際に聖武天皇が中宮院を御在所とした、と『続日本紀』が記すのは［渡辺、二〇一六］、いくつかある宮のなかから内裏として利用する区画を選択したという状況だからであろう。『万葉集』には、元正太上天皇の御所「中宮西院」が登場する(66)。そして、七五四年（天平勝宝六）の白馬節会《あおうまのせちえ》を『続日本紀』では東院で行われたとし、『万葉集』では「東常宮」で行われたと記すから(67)、この時期東院が孝謙天皇の居所だった可能性がある。『東大寺要録』は大仏開眼会《かいげんえ》の後に孝謙天皇が「東宮」に入ったとする。東院地区に居住していた可能性が高いだろう。なお、『東大寺要録』によれば、大仏開眼会に際して「東宮」と「西宮」に留守官が置かれた。西宮は後の称徳天皇の居所の西宮だったと思われる。大仏開眼当時、聖武太上天皇は西宮に居住していたのであろう。元正太上天皇の「中宮西院」も、おそらくはこの西宮にあたり、還都直後（七四八年〈天平二〇〉前後）には西宮（中宮の西の院＝百柱の間）・中宮（＝内裏地区）・東宮の三つの宮が併存していたと考えられる(68)。

さて、先ほど紹介した巨大井戸（**図20**）は、Ⅲ―Ⅴ期に渉って利用されていた［小田ほか、二〇一九］。東院の施設の中では、かなり利用期間が長い。井戸が設置されたのが還都直後、皇太子阿倍内親王（後の孝謙天皇）の居所だった時期である。そして、この井戸が存続したⅢ―Ⅴ期という利用期間は、孝謙天皇・孝謙太上天皇・称徳天

(66)『万葉集』巻一七・三九二二等の詞書参照。

(67)『続日本紀』天平勝宝六年正月癸卯（七日）条、また、『万葉集』巻二〇・四三〇一の題詞参照。

(68)［渡辺、二〇一六］では、平城還都直後の太上天皇・天皇・皇太子の宮の比定が詳細に行われている。

皇の時期にあたる。

　この井戸は、Ⅵ期への移行に際し、徹底的に破壊された。宮内の大型井戸の場合、井戸枠が残存するなど、遺存状況は良好なことが多い。この井戸のような徹底的な破壊は、例外に属する。しかも、極めて入念に埋め戻されていた。井戸の痕跡を消しきって、新たにその場所を利用できるようにしている。一方、一段高まったエリアでも、Ⅵ期への移行に際して炉(竈)は完全に破壊され、土を入れて整地され直していた。水場・火所、排水施設など各種施設が有機的・効率的に配置された厨房空間であったものを、完全に破壊している。それらの痕跡を消しきるかのような、強い意志が感じられる。阿倍内親王の東宮であり、即位直後の孝謙天皇の御所であり、また称徳天皇が整備した玉殿での華やかな饗宴を支えた厨房施設は、拭い去るように破壊されて、新たな光仁天皇の宮殿たる楊梅宮へと改造された。

**図 20**　東院地区大型井戸全景(東から，写真提供＝奈良文化財研究所)

　光仁天皇が、先帝・称徳の陰を消し去って、新しい時代を演出する空間を造営したことが知られる、数少ない、しかし極めて強烈な痕跡ということができるのではないだろうか。

## おわりに

光仁・桓武両天皇の時代の平城宮・京の変化を語る材料は、あまり多くはない。最も興味深いのは、光明皇后段階では宮外に独立していたとみられる皇后宮が、内裏の中に取り込まれて、事実上「宮」としての構造を喪失していることである［橋本、一九九五］。一つ、「宮」が解体された。

さて、「仏教」を王の権威の軸に置かない方向性をとるのであれば、上述のような中心性の混乱は、大きな問題・課題であったであろうことは、推測に難くない。伝統と先進の融合は別の形で実現する必要があり、天皇と信仰の距離感は慎重に再構築される必要があった。そして、平城遷都からおよそ七〇年の日々は、模索と助走の時間として、それなりの長さだったようである。

都市としてみても、平城京には弱点がある［馬場、二〇一〇b］。大きな河川がないため、流水による浄化力が高くはなく、人口の増加は居住環境に負荷をかけていた。流通面でも、大河川に直接面していない地形は不利である。平城京は、限界を迎えていた。

七八四年（延暦三）の長岡京遷都は、おそらく当時の人々には天平年間や神護景雲年間の遷都・離宮造営と同様のものと受け取られたのではないかと思う。遷都は、旧都も維持される「都の追加」にすぎない、と。例えば、恭仁京造営時同様、長岡京では王権を荘厳する寺院の造営も行われなかった。そして、長岡遷都で重要なことは、その「予兆」とされた事件が難波京での蝦蟇《がま》の大行進であり、実際に難波宮の移築によって長岡宮が造られた点である。

難波宮は、平城宮よりも古くからの拠点施設である。そして、聖武天皇がしばしば行幸した、聖武ゆかりの都であった。一方、港湾機能の低下など、難波京をめぐる環境は大きく変化していたことが指摘されている。この難波京を解体し、淀川沿いに移動させたことこそ、長岡京の第一の特徴である。

一方、七九一年（延暦一〇）九月に平城宮の諸門を長岡京に移築した、という記事がある。逆に言うと、それまで平城宮の囲繞施設は維持されていたことになる。また、諸門の他、内裏などの一部の施設が平城宮から長岡宮へと移築されたことが明らかにされているが、他の様々な施設、特に中枢施設の多くは、延暦一〇年以降も平城宮に残されていた［馬場、二〇〇八］。長岡宮には難波宮から大極殿院・朝堂院が移築されており、平城宮のそれを移築する余裕はない。また、現存する唯一の平城宮内の建物である唐招提寺講堂が、平城宮内から唐招提寺へと移築された時期について、平安時代初頭まで降る可能性も指摘されている。こうした状況であればこそ、延暦一一年二月には平城宮警備のために衛府の軍隊が派遣されたのである。

貴族邸宅も、根こそぎ長岡京に移転した訳ではなさそうである。延暦七年に大中臣清麻呂《おおなかとみのきよまろ》が薨じたのは、平城京右京二条の邸宅だった［岩本、一九七四］。彼は七八一年(天応元)に致仕しており、隠居だったからこそ平城京に留まることができたのだと思われるが、平城京の貴族邸宅が完全に解体されることはなく、人々の多くは移動した後も平城京での活動を維持していたらしい傍証とみることはできないだろうか。また、平城京三条大路が東堀河を渡る地点から、延暦六年の告知札が出土している。九世紀初頭、これに類する告知札が山城方面からの平城旧京入り口にあたる場所から出土している点との違いを積極的に評価するならば、山城から東大寺・興福寺方面への人の移動が主流となった九世紀初頭の状況とは異なり、延暦六年時点ではまだ「京内」での人の移動が多く存在していた、と想定できると思う。

寺院の活動で注目したいのは、西大寺の消長である。西大寺食堂院《じきどういん》には巨大な井戸が備えられ、仏餉《ぶっしょう》(仏前に供える飯)や、僧侶達の食膳を整えていた(**図21**)。あるとき、この井戸の利用が停止され、様々なゴミが投棄された。井戸の終焉は、食堂院の終焉であり、西大寺の宗教活動が劇的に低下したことを示す。その、終焉の時期は、井戸に捨てられた木簡から推測すると、七九二年(延暦一一)一二月ごろ、もしくはその直後である。

平城宮の諸門が撤去されたのが延暦一〇年、その時点ではまだ宮内には多くの施設や物資が残っていた。西大寺食堂院の井戸が廃絶するのが延暦一一年の年末。そして明けて延暦一二年の正月には、平安遷都が決定される。平城宮・平城京の急速な解体や活動の低下と、平安遷都が、あたかも一連の出来事のように展開している。近年、平城宮第二次大極殿が、平安宮に移築され豊楽殿《ぶらくでん》となったという説も提示されている。

図21　西大寺食堂院井戸・井戸枠(南西から，写真提供＝奈良文化財研究所)

つまり、長岡京への遷都ではなく、平安遷都こそが、平城の終焉である。平城宮・京が抱えていた課題――中心性の演出・宮の解体・儀礼空間の再構成・都市空間構造の構築・寺院の整理など――は、平安宮・京においての解決が期待される課題であった。

さて、平安宮・京はこうした期待に応えることができたであろうか。

羅城門—朱雀大路—朱雀門—大極殿は、南北一列に展開する配置へと整備された。内裏は大極殿から離れ、内裏外郭も小さくなり、「痕跡器官」のようである。そして、平安宮内に内裏以外の「宮」は見当たらなくなった。新たに中軸にのった大極殿と朝堂院の間には門はなくなり、大極殿は朝堂院の正殿としての位置づけを確立し、平城宮前期に中央・東に分裂していた空間は見事に融合している。条坊は、いずれの坊も同一面積とし、道路幅に応じて基準軸を調整した「集積《しゅうせき》型」と呼ばれる設計に基づくようになり、都市空間の均質性は飛躍的に向上した。そして、羅城門東西に、あたかも都城を護り荘厳するかのような、東西二寺が配置され、天皇の宮殿と宗教施設の距離や関係は一新されるに至った。淀・宇治という瀬戸内海や琵琶湖につながる港湾ネットワークの結節点である鳥羽・伏見は平安京のすぐ南の外港であり、鴨川は水路によってこのネットワークに接続して京内につながっていた。長岡京(難波京)と平城京を統合したことによって、唯一の都城としての明瞭な位置づけも確立した。

平城京は、思春期から青年期を迎えようとする日本古代国家が、苦悩しながら成長する姿そのものであった。平安京は、平城京が抱えていた様々な課題のかなりの部分を解決した、日本古代都城の決定版というにふさわしい空間である。これは、日本古代国家の一つの到達点であり、飛鳥京以来の試行錯誤の一つの答えだった、と言えるかもしれない。

**引用・参考文献**


青木　敬、二〇一七年『土木技術の古代史』吉川弘文館
石田由紀子、二〇一八年「藤原宮の造瓦体制」『古代』141
市川理恵、二〇一五年『正倉院文書と下級官人の実像』同成社
井上和人、二〇〇四年『古代都城制条里制の実証的研究』学生社
井上和人、二〇〇八年『日本古代都城制の研究――藤原京・平城京の史的意義』吉川弘文館
岩本次郎、一九七四年「右大臣大中臣清麻呂の第」『日本歴史』319
大津　透、一九九九年『古代の天皇制』岩波書店
小田裕樹ほか、二〇一九年「平城宮東院地区の調査――第五九三・五九五次」『奈良文化財研究所紀要　二〇一九』
加藤　優、一九八九年「興福寺と伝戒師招請」関晃先生古希記念会編『律令国家の構造』吉川弘文館
北村優季、二〇一三年『平城京成立史論』吉川弘文館
坂上康俊、二〇一一年『シリーズ日本古代史④　平城京の時代』岩波新書
栄原永遠男、二〇一八年「月借銭解に関する基礎的考察」『正倉院紀要』40
栄原永遠男・仁木宏編、二〇〇六年『難波宮から大坂へ』和泉書院
佐藤信編、二〇一〇年『史跡で読む日本の歴史4　奈良の都と地方社会』吉川弘文館
佐藤信編、二〇一八年『史料・史跡と古代社会』吉川弘文館
神野　恵、二〇一九年「奈良時代の燃灯供養と律令祭祀――二条大路ＳＤ５１００・５３００出土品の再検討を中心に」『都城制研究』13
神野恵ほか、二〇一六年「右京一条二坊四坪・二条二坊一坪・一条南大路・西一坊大路の調査――第五三〇次・五

四六次・五六〇次」『奈良文化財研究所紀要　二〇一六』
鈴木靖民ほか編、二〇一七年『日本古代の道路と景観──駅家・官衙・寺』八木書店
妹尾達彦、二〇〇一年『長安の都市計画』講談社選書メチエ
寺崎保広、一九九九年『長屋王』吉川弘文館
寺崎保広、二〇〇六年『古代日本の都城と木簡』吉川弘文館
中川あや、二〇一二年「平城遷瓦」『文化財論叢』4
奈良県立橿原考古学研究所編、二〇一七年『奈良県遺跡調査概報　二〇一五年度』（第2分冊）
奈良国立文化財研究所編、一九八一年『平城宮発掘調査報告Ⅹ　古墳時代Ⅰ　奈良国立文化財研究所学報　第39冊』
奈良国立文化財研究所編、一九九五年『平城京左京二条二坊・三条二坊発掘調査報告　奈良国立文化財研究所学報　第54冊』
奈良文化財研究所編、二〇〇三年『平城京左京二条二坊十四坪発掘調査報告　旧石器時代編（法華寺南遺跡）　奈良文化財研究所学報　第67冊』
奈良文化財研究所編、二〇一〇年『図説平城京事典』柊風舎
西宮秀紀、二〇一三年『奈良の都と天平文化』吉川弘文館
仁藤敦史、一九九八年『古代王権と都城』吉川弘文館
仁藤敦史、二〇〇六年『女帝の世紀──皇位継承と政争』角川選書
橋本義則、一九九五年『平安宮成立史の研究』塙書房
馬場　基、二〇〇三年「創建期の興福寺」『奈良歴史研究』60
馬場　基、二〇〇五年「「都市」平城京の多様性と限界」都市研究会編『年報都市史研究13　東アジア古代都市論』山川出版社
馬場　基、二〇〇八年「平城京のさいご　西大寺食堂院調査成果を出発点として」『奈良女子大学21世紀ＣＯＥプログラム報告集18　古代日本の支配と文化』奈良女子大学

馬場　基、二〇一〇年a『平城京に暮らす』吉川弘文館
馬場　基、二〇一〇年b「平城京という「都市」の環境」『歴史評論』728
馬場　基、二〇一七年「都城の造営と交通路」前掲『日本古代の道路と景観』
馬場　基、二〇一八年『日本古代木簡論』吉川弘文館
林部　均、二〇〇一年『古代宮都形成過程の研究』青木書店
森　公章、二〇〇〇年『長屋王家木簡の基礎的研究』吉川弘文館
森　公章、二〇〇九年『奈良貴族の時代史――長屋王家木簡と北宮王家』講談社選書メチエ
山本幸男、一九八八年「聖武朝の難波宮再興」『続日本紀研究』259
吉川真司、二〇一一年『天皇の歴史2　聖武天皇と仏都平城京』講談社
渡辺晃宏、二〇〇一年『平城京と木簡の世紀』講談社
渡辺晃宏、二〇一〇年『平城京一三〇〇年「全検証」』柏書房
渡辺晃宏、二〇一六年「『万葉集』から平城宮を考える」『美夫君志』93

## コラム　模索の中の『古事記』

思春期から青年期の思い出は、何とも面映ゆく、だが時に誇らしい。『古事記』という書物は、摸索と挑戦を繰り返した日本古代国家の、青春のかけら、だと思う。

『古事記』編纂の理由を、その序文をそっくりそのまま信じるならば、以下の様になる。

天武天皇が、諸家が持つ「帝紀」「本(旧)辞」に誤りが多いと聞き、これらを正して後々に伝えよ、と命じた。そして、記憶力抜群の稗田阿礼《ひえだのあれ》に、帝皇《ていおうの》日継《ひつぎ》と先代旧辞を誦習させた。しかし事業は継続されず、稗田阿礼も年老いてしまう。惜しんだ元明天皇が、阿礼が誦する勅語・旧辞を撰録するよう、太《おおの》安万侶《やすまろ》に命じた。

さて天武天皇の時代には、『日本書紀』や飛鳥浄御原令の編纂も行われている。文字を用いて編纂する技術は、確実に存在した。にもかかわらず、「誦習」＝誦み習わせるという手段を用いたことには、相応の理由があったに違いない。素直に考えれば、誦習でしか伝え得ない、つまり「文字」では表現し得ない情報が重要だったからだろう。

この重要情報は、「読み上げ方」だと思う。

言葉の「音」には、アクセント・抑揚・強弱があり、言葉が連なって文章となり物語となれば、速度・間・リズム・イントネーション・旋律がある。これらの「音」の全てを、文字だけで記録し、文字だけから再現することは、極めて困難だ。物語として滔々《とうとう》と読み上げるその規範を記録し再現するためには、文字は全く力不足だ。太安万侶も、阿礼の誦みの文字化は大変だった、とぼやいている。

かくして「誦習」が必須になったと思うのだが、次には「天皇認定公式読み上げ歴史物語」の必要性の理由が気になる。そういう、読み上げられる歴史物語が、古代国家の構成員で共有される様な場面があったのであろうか。

この疑問から天武朝前後の『日本書紀』の記事を探すと、興味深い儀礼が存在する。天皇の死去に伴う誄《しのびごと》の奏上である。例えば天武天皇の事例をみると、天皇家の歴史が語られ、各氏族が代々の奉仕を語り上げている。

天武は、即位儀礼のクライマックス、「大嘗祭」の整備をしたと考えられている。七世紀以前において葬儀は即位と一体の儀礼だったから、言うなれば天武は、神話的世界に依拠した伝統的な皇位継承儀礼の入口と出口を整備しようとしたのだ。誄の奏上で、天皇と各氏族の歴史が語り上げられることで、国土誕生以来の今日までの歴史を参加者全員が追体験し、共有する。その歴史の先に、新帝が誕生するのである。あたかも胎児が受精卵から進化の過程全てを体験して、生まれ出てくるように。誄は新天皇の胎児としての進化の追体験であり、大嘗祭は産み落とされた新天皇の産湯である。誄は、皇位継承儀礼の核心だった。だからこそ、語られる物語の統一も必須だった。これこそ『古事記』の編纂理由だと思うのだ。

英邁《えいまい》とされる天武だが、皇位継承については、「伝統」的権威に拘泥していた様だ。皇位簒奪者という立場に、後ろめたさを感じる故なのだろうか。

さて、持統以降、譲位での皇位継承が通例となり、誄奏上や殯宮《ひんきゅう》儀礼は皇位継承の儀礼から排除される。そして、『古事記』は不要となった。

天武の構想した伝統的皇位継承システムに代わって皇位継承を支えたのは、天智天皇の定めた法、「不改常典」であった。また、貴族層の中核で皇位を支えたのは、天智の腹心・藤原鎌足の子孫達であった。

# 長岡京から平安京へ

網 伸也

はじめに
1 長岡京遷都への道程
2 発掘調査からみた長岡宮の構造
3 長岡京廃都と新京遷都計画
おわりに
**コラム** **桓武天皇の長岡遷都と継体天皇の弟国宮**

# はじめに

碁盤の目のような美しい街並みが残る京都。その基盤となったのが桓武《かんむ》天皇による平安京の造営である。七九四年(延暦《えんりゃく》一三)に遷都されて以来、平安京は姿かたちや名称を変えながらも、天皇が住まう日本の首都として機能しつづけた。八一〇年(大同《だいどう》五)に起こった平城太上《へいぜいたいじょう》天皇の変(薬子《くすこ》の変)において、嵯峨《さが》天皇が「先帝の万代宮《よろずよのみや》と定め賜える平安京」と詔したように(『日本後紀《こうき》』弘仁《こうにん》元年九月条)、桓武天皇はこの永遠の願いをこめた新しい都の造営を、強い思いで進めたのである。

桓武天皇の治世は、まさに征夷《せいい》と造宮の時代であった。平城京から長岡京、そして平安京へと本格的な造都と遷都を二度も行い、天皇が崩御したあと柏原山陵《かしはらさんりょう》(1)に葬したときの評伝には、「内には興作《こうさく》を事とし、外には夷狄《いてき》を攘《はら》う。当年《とうねん》の費《ついえ》と雖《いえど》も、後世の頼みならんや」*(『日本後紀』大同元年四月条)と記されている。桓武天皇が造営した平安京は、「後世の頼み」となる「万代宮」にふさわしい都だったのである。

構造的にみても『延喜式《えんぎしき》』左右京職《さうきょうしき》京程《きょうてい》条《じょう》が示すように、京内すべての町の大きさを四〇丈《じょう》(約一二〇メートル)四方に統一し、大路《おおじ》や小路《こうじ》の広さも整然とした規格性をもって配されており、平安京がこれまでにない精緻な計画に基づいて造営さ

(1) 八〇六年(延暦二五)三月一七日に崩御した桓武天皇の山陵は、当初は平安京西北の葛野《かどの》郡宇太野《うだの》に定められたが、賀茂神《かものかみ》の祟りにより同年四月七日に紀伊郡柏原山陵に葬られることになった。評伝はこの時のものである。この翌月に平城天皇が即位するが、同時に大同改元を行い「礼非ず」と批判を受けており、同年一〇月には桓武天皇を柏原陵に改葬している。桓武天皇の崩御後の混乱の背景に、何らかの事情があったようである。

***(大意)** 内政では造営を盛んに行い、外政では蝦夷を制圧した。そのため出費は莫大な額となったが、後の時代において多くの益をもたらした。

れたことは明らかである。このような造営計画の完成度の高さは、今日まで平安京跡で積み重ねてきた発掘調査成果が証明するところでもある。現在、発掘調査で発見された条坊関連遺構によって、世界座標系に基づく平安京の条坊復元が行われており、平安京条坊がまさに『延喜式』の記載どおりに、高い測量技術によって造営されていることが判明している(2)［網、二〇一一a］。

ただ、このような完成された都城の造営が、桓武天皇の山背《やましろ》遷都(3)によって即座に可能になったわけではない。実際に発掘調査で明らかになりつつある長岡京の構造は、同じ桓武天皇が造営したとは考えられないほど平安京と乖離しているのも事実である。その背景には何があるのか。ここでは、平城京から長岡京・平安京への遷都の実態を、考古学の成果に基づいて明らかにするとともに、これまで議論されてきた山背遷都の歴史的背景や長岡京廃都の謎について迫りたいと思う。

## 1　長岡京遷都への道程

### 王統を覆す山部王の立太子

平城京を棄て、大和から山背へ遷都するという歴史的決断を行った桓武天皇は、もとは山部王《やまべおう》といい、天智《てんじ》天皇皇子の施基皇子《しきのみこ》を父にもつ白壁王《しらかべおう》の長子として、七

(2) 平安京では、発掘調査によって得られたデータから座標数値に基づく条坊モデルを作成しており、その精度は標準偏差で±一・一九メートルとなっている。また、限られた場所での偏った位置誤差も認められず、平安京の造営には緻密な設計だけでなく精度の高い測量技術が駆使されていたことを示している。

(3) 京都の古称である「山城」は、平安遷都前には大和の北側、奈良山の背後に位置することから「山背」と表記されていた。ところが、平安京へ遷都されると、この地が山水に囲まれ自然の城となる形勝地であることから、延暦一三年一一月八日の詔で「山背国」から「山城国」へと改称さ

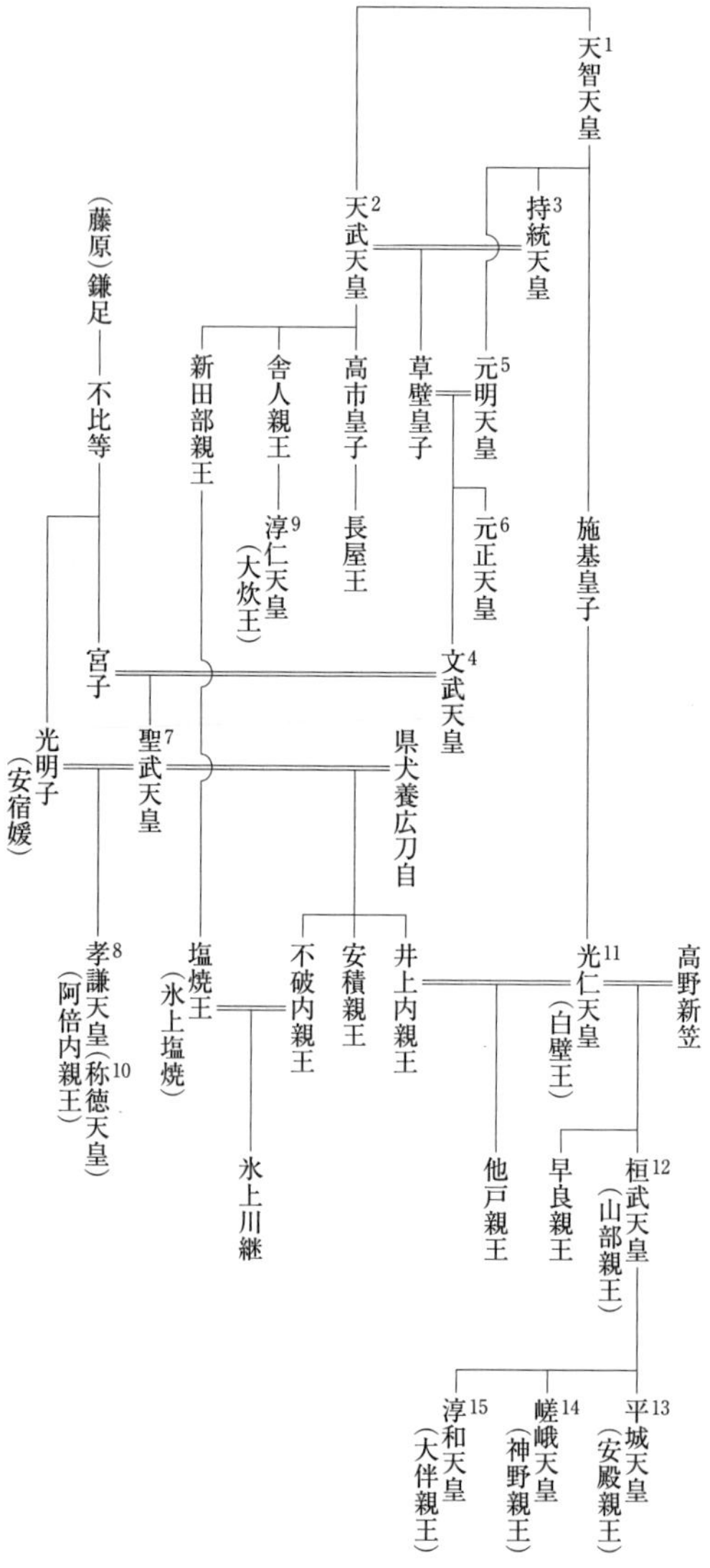

**図1**　天智～淳和の天皇系譜(数字は即位順)

三七年(天平九)に誕生した(**図1**)。母は、百済《くだら》系の渡来氏族である和乙継《やまとのおとつぐ》と土師真《はじのま》妹《いも》との間に生まれた新笠《にいがさ》であった。土師真妹の本貫地が山背国乙訓《おとくに》郡大枝《おおえ》(現、京都市西京区大枝)とも考えられていることから、山部王も幼少期は乙訓地域で育ち、それが後の山背遷都に繋がったとの考えもある[村尾、一九六三]。しかし、和乙継の

れている。ちなみに同日より新京は平安京と呼ばれるようになった。

(4) 七四〇年(天平一二)九月、大宰少弐《だざいのしょうに》に左遷されていた藤原広嗣が

本貫が大和国の添上郡《そうのかみ》（現在の奈良市から天理市・大和郡山市にかけての地域）付近と想定されており、下級官人である乙継と乙訓地域を繋ぐ接点が現状では認められないことから、乙継は平城京で土師真妹と出会って新笠が生まれ、新笠とともに山部王は、白壁王の子として平城京周辺で過ごしたと考えるのが妥当であろう〔西本、二〇一三〕。

山部王の幼少年期は、藤原広嗣《ひろつぐ》の乱と聖武《しょうむ》天皇の東国行幸、(4)そして恭仁《くに》宮・難波《なにわ》宮・紫香楽《しがらき》宮への度重なる遷都を経て平城還都、東大寺造営とまさに激動の時代であった。その後も橘奈良《たちばなのなら》麻呂《まろ》の変(5)や藤原仲麻呂《なかまろ》政権の台頭などが次々に起こり、山部王はこれからの時代の行く末を見つめながら多感な青年期を送ったのであろう。彼が正史にみえるのは、七六四年（天平宝字《ほうじ》八）九月に起こった藤原仲麻呂の乱の翌月で、逆徒討伐に貢献した氏人《うじびと》（祖先を同じくする同族集団の構成員）らとともに白壁王の子として無位から従五位下を授けられている（『続日本紀』天平宝字八年一〇月条）。山部王は時に二八歳の若き青年であり、白壁王が仲麻呂追討の勅《みことのり》の後に筆頭で正三位の叙位、翌年正月には軍功により勲二等を授けられていることから、仲麻呂の乱で父白壁王とともに活躍したことが推定できよう。

山部王は律令官人としても優秀な能力を発揮したようで、称徳《しょうとく》天皇が崩御した七七〇年（神護《じんご》景雲《けいうん》四）八月には従四位下を授けられ、侍従《じじゅう》・大学頭《だいがくのかみ》を歴任した。また、

玄昉《げんぼう》と吉備真備《きびのまきび》を天皇の側近から除外することを求めて反乱を起こした。広嗣は同年一一月に捕えられ処刑されて乱は鎮圧されるが、その前の月末から聖武天皇は伊勢国から美濃国へと行幸を行い、同年暮れには恭仁宮（現、京都府木津川市）に入った。以降、天平一七年五月に平城京へ還都するまで、聖武天皇は都を転々とすることになる。

(5) 七五七年（天平勝《しょう》宝《ほう》九）六月、橘奈良麻呂らが藤原仲麻呂の殺害や皇位の奪取を計画した政変。クーデターは事前に発覚し、首謀者の奈良麻呂をはじめ天武系の皇族である黄文《きふみ》王や、同年三月に廃太子となっていた道祖《ふなと》王らが、厳しい拷問をうけて獄死した。

父の白壁王が光仁天皇《こうにんてんのう》として即位したことにより親王となり四品《しほん》を授けられ、七七一年（宝亀《ほうき》二）には中務卿《なかつかさのかみ》に任じられている（『日本後紀』大同元年四月条）。ただ、卑母のもとに生まれた山部親王は、光仁天皇の長子といえども皇位から遠い存在であり、光仁天皇が即位した当初の皇太子には、聖武天皇の血をひく皇后の井上内親王《いのうえないしんのう》の子である他戸親王《おさべ》が立てられた。

ところで、天智天皇の系譜にある白壁王の即位も、当時の皇統譜からみると異例といえる。よく知られるように、奈良時代の皇統譜は壬申の乱で即位した天武天皇の直系の血脈で継承されてきた。聖武天皇の後に孝謙《こうけん》女帝が即位したのも、皇位を継承できる皇子が夭折して存在していなかったためであり、聖武天皇の直系の血脈を重視するがために阿倍《あべ》内親王の立太子そして孝謙天皇の即位が実現したのである。孝謙天皇は淳仁《じゅんにん》天皇に譲位したあと、藤原仲麻呂の乱を経て称徳天皇として重祚《ちょうそ》するが、皇太子を定めず僧道鏡《どうきょう》の政界への介入を許容していく結果となった。実際に王権内部の度重なる政争に巻き込まれ、天武系の皇親の有力な王たちは次々と滅ぼされていた。天智天皇の孫である白壁王も例外ではなかったようで、『続日本紀』光仁天皇即位前紀によれば、白壁王は身を守るために酒に溺れているふりをして政難を逃れてきたという。

称徳天皇が神護景雲四年八月に崩御すると道鏡政権は崩壊し、皇位継承問題が大きく浮上してきた。天武天皇系の皇統譜を重視する吉備真備《きびのまきび》は、天武天皇皇子の長《なが》親王の子である文屋浄三《ふんやのきよみ》あるいはその弟である文屋大市《おおち》を推挙するが、藤原百川《ももかわ》・永手《ながて》・良継《よしつぐ》が計略によって偽の宣命《せんみょう》を持ち出し白壁王を立太子したという(『日本紀略』宝亀元年八月四日条所収の百川伝)。白壁王は同年一〇月に光仁天皇として即位し、年号を宝亀へ改元、翌月には井上内親王を皇后と定めた。井上内親王は聖武天皇と県犬養広刀自《あがたいぬかいのひろとじ》との間に生まれた皇女であり、即位の翌年の七七一年(宝亀二)正月に皇后の皇子である他戸親王を皇太子とすることで、白壁王の即位を正当化しようとしたのである。井上内親王の立皇后と他戸親王の立太子は、天武天皇の直系の血脈を守る皇統譜の論理では必要不可欠な条件だったといえる。

しかし、これまでの政界の腐敗を断ち切って新しい時代の王統を望む藤原百川たちは、血統よりも武力にすぐれ官人としても有能な山部親王に次世代の王権を託そうと秘かに考えていた。そして、山部親王立太子の方針は、当然光仁天皇の意志でもあった可能性が高い。他戸親王が皇太子に立てられた翌月、光仁天皇は交野《かたの》へ行幸し、難波宮から龍田道《たつたみち》経由で平城宮に戻っているが、この行幸の目的地交野は百済王《くだらのこにきし》氏の本貫地であった。ちなみに、この行幸時の摂津大夫《せっつのかみ》は百済王理伯《りはく》であり、交野から難波宮へ向かったのも百済王氏との関連で考えれば理解しやすい。つまり、皇太子は天武天皇の血脈に配慮して他戸親王を立てたが、天皇の思惑としては百済王家の末裔である百済王氏との関係を深めることで、百済系渡来氏族の新笠を母にもつ山部親王の立場を固めることに主眼がおかれていたのである［網、二〇一五］。

そして、山部親王を擁立する動きは早く、七七二年（宝亀三）三月に、井上内親王の巫蠱《ふこ》事件(6)が発覚し、五月には連座して他戸親王が廃太子となる。『続日本紀』には井上内親王の巫蠱の内容がまったく記載されていないが、光仁天皇の山部親王に対する思いに井上内親王が危機感を覚えたことが原因となったのかもしれない。同年四月には下野《しもつけ》国から、造薬師寺《ぞうやくしじ》別当《べっとう》に流されていた道鏡の死が伝えられており、大和国宇智《うち》郡に幽閉されていた井上内親王と他戸親王も、最終的には宝亀六年四月二七日の同日に亡くなったという。

これら前代の皇統に関わる重要人物の謎の死の背景には、藤原百川らの策謀の可能性が推定されており、名実ともに前代からの因縁がすべて断ち切られる結果となった。揺れ動いた皇位継承問題は、宝亀四年正月に他戸親王に替わって天武天皇の系譜とはまったく関係のない山部親王が皇太子に立てられることで決着をみることになる。山部親王の立太子は、まさに新しい王統の幕開けを意味していたのである。

## 桓武天皇の即位と長岡遷都

(6) 井上内親王がまじないによって光仁天皇を呪い謀反を企てた事件。

(7) 干支が辛酉の年に天命が改まり、帝王の交替が起こるとする思想。

七八一年(天応《てんおう》元)四月、高齢で病気がちであった光仁天皇からの譲位をうけ、桓武天皇が即位する。皇太子には同腹の皇弟である早良《さわら》親王が定められ、母である高《たか》野夫人《ののおおとじ》(新笠)は皇太夫人となった。天応改元は元日に行われた唯一の改元であるが、この年は辛酉《しんゆう》年にあたり、元日の干支も辛酉として意図的に暦運を革命的なものに改変しているという。高齢な光仁天皇があえてこの年の正月朔日に改元したのも、古代中国の辛酉革命⑦になぞらえて、山部親王への譲位・即位を天命による新王統の始まりとして位置づけようとした可能性が高い。

しかし、桓武天皇が即位した平城宮はあくまで天武天皇直系の都であり、政情には常に不安がつきまとうこととなる。天応元年一二月に譲位して間もない光仁太上天皇が崩御すると、翌年閏正月には天武天皇の血を引く氷上真人川継《ひかみのまひとかわつぐ》の謀反が露呈する。また、同年三月には氷上川継に与《くみ》した三方《みかた》王とその妻弓削女王《ゆげのおおきみ》らによる天皇魘魅《えんみ》事件が起こるなど⑧、平城宮では桓武天皇に対する反対勢力の動きが活発化しており、桓武天皇は平城京の廃都と新しい都への遷都を模索しはじめる。

その具体的な施策の一つが、同年四月に断行された造宮《ぞうぐう》省・勅旨《ちょくし》省・造法華寺《ぞうほっけじ》司・鋳銭《じゅぜん》司の二省二司の廃止である。とくに、造宮省の廃止理由としては「宮室居するに堪え」るとあるが、これまでの歴代の天皇は王統の権威と正統性を顕示するために、平城宮の改修を常に進めてきたのが実状である。造宮省は平城宮の造営な

（8）氷上川継は、聖武天皇皇女の不破《ふわ》内親王を母にもち、父は天武天皇の孫にあたる塩焼《しおやき》王である。天武系の皇統の断絶を危惧した川継は、宮中で謀反を企てたが事前に発覚して葛上郡《かづらきのかみ》(現、奈良県御所市付近)で捕らえられ、伊豆三島へ遠流《おんる》となった。この事件は、天智系であり渡来系の血をひく桓武天皇の即位に対して、保守的な勢力がかなり批判的だったことをものがたっており、同年三月の魘魅事件は、川継に与して左遷された三方王や、その妻であり天武天皇の三世の女王である弓削女王たちの批判的な行動を追加処分するために、起きた事件だと考えられている。

ど、宮殿造営を通じて王権の権威発揚を行う重要な官司であった。桓武天皇は、以前から指摘されているように造宮省を廃止することによって、これ以上大規模な平城宮の改作をしない方針を宣言したのであり、逆に新たな造都をこの段階で志向したと考えるのが妥当であろう。ただ、造宮省廃止の三カ月あまり後に勅旨宮に移御《いぎょ》しており、これは内裏内郭内に皇后藤原乙牟漏《おとむろ》の皇后宮とともに後宮空間を新たに創出する改築が行われたためと考えられている［橋本、二〇一一］。

この改築は、光仁天皇による内裏内の皇后宮空間の敷設を受けたもので、木工寮《もくりょう》で十分対応できる工事であったと想定でき、他の大極殿院《だいごくでんいん》や朝堂《ちょうどう》など宮中枢部の大改修には及んでいない。むしろ、造宮省廃止後も平城宮内裏を改修することで、桓武天皇による平城宮の維持を演出できたとも考えられる。しかし、水面下で進められた長岡宮遷都は、これまでの歴代天皇の遷都とは異なり、反対勢力が強い中で大和を捨て去り、遷都を断行しなければならないという特殊事情があった。そして、それを現実化するためには既存の造宮省の枠を超えた、大規模な造営官司の設置が必要だったという［今泉、一九九三a］。桓武天皇は造宮省廃止を「宮室居するに堪え」るという財政的な理由だけで説明し、山背遷都を睨んだ真の理由を明言しなかったのである。

遷都への布石は、光仁天皇陵の改葬への動きにもみられる。七八一年（天応元）暮れに崩御した光仁天皇は翌年の正月六日に広岡《ひろおか》山陵に葬られた。この広岡山陵の位置については、『続日本紀』延暦四年（七八五）一〇月条にみえる「後佐保山陵《のちのさほのみささぎ》」の考察から平城京の北東山際に想定する説が有力で、平城京周辺に造営されている奈良時代の天皇陵と空間を共有する場所だったといえる。ところが桓武天皇は、天応二年八月には早くも父である光仁天皇を改葬するため、山陵の地を探させている。この後すぐに延暦改元があり、七八六年（延暦五）一〇月に大和国田原《たはら》陵に光仁天皇を改葬した。田原陵は平城京から離れた東の山中、光仁天皇の父である施基皇子陵の東に位置しており、造宮省廃止とともに平城廃都への動きとして注目されている［吉川、二〇〇二］。

そして、延暦二年三月には信頼の厚い和気清麻呂《わけのきよまろ》を摂津大夫《せっつのかみ》に任じることで難波を中心とする淀川・大和川水系を押さえ、同年一〇月に桓武天皇は交野行幸を行う。先に述べたように、光仁天皇の宝亀二年の交野行幸によって山部親王と百済王氏との関係が深まっていたと考えられ、実際にこの行幸で百済王氏の一族に叙位が行われるとともに、氏寺である百済寺《くだらでら》には近江《おうみ》国と播磨《はりま》国の正税《しょうぜい》(9)が五〇〇〇束ずつ施入されるという特別待遇であった。この時の行幸は鷹狩という名目で、行程も含めて五日間だけであったが、渡来系の卑母をもつ桓武天皇としては、百済の王族である百済王氏との親密性を誇示するとともに、翌年に計画している山背長岡への遷都を

（9）律令制下において地方の様々な経費に充用するため管理運用された稲と穀。

睨んだ行幸であったと考えられる。実際に現在でも交野山頂の磐座《いわくら》に登れば、京都盆地から乙訓地域を手に取るように見渡すことができ、淀川水系から上町《うえまち》台地そして六甲の山並みまで一望できる。この行幸で百済王氏から新しい遷都予定地の情報を得るとともに、実際に水面下で地勢を確認し、造営計画を進めていた可能性が高いのである[清水、一九九五]。

さらに翌年の延暦三年、桓武天皇の遷都計画は、交野行幸から時を待たずして実行された。五月に摂津職から遷都の予兆として、蝦蟇二万匹ばかりが難波市《なにわのいち》の南道から三〇〇メートルあまりの行列で南へ向かい、四天王寺に入っていったと報告されると、その三日後には藤原小黒麻呂《おぐろまろ》・藤原種継《たねつぐ》・佐伯今毛人《さえきのいまえみし》らを山背国の乙訓郡長岡《ながおか》村に遣わして、遷都のための地勢を正式に検地させている。そして、翌月早々には造長岡宮使を任命し、新都の造営に取り掛かった。長岡宮造営は宮殿だけでなく、『続日本紀』延暦三年六月条に「都城《とじょう》を経始《けいし》し」とあるように、条坊を伴う京域の造営も併行して行われたが、驚くべきことに同年一一月には桓武天皇は長岡宮へ移り、翌年正月元旦には大極殿で朝賀《ちょうが》の儀[10]が行われているのだ。いかに山背遷都が秘密裏に急いで実行されなければならなかったのか、これら遷都への経緯が強くものがたっている。

(10) 正月元日に天皇が大極殿に出御し、百官の拝賀をうける儀式。

## なぜ長岡遷都なのか

桓武天皇にとって平城京を棄てて、新しい都へ遷都することは宿願であった。ただ、天武天皇系の旧保守勢力や仏教界の介入が強い状況の中では表立って遷都の計画をたてることは不可能であり、遷都の準備は水面下で進め、実行に移すときには有無もいわせぬほど俊敏に進める必要があったのである。造宮省廃止から交野行幸への一連の動きには、遷都への準備を周到に行っていた桓武天皇の思いが見え隠れする。桓武天皇は新王統の都を平城宮の改作ではなく、新たな場所での新たな都にしたかったのである。

では、なぜ山背長岡の地を新都の場所に選んだのか。その背景として、山背の有力な渡来系氏族であり、造営事業にも優れた秦《はた》氏の基盤だったことが古くから考えられている。長岡の地勢を検分した藤原小黒麻呂は、恭仁宮の大宮垣《おおみやかき》を築いた造宮録《さかん》である秦嶋麻呂《はたのしままろ》の娘を妻とし、藤原種継の母は秦朝元《ちょうげん》の娘であった。長岡宮造営においても、延暦四年八月に秦一族である大秦公忌寸宅守《うずまさのきみのいみきやかもり》が太政官院の垣を築き叙位されている。渡来系氏族を重用した桓武天皇が秦氏から様々な情報などを受けていた可能性は高い。長岡の北郊には、秦氏の広大な勢力圏が広がっていたのである。

また、先述した百済王氏との関係も重要である。百済王氏はもともと難波を拠点とする百済王家の末裔氏族で、六六四年（天智天皇三）に善光《ぜんこう》王らを難波に居住させたことに始まる。善光は百済最後の王である義慈《ぎじ》王の息子であり、持統《じとう》朝にいたって百済王の姓を賜った。百済王氏は、奈良朝に入っても摂津職の官人として活躍しており、難波行幸で風俗楽を奏して位階を賜るなど難波地域に強い影響力をもつ渡来系氏族といえる。聖武天皇の大仏建立にあたって陸奥《むつ》国より黄金を献上した百済王敬福《きょうふく》の時に、渡来系氏族のネットワークを基盤として、難波から北河内の交野に本貫地を移していた。

　百済王氏が氏寺として交野に造営していた河内百済寺(11)は、発掘調査によれば創建は八世紀中ごろだが造営のピークは宝亀年間から延暦年間のはじめ（八世紀後半）にあることが判明しており、光仁朝から桓武朝にかけて王権と密接に関係していたことが考古学的にも証明されている。百済王氏への光仁・桓武朝における優遇は、高野新笠の血脈を百済王家とつなげることに起因しており、桓武天皇は天皇家と百済王家の両系統の血筋を通じて、より強い権威を自らに付加しようとしたのである。それは高野新笠が七八九年（延暦八）一二月に崩御した際、新笠を武寧《ぶねい》王(12)の皇子である純陀《じゅんだ》王の末裔として位置づけることによって系譜として実現し、翌年二月の詔では「百済王等は朕《ちん》がこれ外戚《がいせき》なり」といわしめたほどであった。

　淀川を挟んで百済王氏の本貫地である交野を南郊にひかえるという地勢も、長岡の宮地として好条件な立地であった。天命思想《てんめいしそう》(13)を重視する桓武天皇は、長岡遷都後

（11）河内国交野郡（現、大阪府枚方市）に所在する、双塔式の伽藍《がらん》配置をもつ古代寺院である。発掘調査では伽藍だけでなく付属院地の状況も明らかになっており、遺跡は特別史跡に指定されている。

河内百済寺西塔跡（写真提供＝枚方市教育委員会）

（12）百済の王で、五〇一年から五二三年まで在位した。倭に五経博士《ごきょうはかせ》を

の延暦四年一一月と延暦六年一一月に、郊祀《こうし》壇《だん》(14)を交野に設置して王権として初めて郊天祭祀《こうてんさいし》(15)を行っており、延暦六年の郊祀に遣わされた藤原継縄《つぐただ》の妻は、桓武天皇の寵愛を受けた百済王明信《みょうしん》であった。ちなみに、長岡遷都が断行された延暦三年は甲《かっ》子《し》年にあたり、辛酉年と同じように天命によって治政に大きな変化がもたらされるという甲子革令の年でもある。桓武天皇が天命思想のもと遷都の正当性にもこだわっていたことを如実に示しており、交野は長岡新京において天命思想からも桓武天皇を支える重要な地域だったのである。

以上、遷都に重要な役割を果たしたと指摘されてきた秦氏と百済王氏との関係で、桓武天皇が新京を長岡に定めた要因をまとめてみた。両氏族と桓武天皇とは渡来系の血脈の中で深く関わっていたことは間違いなく、長岡への遷都を陰で支えてきたことは十分想定できる。しかし、これらの要因は都に定めるにあたっての傍証的な要因であり、桓武天皇が新京を長岡に定めた背景には、もっと主体的な理由があったはずである。それは都としての地理的優位性である。

長岡は南東に鴨《かも》川・宇治《うじ》川・木津《きづ》川が流れ込む巨椋《おぐら》池をひかえ、桂《かつら》川の流れが東を南流していた。水運として琵琶湖や泉津《いずみつ》だけでなく、桂川によって丹波《たんば》の杣《そま》(木材の供給地)あるいは淀川を下って難波と直結していた。また、陸上交通も山陽道《さんようどう》と山陰道《さんいんどう》が発するだけでなく、巨椋池北岸域に東西大路を通すことで山科《やましな》から東海

送るとともに、五二一年には梁《りょう》に朝貢して「使持節都督百済諸軍事寧東大将軍百済王」の官爵《かんしゃく》号を受けている。

(13) 天子の支配は天から授けられたとする中国古来の考え。

(14) 都城の南の郊野に設けられた天壇。

(15) 天子が郊祀壇で天《てん》神地祇《しんちぎ》を祀る儀式。

道・東山道・北陸道へのルートも確保でき、七八四年(延暦三)七月には山崎橋の架橋工事を行い、南海道(現、東高野《こうや》街道)も新たなルートで敷設された。延暦六年一〇月あるいは延暦七年九月の詔に、「朕《ちん》、水陸の便《たより》あるを以て、都をこの邑《ゆう》に遷《うつ》す」「水陸の便有りて、都を長岡に建つ」とあるように水陸の交通の要衝であったことが本義的には一番の理由であった。平城京から長岡京への遷都は、大和川水系から淀川水系への基幹動線の変革であり、淀川水系のインフラ整備が造都とともに進められている。

たとえば、延暦四年正月には摂津の神下《かみした》・梓江《あづさえ》・鯵生野《あじふの》に堀を掘削して三国《みくに》川(神崎《かんざき》川)を淀川と通し、淀川と旧大和川の土砂堆積で機能低下していた難波津を通さずに西国からの物資の搬入を可能とした。難波津では早くも七六二年(天平宝字六)四月に、安芸《あき》で建造した遣唐使《けんとうし》船《せん》が浅瀬で座礁する事故が起こっており、土砂堆積による機能低下は深刻な問題であった。延暦八年一一月には摂津職による公私の使の勘過《かんか》(調べて通すこと)を停止しており、内外に向かう王権の主要港としてはこの段階でその使命を終えている。

大和も前代においては大和川水系・淀川水系・紀の川水系で水運が結ばれ、七道が発する要地であった。ところが、律令国家の成立によって都に多くの人や物資が集中・集積するようになり、交通の利便性から考えて大和は不利な条件になってきたことに加え、難波津や泉津といった外縁に所在する主要港の機能低下や、光仁朝から激しさを増す征夷に直接対応できる立地ではなかったことも、長岡遷都の大きな要因であるとの指摘もある［北村、二〇〇七］。長岡遷都において淀川水系を整備することで、西国―淀川―都―琵琶湖―東国という人や物資の新たなルートが、現状に即したかたちで確保できるようになったのである。

## 2　発掘調査からみた長岡宮の構造

### 長岡宮中枢部の造営開始

長岡宮は、西山《にしやま》山地から南東へ舌状に長く伸びる向日《むこう》丘陵の先端に立地する、丘の上の宮城である(**図2**)。丘陵の東側は緩やかに傾斜していくが、西側は標高差二〇メートル以上の段丘崖となっており、段丘下の小畑《おばた》川を望むように丘陵上西端には現在も元稲荷《もといなり》古墳や五塚原《いつかはら》古墳などの前期古墳が並んでいる。東側斜面も緩やかとはいえ、元稲荷古墳が造営された向日神社付近で標高約五五メートル、宮城の東を限ると考えられる東一坊大路付近で標高約一六メートルと、東西幅が約一キロメートルに対して約四〇メートルの比高差をもつ。このような丘陵の上を宮城とするため、最も高所である西から雛段状に平坦面を造成しながら宮殿造営を進めていっ

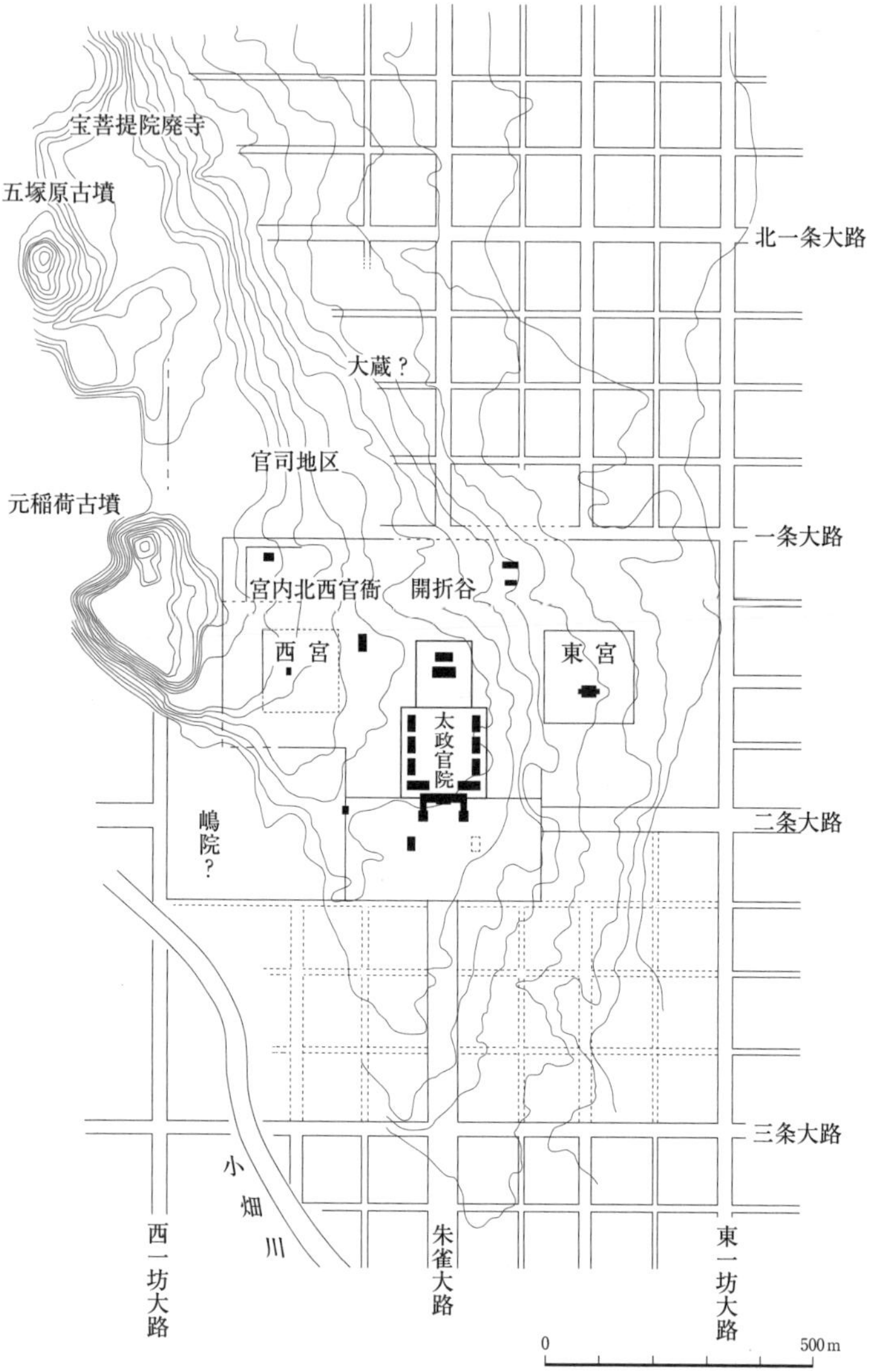
宝菩提院廃寺
五塚原古墳
北一条大路
大蔵？
官司地区
元稲荷古墳
一条大路
宮内北西官衙
開折谷
西宮
東宮
太政官院
嶋院？
二条大路
三条大路
小畑川
西一坊大路
朱雀大路
東一坊大路
0
500 m

図2　長岡宮全体復元図

たと考えられている[國下・中塚、二〇〇三]。

宮城中心部は大きくみて、西から三つの平坦面で構成されており、最も高い西側の平坦面で掘立柱構造の複廊《ふくろう》(柱が三列で並ぶ回廊)の北西隅が発見されている⑯。この複廊の桁行《けたゆき》(建物の桁材が通る方向)の柱間は一〇尺、梁行《はりゆき》(建物の梁材が通る方向)の柱間は八尺となっており⑰、後期難波宮⑱の内裏回廊の掘立柱複廊と共通する。宮城の中で最も造営が急がれるのは天皇が入る内裏空間であり、この平坦面に桓武天皇が平城宮から最初に移った内裏「西宮《にしのみや》」が所在したのは間違いないであろう[國下、二〇一三b/向日市埋蔵文化財センター、二〇一二]。『続日本紀』によれば、延暦八年(七八九)二月に「西宮より移りて始めて東宮に御す」とあり、桓武天皇は長岡宮の造営途上で御在所をここ「西宮」から、後述する「東宮《ひがしのみや》」に移したことになる。

「西宮」推定地は長岡宮中枢部の中で最も高所であり、南は丘陵崖となり非常に眺望の良い場所であることから、桓武天皇がこの場所に内裏を造営したのも納得できる。しかし、現実には遷都の五年後に「東宮」に移っており、最も立地の良い場所から御在所を移さなければならない何らかの事情が、ここには存在した。複廊の構造的一致から、後述する大極殿院・太政官院とともに内裏建物も難波宮を解体して造営された可能性が高いが、周辺の検出遺構との関係から難波宮内裏よりも空間的に狭く、一回り小さな内裏内郭しか造営できなかったようである。

(16) 長岡宮「西宮」回廊北西隅部(写真提供=向日市埋蔵文化財センター)

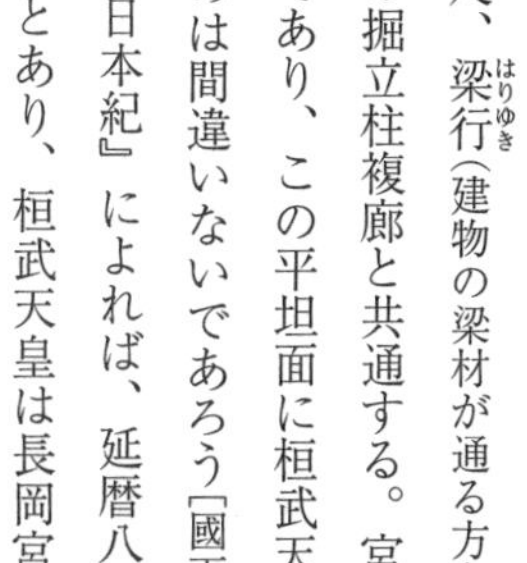

(17) 古代の長さの単位である一尺は、各都城によって若干の誤差があるが、ほぼ一尺=三〇センチメートルとなる。ちなみに、長岡宮では一尺=二九・六センチメートル、平安宮では一尺=二九・八センチメートルであることが、発掘調査成果から判明している。

なお、この西複廊の中心から西へ約七五メートル（二五〇尺）の地点には長岡京期の土器を大量に包含する南北溝を二条検出しており、内裏の外郭を画する西築地《ついじ》と想定できる。ここの標高は約四〇メートルで、西築地のさらに西は元稲荷古墳が築造された丘陵頂部の削り残された断崖になっており、その比高差は約一五メートルもある。宮城を造営するため、いかに大規模な地形の改変を行っているかを示すとともに、削り残した丘陵西端部が宮城の西大垣のかわりとして天然の要壁になっていたと考えられる。

次に、「西宮」推定地から緩やかに東へ下がった、標高約三〇メートルから三二メートルの地点に中央の平坦部が広がっており、ここに大極殿院と太政官院が造営された。大極殿は宮城の中心であり、朝政や国家的儀礼のときに天皇が出御する建物である。[19] 大極殿を閉鎖的に囲む大極殿院回廊の南面に大極殿院閤門《こうもん》が建てられ、太政官院と対峙する。太政官院は、大極殿院に出御する天皇の前で官人たちが朝礼・執務を行う朝廷のことで、朝堂が建ち並ぶ朝堂院あるいは八省院と後に称された施設である。ただ、平城宮や平安宮では朝堂は左右に六堂ずつの一二堂が配されているが、長岡宮では八堂しか存在せず、規模も平安宮に比べると東西幅で約八割、南北幅にいたっては六割強ほどの大きさしかない（**図3**）。

ここで注目されているのが、長岡宮と後期難波宮との関係である。長岡宮の大極

（18） 大阪市の上町台地上で発見されている中軸線を揃えた二時期の宮城遺跡のうち、上層の遺構群を後期難波宮と称している。聖武天皇が七二六年（神亀三）に藤原宇合《うまかい》を知造難波宮事に任命して造営し始め、七三八年（天平一〇）ころまで造難波宮司のもとで造営が続けられたようである。天平一六年二月には皇都となるが、すぐに紫香楽宮へ遷された。ちなみに、下層の前期難波宮は、孝徳天皇が乙巳の変後に造営した難波長柄豊碕宮と考えられている。

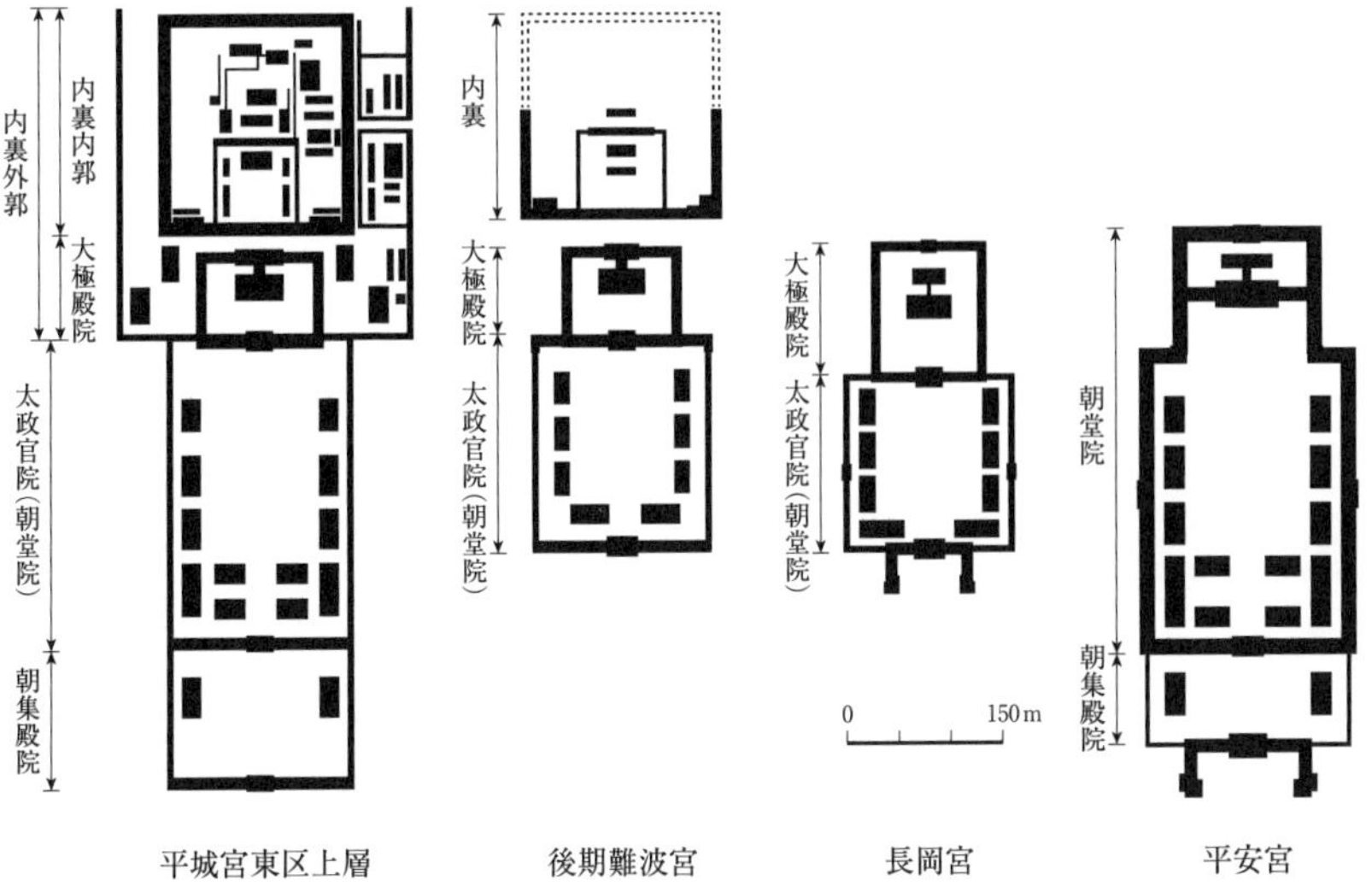


**図3** 奈良時代以降の官殿中枢部比較図

殿・太政官院周辺で出土する軒先瓦はほとんどが後期難波宮の瓦であり、長岡宮の大極殿院と太政官院は難波宮を解体・移築した可能性が指摘されてきた[小林、一九七五]。構造的にも後期難波宮の朝堂は八堂形式であることが発掘調査で明らかとなり、大極殿院と太政官院の東西幅もほぼ同じであることから、長岡宮は難波宮から宮殿中枢部を移建したことがほぼ確実となっている。ただ、長岡宮では大極殿後殿が大極殿院北回廊から独立し、新たに大極

(19) 長岡宮大極殿跡(写真所蔵=京都大学考古学研究室、向日市埋蔵文化財センター『桓武天皇の王宮』二〇一三年より転載)

殿院後門が造営されたために、大極殿院の南北幅が長くなり、太政官院は逆に難波宮より縮小している。これは、長岡宮が丘陵の上に計画されたため宮殿中枢部の空間が狭く、大極殿院・太政官院の南北幅を十分とることができなかったためであろう。現状の地形でも把握できるが、長岡宮の大極殿院の北側には深い谷が東から入り込んでおり、中枢建物群を展開することができない地形となっている。本来、大極殿院は北に位置する内裏外郭に包括される空間であり、大極殿院閤門は内裏外郭の南門の性格をもっている。つまり、大極殿は内裏の中の天皇の公的空間として意識され、官人の空間である太政官院と対峙しているのだ。

ところが、長岡宮では大極殿院の北側に谷が入り込み内裏を造営することができない地形であり、最初の内裏は先述した「西宮」空間に造営され、大極殿院と内裏は独立する結果となった。そのため、大極殿院に北から入る門が必要となり、大極殿後殿が北回廊から独立した構造に変化し大極殿院の南北幅は広くなったのだ。また、太政官院の南面も丘陵南端部に谷が入っており、谷を造成して宮城南面を整えていることが判明している[國下、二〇一三a]。丘陵上の安定地盤に大極殿院と太政官院を造営しているが、大極殿院が南北に広く占地するため、これを受けて太政官院は南北幅を狭くし、難波宮の空間をそのまま丘陵の上に再現するとともに、縮小した太政官院の威厳を保つように門闕《もんけつ》建物を敷設したのである。

長岡宮遷都は、先述のように、延暦三年に造長岡宮使が任命されてから五カ月で遷都を行い、半年後の翌年正月には大極殿で朝賀の儀を行うという異例な速さで進められた。平城宮で遷都後に大極殿での朝賀が行われたのは、七一五年(和銅八)正月と五年近く経ってからであった。桓武天皇にとって反対勢力を押さえ、長岡宮遷都を名実ともに認めさせるためには、一刻でも早く遷都を行い大極殿で朝賀の儀を行う必要があったのだ。遷都を実現するためには天皇の御在所である内裏の存在が大前提であり、朝賀の儀には大極殿の完成が不可欠である。そのため、難波宮の内裏と大極殿院・太政官院の建物群の解体と、淀川水系を利用した移築が早い段階から計画されていたのであり、延暦二年三月の和気清麻呂の摂津職大夫への就任も、遷都計画の中で難波宮を解体するための一連の任官だったといえる。

ただ、丘陵の上に造営された長岡宮では、地形的制約から様々な変更が余儀なくされている。内裏「西宮」を大極殿院建設地の北側ではなく、西側に造営せねばならなかったため、それを受けて大極殿院・太政官院の構造を改変する必要が生じ、結果的に大極殿の意義が大きく変化せざるを得なくなったのである。最初の朝賀の儀が行われた延暦四年正月に、初めて兵衛《ひょうえ》による叫閤《きょうこん》の儀が停止された。叫閤の儀とは内裏閤門から中に入る官人が門外から女官に取り付いでもらう作法である[吉川、一九九九]。この叫閤の儀の停止は、大極殿院が内裏とは異なる空間であると意識されていたことを示しており、大極殿院および太政官院が国家的儀礼の場へと転換する契機となったのは間違いないであろう。広くなった大極殿院の南庭には、朝賀の儀に設置された東西に並ぶ七本の宝幢《ほうどう》(20)の跡が発見されているが、長岡宮の大極殿院の拡大には壮麗な儀礼空間の創出という側面もあったのである。

さらに、官人の政務空間として認識されていた太政官院は、大極殿院の造営から遅れて七八六年(延暦五)七月に完成し、百官が初めて朝座に就くこととなった。そして、長岡宮においては、太政官院は大極殿に出御する天皇の前で行われる国家的儀礼空間としての役割が重視されるようになり、太政官院から朝堂院へと改称される〔飯田、二〇〇三〕。朝堂院の名称は、延暦一　年一一月に陸奥の夷俘《いふ》(蝦夷)を朝堂院で饗《きょう》したのが史料上の初見であるが(『類聚国史』巻一九〇)、同じ年の一〇月二七日の宣旨によって五位以上の官人の内裏での上日《じょうじつ》(律令官人の出仕日数)が認められている(『類聚符宣抄《ふせんしょう》』巻一〇)。長岡宮の内裏は「西宮」から「東宮」に移されているが、「朝堂院」から分離した「東宮」において内裏上日が正式に認められ、内裏への侍候《じこう》(出仕し勤めること)が進んでいく〔古瀬、　九八四〕。大極殿院および太政官院は、内裏と分離することで政務・侍候の空間から国家的儀礼空間としての性格を強めていき、「朝堂院」という新たな呼称が成立していったのである。ちなみに、内裏侍候への傾向は、造営当初の「西宮」と大極殿院との構造的関係を考えると、遡

(20) 儀式を荘厳するための旗をかざした柱。中央に烏形幢《うけいのはた》と日像幢《じっしょう》・月《げっ》像《しょう》幢を立て、その左右に青竜・朱雀・白虎・玄武の四神の幡《はた》を立てた。

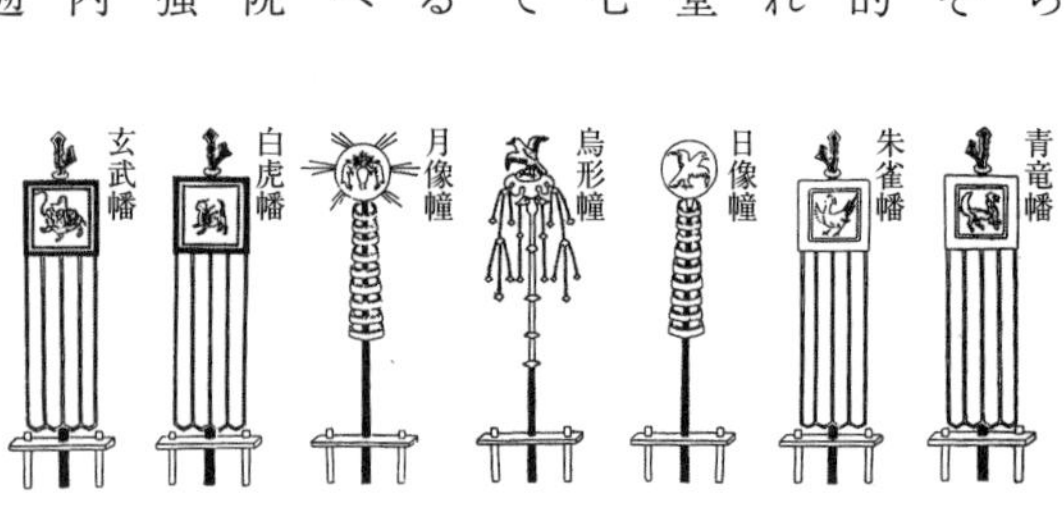

って長岡宮遷都の段階からすでに強まっていた可能性が高いが、それが延暦一一年一〇月の段階で正式に認められていることに注目しておきたい。

『文安御即位調度図』の宝幢図(『群書類従』第五輯より)

### 「東宮」の構造と遷御の謎

長岡宮は桓武天皇が新王統の理想の宮城として構想し、南に眺望が広がる向日丘陵の上を造成しながら造営が始められた。ところが、狭い丘陵上に立地するため、様々な問題が他にも明らかになってくる。

大極殿院・太政官院の東側は比高差一〇メートル近い急斜面となっており、その下に東の平坦面が造成されている(**図2**参照)。この平坦面上で、桓武天皇が「西宮」から遷御した「東宮」の遺構が発見されている(**図4**)。築地回廊で囲まれた約一六〇メートル四方の内裏内郭の遺構で、中央南寄りには正殿と考えられる大型掘立柱建物が配置される。この建物は桁行の柱間が九間、梁行の柱間が三間の身舎《もや》(建物の主となる中央の間)で、四隅を欠いた廂が四面に取り付いており、平安宮内裏の紫《し》宸殿《しんでん》と同じ構造をもつ(21)。

この正殿建物の南庭は、正殿南廂から南回廊までの距離が約四四メートルで、正殿の南東で北廂をもつ脇殿相当の東西棟の掘立柱建物を検出した。また、正殿の東ではこの建物の北側に南北建物が入る空間が認められることから、内裏正殿に脇殿

(21) 長岡宮「東宮」正殿跡(写真所蔵＝京都大学考古学研究室、注19前掲『桓武天皇の王宮』より転載)

がロの字状に配された構造となっていたと推定されている。南庭の広さは、桓武朝と考えられている平城宮第Ⅵ期の南庭よりも若干広いが、脇殿を二棟もつことで長岡宮の南庭は空間的に狭く感じられる。後の平安宮内裏の南庭は約六六メートルで、東西両脇殿も南北棟が二棟ずつと非常に空間が広くとられているのと対照的である[向日市教育委員会・向日市埋蔵文化財センター、二〇一〇]。

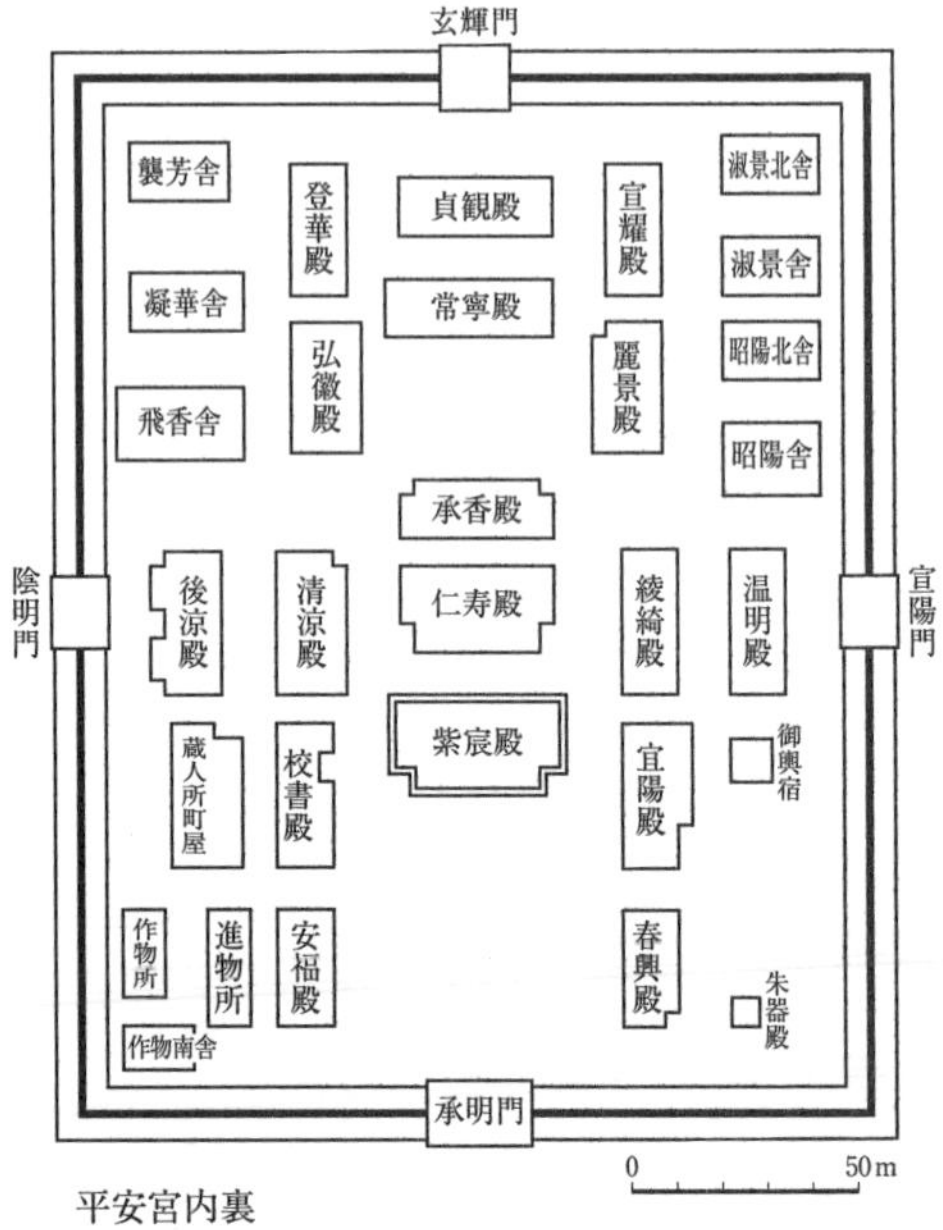


平安宮内裏

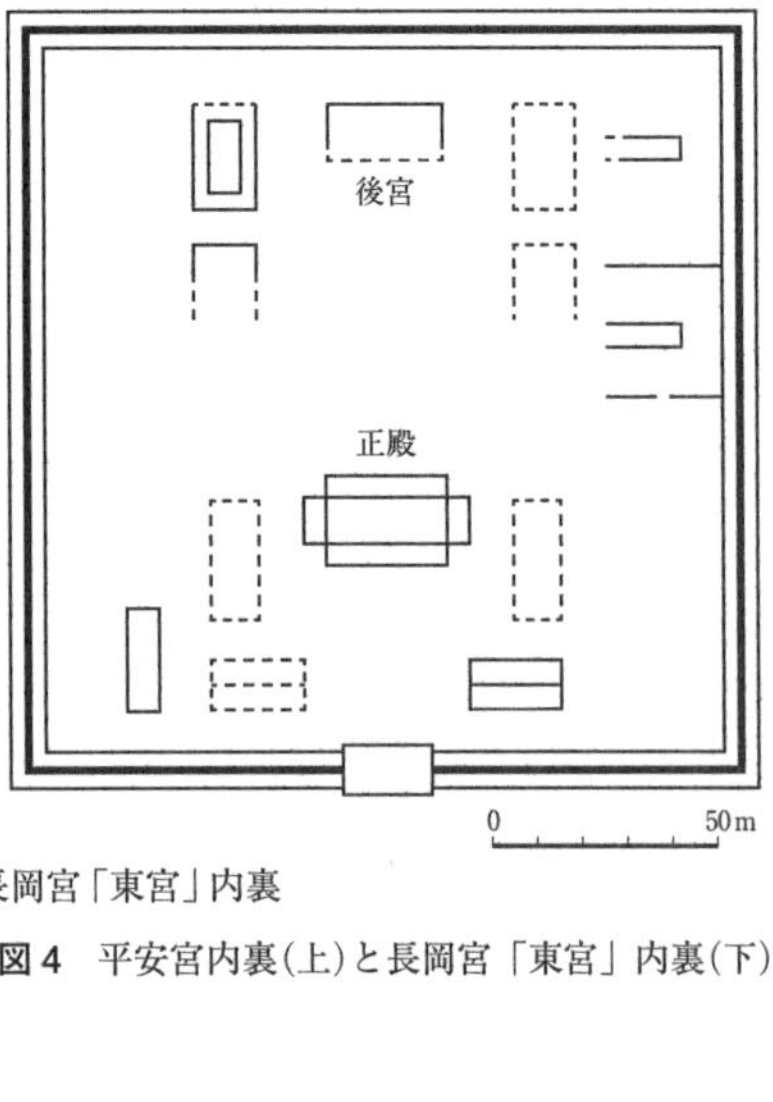


長岡宮「東宮」内裏

**図4**　平安宮内裏(上)と長岡宮「東宮」内裏(下)

この東西棟脇殿の基壇外周に並べられた凝灰岩《ぎょうかいがん》の抜き取り穴の中から、飛鳥時代から奈良時代にかけての多種多様な甲冑《かっちゅう》の小札《こざね》が(22)出土しており、遷都にあたって平安宮へ建物が移築されるとき、儀礼として意図的に解体された甲冑の小札が埋納された可能性が高いという。平安宮では内裏南庭に面する東脇殿は北の「宜陽殿《ぎようでん》」と南の「春興殿《しゅんこうでん》」があり、これら脇殿は累代の御物《ぎょぶつ》を納める収納庫で、とくに「春興殿」には多くの甲冑が納められていた[吉田、二〇〇二]。つまり、長岡宮の東西棟脇殿も小札の存在から累代の甲冑を納めた殿舎である可能性が高く、それが平安宮の「春興殿」に引き継がれていったのである。

そして、内裏北半には桓武天皇が改修した平城宮内裏の構造を引き継いで、皇后宮空間とともに後宮施設が整えられたようである。発掘調査があまり進んでいないが、平安宮の「貞観殿《じょうがんでん》」「登華殿《とうかでん》」「弘徽殿《こきでん》」に相当する皇后宮の中心建物とともに、「淑景舎《しげいしゃ》」あるいは「昭陽舎《しょうようしゃ》」に相当する後宮関係建物が発見されており、平安宮内裏における空間構成が長岡宮「東宮」でほぼ成立していたことが判明している[橋本、一九九五a]。つまり、延暦八年の「西宮」から「東宮」への遷御によって、朝堂院と東(平安宮では北東)に分離した内裏中枢部の構成が確立したといえる。それとともに、長岡宮では内郭南地区を区切る廊や塀が確認されておらず、平安宮と同様に内裏空間を建物群の配置で分けていく画期ともなったのである。

(22) 甲冑を構成する小さな金属板。

では、桓武天皇は遷都五年目でなぜ高所で立地条件の良い「西宮」から、宮城中枢部では最も低い位置にある「東宮」に移らなければならなかったのであろうか。向日丘陵を西から雛段のように造成しながら宮城を造営していった長岡宮では、「東宮」の平坦面が最後の造成場所となるわりだが、長岡宮の造営計画において、最初から太政官院(朝堂院)の東西に内裏を配置する計画だったかどうかについては、筆者は疑問視している。現状でのプランをみると、「西宮」の西回廊から太政官院の中軸までの距離と、「東宮」の東回廊から太政官院の中軸までの距離が近似しており、回廊北面もほぼ東西にそろっていることから、二つの内裏が同一計画による割り付けによって造営されているのは間違いないであろう。しかし、二つの内裏を当初から併存させるという造営計画が、何を意図しているかが不明なのである。

奈良時代の恭仁宮あるいは淳仁朝の大改作後における平城宮では、天皇の内裏と太上天皇宮が併存していた。平安宮においても桓武天皇が譲位した後の太上天皇宮の予定地として宴の松原の空間が確保されているという視点から、長岡宮では当初から「東宮」を内裏として造営する計画で、後に太上天皇宮として「西宮」の場所を確保したという説がある[橋本、二〇〇九]。また、仮の性格を帯びた内裏として最初に「西宮」を造営し、後に本格的な内裏である「東宮」を新造し政務・儀式空間の充実を図ったとする考えも提示されている[國下、二〇一三d]。筆者としては、やはり慌ただしい遷都の事情と、地形的制約によって引き起こされた問題点の一つとして、この二つの内裏をみてみたいのである。

まず、「西宮」の造営であるが、先に述べたように長岡宮遷都が急いで断行された遷都であったために、大極殿院・太政官院と同様に難波宮から解体・移築されたのはほぼ間違いないであろう。この時に問題にすべきことは、難波宮の内裏が聖武天皇の副都としての構造をもっていたことである。また、「西宮」の空間としては難波宮の内裏をそのまま移すには狭く、難波宮の内裏の東西幅が約一八〇メートルなのに対し、「西宮」は一説では約一四五メートル四方の空間に復元されている。難波宮内裏内の複廊と掘立柱塀で囲まれた南区画は、正殿の前に前殿を配置する古代宮城でも特異な建物配置で（**図3**参照）、現状では脇殿相当の大規模南北建物は発見されていない(23)［難波宮址顕彰会・大阪市立大学難波宮址研究会、一九七〇］。また、難波宮の北区画については複廊の北側に東西建物が存在することがわかっているだけだが、聖武天皇から孝謙天皇にかけて使用された内裏であり、建物構成が光仁朝以降の皇后宮を内裏内に包括するような構造にはなっていなかったであろう。長岡宮の「西宮」がどのような建物構成になっているのか、今後の発掘調査で明らかになっていくだろうが、少なくとも難波宮から移築した内裏建物群の構成に何らかの問題があったことが想定できる。

（23）後期難波宮の内裏正殿の東に南北棟の掘立柱建物が二棟検出されているが、柱掘形が一辺〇・六メートル、柱間も約二メートルと建物規模が非常に小さく、調査所見では宜陽殿や春興殿に相当する脇殿には比定できないとする。

このように、遷都直後の内裏「西宮」は立地としては丘陵上で最も良好な場所に造営されているのだが、難波宮の内裏を解体・移築したために空間構成として大きな欠陥を多くもっていた可能性が高い。その問題を解決するために、造成の最も遅れた東の平坦面に「東宮」を新たに造営し、内郭南地区の正殿に累代の御物を納めた脇殿を揃えることで内裏の威儀を整えるとともに、平城宮から継承してきた内郭北地区の皇后宮と後宮の整備を実現させたのである。その造営は、大極殿院―太政官院の中軸を基準とする当初の造営基準線に則って計画的に進められたため、結果的に二つの内裏が東西対称に配置される結果となったのであろう。

なお、「東宮」に遷御した後の「西宮」は改修をうけて儀礼・饗宴空間に特化され、天皇の私的空間としての性格が強い「東宮」と機能分化していったと考えている。それを示すのが「西宮」の周辺で発見されている礎石建物や、長岡宮造営の中では新しい段階で多用される平城宮式軒瓦である。高所に立地する「西宮」空間は国家的饗宴の場に相応しく、その機能は平安宮では豊楽院《ぶらくいん》へ継承されていったのではないだろうか。これら長岡宮中枢部の最終的な構成要素が、平安宮において中心に位置する朝堂院、北東に独立した内裏、朝堂院の西に隣接した豊楽院という基本プランを創出させたと考えられるのである(後出、**図7**参照)。

## 長岡宮の四至と官衙の配置

以上のように、発掘調査で明らかになってきた長岡宮の構造は、全体計画が当初からしっかりと固められて造営されたとは考えにくい状況を呈している。そして、それは宮城の範囲が明確に現れてこない事実からもうかがうことができる。たとえば、平城京や平安京では、宮城の南面には朱雀門に面して、京内で最も幅広い二条大路と呼ばれる東西道路が通っている。この道路は朱雀大路に次ぐ広さを持っており、一般の道路とは異なり宮城南面での儀礼空間としての役割を果たしていた。ところが、長岡京左京の調査で発見された京内で最も幅広い二条大路相当の東西道路は、太政官院のすぐ南に接するような位置で発見されている(**図2**参照)。宮城のすぐ南にこの道路が造営されていたのであれば、太政官院南門が宮城南門である朱雀門の機能をも兼ねていたことになるが、実際には太政官院南門には複廊が取り付くだけでなく、中軸から約四〇メートルの地点で複廊は南へ折れて、南端に楼閣が建てられていたことが判明している。また、この楼閣の西南には太政官院の朝堂と柱筋を揃えるように、朝集殿《ちょうしゅうでん》(24)と推定される南北棟礎石建物が建立されており、この場所が宮城内の空間であったことがうかがえる。

さらに、太政官院の西方やや南寄りでは、二条大路相当の東西道路延長線上で南北棟の八脚門と考えられる遺構が発見されている。太政官院南面複廊から西へ延び

(24) 太政官院(朝堂院)の南に建てられた殿舎で、朝参した官人たちが太政官院南門の開門までここで待機し、威儀を整えた。

る築地が、太政官院中軸より約一八〇メートルの地点で直角に南へ折れ曲がり、この門遺構に接続してさらに南へ築地跡が延び、太政官院南面から約一八〇メートルで築地は東へ曲がって南面築地となっているようである。また、太政官院中軸を東へ折り返した地点にも宮城大垣に匹敵する南北築地が存在しており、この築地の東側には約二メートルの段差が認められる[25]。宮城南面は向日丘陵の先端部に位置しており、平安宮とは異なり長岡宮南辺は直線的ではなく、中心部が南へ突出した逆凸字形を呈していたと考えられる。そして、二条大路相当の道路が宮城南面を通るのではなく、宮城によって寸断される特異な構造を持っていたのである。

では、宮城南面はどこになるのか。二条大路相当の東西道路より南になるのは確実であり、大路を宮城南限とする通例から考えると現呼称の三条大路になる可能性が高くなる。平安遷都後であるが、七九五年(延暦一四)正月の太政官符によれば長岡左京三条一坊八町・九町・一五町・一六町、二坊三町・四町・六町の合わせて七町が勅旨所の藍圃《あいのはたけ》に、三条一坊一〇町が近衛蓮池《このえのはすいけ》に下賜されている(『類聚三代格』巻一五)。この平安遷都直後の二司への旧京地の下賜は、平安宮の造営・遷都を水面下で支えた内廷官司《ないていかんし》への恩賜と考えているが[網、二〇一一b]、現呼称では宮城南東部の向日丘陵斜面の高台付近となり、近衛蓮池の適所が見当たらない。むしろ、現呼称の三条大路を二条大路に考えなおすと、近衛蓮池の比定地は平安遷都直後に

(25) 長岡宮太政官院(朝堂院)南地区の東築地跡(写真提供＝向日市教育委員会)

内廷官司が関与した施設として想定されている中福知《なかふくち》遺跡周辺となり、流路状遺構の存在からも蓮池の所在地としてふさわしくなる[古閑、二〇〇四]。

長岡京の京内離宮として「南園」がみえるが、そこでは宴とともに禊《みそぎ》(身の穢れを洗い清めること)も行われており(『類聚国史』巻七三)、苑池の存在を示唆している。おそらく、中福知遺跡周辺に所在した「南園」の機能は、平安京では同位置に所在する「神泉苑《しんせんえん》」として継承され[吉野、二〇〇五]、「南園」の苑池跡が近衛府に下賜されたのであろう。つまり、現呼称の三条大路は二条大路と呼ばれた条路だったのである。現三条大路と朱雀大路の交差点は向日丘陵の南端部であり、ここから北へ丘陵が上がって宮城中枢部へ向かう絶好の場所といえる。調査では三条大路より北で朱雀大路の側溝が確認されていることから、官衙《かんが》群が朱雀大路の両側に配置されていたのかもしれない。ただ、現呼称の三条大路が二条大路だったとしても道幅は一般的な大路と同じであり、宮城南面大路としては空間的にあまりに狭くなってしまうのも事実である。また、三条大路に面した朱雀門推定地を発掘調査したが、門遺構の存在はまったく認められなかった。宮城空間が現三条大路までと認識されていたとしても、実際の宮城南限がどのような構造になっていたのか不明といわざるをえない。

宮城の四至の曖昧さは他の面でも指摘できる。宮城北辺に関しては、北京極大路と想定されていた東西路が小路幅であり、北一条大路を北京極大路と想定しても北面中門想定地で宮城北面に関わる遺構を発見できなかった。最近では、大極殿院北側の谷を挟んだ尾根筋に想定される一条大路を宮城北限と想定する説が有力となっているが、向日丘陵の東斜面に沿って宮城・官衙関係の遺構が発見されており、北面大垣も南面と同様に直線的に造営されていたのか疑問である。宮城東面についても、東一坊大路と一条条間大路の交差点西側で地盤改良の痕跡を確認しており、宮城門跡の可能性が指摘されているが、東一坊大路の西側溝の幅が一般の条坊路と同じであり、宮城隍《こう》(宮城をめぐる堀)の存在を示すものではない。さらに、宮城西面は先述したように小畑川が形成した段丘崖であり、このような場所に直線的な宮城大垣を造営することは不可能である。つまり、宮城の空間として現呼称の三条大路を南限として東西八町、南北は八町あるいは一〇町、一二町の方形プランが想定されているが、実態としては向日丘陵の地形に応じて宮城が造営され、宮城を中心に分散的に官衙を配置したと考えるのが最も自然なのである。

**京域設定の実態**

長岡宮は向日丘陵に規制されて、かなり無理な構造をとらざるをえない状況であったが、造営計画としては宮城空間の確保も視野に入れて京域の条坊施工が当初から予定されていた。太政官院の中軸は朱雀大路の中軸にそろえて造営されており、宮城空間も実際の形状は別にして条坊の中に位置づけられていたのは間違いないであろう。しかし、京域全体の整合的な造営計画がしっかりと固められていたかどうかについても、現状ではやはり疑問視せざるをえない。

長岡京域の発掘調査によって京内各地で条坊遺構が発見されているのは事実であり、これらの条坊関連遺構の解析から長岡京のマスタープランの復元がさまざまなかたちで行われてきた(巻末三一三頁、**資料5**参照)。当初は平安京と同じ設計で京域が造営されたと考えられていたが、西二坊大路の発見によって路面中心が宮城の中軸から三六〇〇尺であることが明らかとなり、平城京と同じく方形の地割計画線から一定の道路幅を割り振る分割原理で条坊路が施工されたと考えられるようになった[京都府教育委員会、一九八〇]。ただ、平城京型条坊で復元されつつも、条坊計画線に合致しない条坊路も多く見受けられたため、長岡京条坊を再度平安京と同じ集積地割条坊[26]として捉え直す復元案が提起された。長岡京は基本的には四〇〇尺四方の集積地割条坊だが、「宮城南面街区」と「宮城東西面街区」は幅三五〇小尺(一部三七五小尺)に統一して、他の地域から規模・規格を異にすることで特別地域と認識するとともに、一般宅地面積の不均一性を解消したと考えたのである[山中、一九九七]。

(26) 京の条坊街区の造営方法として、平城京のように造営基準線から道路幅を割り振るのではなく、あらかじめ道路幅と街区の大きさを決めて順次敷設していったと考えられる条坊で、道路の心々距離が整数値にならない。一町の大きさが完全に統一されている平安京はこの方法で造営したと考えられてきたが、最近では平安京にも厳密な造営計画線が想定でき、この計画線から規則的に道路を割り振ることで規格性の高い京域設定が可能となることが判明しつつある。

その後も、多くの研究者が長岡京の構成原理について詳細な検討を加えてきたが、いまだに統一した見解が得られないのが事実である。近年では発掘調査で検出した条坊遺構の実態により近い設計理念の長岡京モデルが提示されているが［國下、二〇一三c］、宮城設計だけをみても空間設定に統一的な基準の長さが見いだせない。都城造営は広大な土地を測量するので、造営計画線の縄張りは一〇尺＝一丈（約三メートル）単位で行ったと考えられるが、実際に発見した条坊遺構から厳密に造営原理を復元しようとすればするほど、丈単位の整数値での基準の長さを得ることができなくなるという矛盾が生じているのである。長岡京ができる限り均等な宅地割りを設計理念の中で目指したとしても、造営基準の長さが施工地域によって異なってくれば、実際の工事現場で混乱をきたしてしまうのは避けられないであろう。平安遷都においては面積の均等な宅地割りの設計に成功しているが、長岡京では水面下で計画をたて遷都を急いで行ったために、全体設計が固まる前に条坊の造営を始めなければならなかった。その結果、目指す理念はあったとしても造営計画の不完全さから、造営基準として統一した条坊計画線が遺構から見えてこなくなってしまったと考えるのが自然だと思う。

とくに、長岡京は遷都の特殊事情から向日丘陵上に宮城空間を計画するところから始まり、長岡宮の造営基準線に合わせて京域の条坊設計を外に向かって開放的に行っていったと考えられる〔網、二〇一一c〕。同様な都城造営は、奈良時代において恭仁京や難波京でも行っている。たとえば、恭仁京は木津川や鹿背《かせ》山などで京域が分断されており(巻末三一二頁、**資料4**参照)、宮城と一体として都城計画が作られたのではなく、宮城の位置が最初に決まり、それに合わせて京の条坊を施工していった。難波宮も難波長柄豊碕宮《ながらとよさきのみや》(前期難波宮)が聖武朝の難波宮の位置を規定し、さらに京域は上町台地の施工可能な範囲に条坊が造られたと想定できる。恭仁京も難波京も宅地班給を行っていることから京域に条坊が施工されたことは間違いないが、実際には宮城設計と条坊施工が一体となって進められたわけではないのである。

長岡京も宮城が所在する向日丘陵を中心に、同心円状に条坊街区が設定されていったと考えており、従来の北京極大路が小路幅で検出され、北京極大路のさらに北側でも条坊遺構が次々と確認されるのも、そのように考えれば理解しやすくなる。そして、四条以南では都城の経済的基盤である東西市をいち早く設置しなければならないため、宮城周辺とは別に条坊基準点が移され、市周辺でも早い段階から条坊施工が行われたのであろう。実際に、長岡京右京六条二坊では、「市」と書かれた墨書土器が出土している(巻末三一三頁、**資料5**参照)。長岡京は計画的条坊を伴うが、宮城の造営がまず先行して行われ、その京域にできるだけ計画的条坊を施工しようとした特殊な都城であった。その結果、宮城の構造を含めて、様々な矛盾が造営過程の中で生じたと想定できるのである［網、二〇〇九］。

## 3　長岡京廃都と新京遷都計画

### 長岡京廃都の真相

これまで見てきたように、長岡京は造営計画に様々な矛盾が生じており、宮城や京域の造営工事は各所で難航していた状況が発掘調査成果からうかがえる。その一端は『続日本紀』においても、先の七八八年（延暦七）九月の詔で「宮室《きゅうしつ》いまだ就《な》らぬに、興作《こうさく》やや多し*」という状況が述べられており、和気清麻呂の薨伝《こうでん》にも「長岡新都、十載経《じゅうさいへ》るにいまだ功《こう》ならず、費《ついえ》あげて計《かぞ》うべからず*」と記されている（『日本後紀』延暦一八年二月条）。さらに、清麻呂の薨伝には続けて、桓武天皇に奏上して遊猟を口実に葛野《かどの》の地勢を調査し遷都に及んだことを述べており、進捗しない長岡宮造営の廃止とともに新京造営の計画が進められたことを示唆している。

長岡京が一〇年で廃都となり平安京へ遷都した理由として、造営遅延説・怨霊畏怖説・自然災害説・都市機能未整備説などが以前より提唱されているが、この中でも有力視されているのが、怨霊畏怖説と自然災害説である。

怨霊畏怖説で古くから注目されているのが、延暦一一年六月に皇太子の安殿《あて》親王

＊（大意）宮殿もまだできていない状態で、造営工事が多く残されている。

＊（大意）新しい長岡の都は、一〇年経ってもまだ完成せず、かかった費用は計上できないくらいだ。

が病気になったため、占ったところ早良親王の祟りと判断され、その霊を鎮めていることである。早良親王は、延暦四年九月に造長岡宮使の藤原種継が暗殺された事件の首謀者として嫌疑がかけられ、皇太子の地位を廃されて淡路へ流罪となった。早良親王は無実を訴えて自ら食を断ち淡路への輸送中に餓死したとされるが、その死因については意図的に飲食を与えられなかったことによるとの説もある。つまり、非業の死を遂げた早良親王の祟りを恐れた桓武天皇が、怨霊を避けるために長岡京廃都を決断したというのである〔喜田、一九一五／村井、一九七〇〕。

これ以前においても、夫人の藤原旅子《たびこ》（延暦七年五月）、皇太后の高野新笠（延暦八年一二月）、皇后の藤原乙牟漏（延暦九年閏三月）と、桓武天皇の近親の女性たちが長岡京において次々と崩御している。藤原乙牟漏の崩御の際には、早良親王墓(27)に守冢《しゅちょう》（墓を管理する人）を置いて随近郡司に鎮撫させており、これら度重なる不幸も早良親王の祟りであるという認識があったことが知れる。このたびの安殿親王の病が、鎮撫していたはずの早良親王の祟りと判断されたことについて、桓武天皇は大きな精神的ダメージを受けたと考えられる。

しかし、早良親王の祟りが近親女性たちの崩御や安殿親王の病を引き起こしたと考えても、造営途上の長岡京そのものを祟られた都と判断したとは考えられない。なぜなら、早良親王の霊を鎮撫するにあたっては、長岡京を浄化するのではなく常

(27) 早良親王は淡路へ配流される途中で絶命したが、屍はそのまま淡路に運ばれ葬られた。早良親王の祟りを恐れた桓武天皇は、崩御する前年五月に早良親王（崇道《すどう》天皇）の山陵を大和国添上郡の八嶋陵に移している。現在、早良親王の旧墓伝承地は淡路市仁井《にい》に、「天王の森」として残されている。

に淡路の早良親王墓が浄化の対象であり、安殿親王の病に対しても早良親王墓の周囲に隍を設けて穢れなきように警護することで祟りの鎮静化に努めている。祟りに対する同様な処置は、桓武天皇の皇太子時代にも行っており、七七七年(宝亀八)一二月に山部親王が重病に倒れたとき、井上内親王墓を「御墓」とし、やはり守冢を置いて鎮撫している(『続日本紀』宝亀八年一二月条)。井上内親王は山部親王に祟りを引き起こしこそすれ、平城京を祟るわけではないのである。

祟りは対象が個人であっても複数人であっても人に憑くものであり、祟りを引き起こす霊を鎮めない限り場所を変えても祟りからは逃れられない。それは、桓武天皇が平安京に遷都した後も、ことあるごとに早良親王の怨霊に苦しめられ、八〇〇年(延暦一九)には早良親王を崇道天皇と追称し、井上内親王を皇后に復して、その墓を山陵としたことからもわかる(『日本紀略』延暦一九年七月条)。

また、安殿親王の病の直後、台風によると思われる大雨が引き続いて起こり、式部省の南門が倒れるなど宮城内に大きな被害が出るとともに、京域でも甚大な水害に見舞われる事態となった。長岡宮は丘陵上に立地するが、左京域(京の東半分)は桂川右岸の低湿地が広がっており、洪水による被害を拡大させたと考えられる。このような水害に弱い立地条件を、平安京遷都の原因とみなす考えが自然災害説である[林、一九七二]。しかし、これほど甚大な水害が起こったのは延暦一一年だけであり、長岡京が恒常的に水害にあっていたわけではない。何よりも、遷都した新京である平安京も鴨川や葛野川の洪水に悩まされる都だった。もしも、長岡京が構造的に優れた都であったならば、水害で一度大きな被害にあったとしても都の復興を考えるのが通常である。しかし、実際には水害から五カ月後の延暦一二年正月には遷都が公表されているのだ。

つまり、延暦一一年の安殿親王の病を引き起こした早良親王の怨霊、あるいは初秋の大規模な水害は、長岡京廃都への思いに大きな影響を与えたのは事実であろうが、廃都を決定する直接的原因になったとは考えられないのである。むしろ、これらの事件によって廃都が決定されたとするならば、延暦一二年の新京遷都の公表まで半年しかなく、新京の造営計画をたてる時間がまったくなくなってしまう。平安京は後述するように、造営計画が非常に精密・正確に練られていることを考えると、長岡京廃都そして新京の造営計画はもっと前から進められていたとみるのが妥当であろう。長岡京廃都の直接的原因は怨霊への畏怖でも水害でもなく、理想の都として完成させることができない構造的な欠陥にあった。

宮城では、おそらく「西宮」の建物構成の問題から、新たに南庭空間や後宮を完備した「東宮」へ遷御するが、天皇の御在所である内裏が宮城で最も低い位置に立地するという結果になってしまった。そのため、大雨になれば雨水がすべて「東宮」に流れ込むことになり、「東宮」の内郭築地回廊の西側や南側溝では排水にかなり苦慮していた状況がうかがえる。そして、何よりも天皇の御在所が見下ろされる立地そのものが王宮として許されるものではなかったであろう。

また、難波宮の建物を移築した規模の小さな大極殿と太政官院は、新しい国家的儀礼空間として桓武天皇にとって満足できるものではなかったと考えられる。そもそも難波宮は、天武天皇系の皇統譜の中心ともいえる聖武天皇が造営した副都である。難波宮からそのまま移築してきた大極殿と太政官院は、新王統の宮城の中心施設としてはまったく相応しくないものであり、ここに長岡京廃都の理由の一端が見え隠れする。新たな儀礼空間である太政官院は規模を大きく変えて、平安宮へ引き継がれなければならなかったのである[28]。

その他、宮城の四至が確定しないことや宮城南面大路の問題、条坊に統一的な町を形成しようとしたが施工できなかったことなど、長岡京造営プランが内在しても っていた構造的欠陥が造営を進めるにつれて次々と表出し始める。桓武天皇が山背遷都を敢行するにあたり、なぜ長岡京造営を廃止し、一〇年で平安遷都を行ったか、さまざまな意見が出されている。長岡宮の構造が中国王朝の都城を意識した独自で完成されたものと考える立場からは、長岡京廃都の理由は都城の内的要因ではなく、早良親王の怨霊や自然災害など外的要因に求めざるをえない。しかし、筆者は長岡

(28) 長岡宮との構造的な違いとして、平安宮では内裏が北東に分離し大極殿院閤門が内裏外郭正門としての意味をなさなくなったため、大極殿と朝堂を区切る施設は竜尾壇のみとなり、大極殿が朝堂院に包括されるようになる。図3参照。

宮が丘陵の上に造営されたという地形的な規制や、急がれた遷都ゆえに生じた造営計画の矛盾を重視する。

長岡京と平安京は距離的には非常に近接しており、平安京も鴨川および葛野川の自然災害を多くこうむる地形であった。土地の安定や怨霊の回避は、長岡京廃都の原因のひとつであっても決定的なものではない。長岡宮が内包する構造的矛盾を是正し、新王権にふさわしい完成された都城を目指したのが平安京の造営だったのだ[網、二〇一一d]。

## 平安京への遷都計画

七九三年(延暦一二)正月一五日、桓武天皇は藤原小黒麻呂らを葛野郡宇太村に遣わして遷都のための地勢を調査させた。そして、早くも同月二一日には、長岡宮を解体するために桓武天皇は長岡京東院に遷御している。地勢調査から長岡宮の解体開始まで一週間もかかっていない状況から判断して、この段階ではすでに新京の造営計画、少なくとも宮城の建物配置や設計が固まっていたことがわかる。なぜなら、長岡宮の建物を解体するにあたって、その部材を新宮のどこで再利用するか決めておかないと、新宮へ運んでも混乱をきたすだけになるからである。

その後、新京への遷都計画は順調に進んだようで、同年三月には新京の宮城を築かしめ、六月に諸国をして新宮諸門を造らせている。造営設計の中で宮城の四至も明確になっており、早い段階での宮城門の造営が可能だったのだ。そして、翌年の延暦一三年六月には諸国から五〇〇〇人の役夫を差し出させて新宮の掃除を行い、同年一〇月二二日に新京への遷都が実現したのである。

新京の造営は、宮城だけでなく京域の造営も併行して進められ、延暦一二年九月には早くも宅地班給が行われるほど条坊が整えられていた。遷都事業が具体的に進められた時点で、宮城の設計とともに京域条坊の設計もしっかりとできあがっていたからこそ、条坊施工が迅速に進められこのような早い段階での宅地班給となったのである。また、翌年七月には東西市を移しており、新京の経済機能が遷都前から整備されるほどであった。

新京造営は長岡京遷都の時とは異なり、延暦一二年正月の東院遷御から一年一〇カ月の時間をかけて行われている。宮城と京域ともに造営当初から精度の高い造営計画がたてられていたと考えられ、それがスムーズな遷都に繋がったと想定できるのである。遷都から二週間あまり後に出された遷都の詔では、山背国の呼称を山城国に改め、新京を「平安京」と号すこととなった。これまでの都がすべて地名を冠して呼ばれていたのに対し、桓武天皇の新京への強い思いを示すかのように、初めて吉祥名を冠する都城が生まれたのである。

ここで問題となるのは、平安新京への遷都計画はいつから始まったのかということである。長岡京の廃都の直接的原因が早良親王の怨霊への畏怖や延暦一一年初秋の水害ではないとなれば、それよりも遡ることは確実である。清麻呂の薨伝にあるように、遊猟にかこつけて地勢の調査を行っていたのであれば、延暦一一年正月から頻繁に各地への遊猟が行われるようになるのは示唆的である。とくに、最初に行われた正月二〇日の「登勒野《とろの》」[29]への遊猟は、葛野川に臨んで従臣たちに酒を賜っており、「登勒野」の場所は明確ではないが葛野地域への遊猟として注目できる（『類聚国史』巻三二）。同年五月一六日にも葛野川へ行幸し、右大臣藤原継縄《つぐただ》の別業《べつぎょう》（別邸）に立ち寄っているところをみると、同年の初めには新しい遷都地として葛野地域が有力候補となっていたのであろう。

さらに深読みすれば、延暦一一年の遊猟に伴う地勢調査より遡って、造営計画案が策定されていた可能性を指摘することができる。長岡京の造営計画の策定に失敗した桓武天皇は、あらかじめ統一的な条坊施工が可能となる都市設計図を作成し、その設計図どおりの都城造営が可能な場所を延暦一一年からの遊猟で確認していたのではないだろうか。七九一年（延暦一〇）九月に平城宮諸門を解体して長岡宮に運ばせているが、この時に各門の解体移築を担当した諸国と、『拾芥抄《しゅうがいしょう》』宮城部に記載された平安宮諸門を造営した国がほぼ一致しており[30]、筆者は新宮造営を想定して

(29) 登勒野の「登勒」（トロ）は水の流れがよどむ泥地を意味していると考えられ、筆者は後の平安京右京から桂川左岸域に広がる低湿地ではないかと想定している。

(30) 平城宮諸門を解体した諸国として、越前・丹波・但馬・播磨・美作・備前・阿波・伊予などが挙げられているが、平安宮では越前が美福《びふく》門、丹波が偉鑒《いかん》門、但馬が藻《そう》壁《へき》門、播磨が待賢《たいけん》門、備前が陽明《ようめい》門、阿波が談天《だんてん》門、伊予が郁芳《いくほう》門を担当しており、美作だけがみえない。

平城宮諸門を解体し長岡宮まで運んだ可能性が高いと考えている。

長岡宮に宮城諸門が本当に必要だったならば、遷都から七年近くも経ってまだ長岡宮に宮城門がなかったことになり、とても不自然である。逆に、新宮諸門は延暦一二年六月に早くも建設されている。つまり、平城宮諸門を解体した段階では、すでに新宮の造営計画案ができていたのであり、解体を担当させた諸国に新宮諸門を建ち上げさせる予定だったと想定すると、延暦一〇年九月までに新宮の造営計画が策定されていたことになる。

## 新京造営を演出する征夷と国史編纂

ここで目を転じて征夷の問題に触れておきたい。征夷の問題は、桓武天皇が皇太子となった翌年の七七四年(宝亀五)に、海道《かいどう》の蝦夷《えみし》が桃生城《ものうじょう》に侵攻したことに端を発し、宝亀一一年三月には伊治公呰麻呂《これはりのきみあざまろ》が反乱を起こし、伊治城で按察使《あぜち》(律令制下の地方行政監察官)の紀広純《きのひろずみ》を殺害するとともに多賀城《たがじょう》を陥れるという大事件へと発展した。この後、光仁天皇から譲位をうけた桓武天皇も征夷を継承したが、なかなか成果はあがらず膠着状態が続いていたようである。

そのような中で、桓武天皇は七八四年(延暦三)二月に大伴家持《おおとものやかもち》を持節征東将軍《じせつせいとうしょうぐん》に任命する。同年五月には長岡宮遷都が公式に決定されており、長岡宮遷都と並行して征夷が行われる事態となった。この征夷は大伴家持の死によって立ち消えとなったが、延暦八年の征夷では蝦夷の族長である阿弖流為《あてるい》の策にはまり、征東軍は大惨敗に終わってしまう。征東大使である紀古佐美《こさみ》は九月に陸奥から帰京し、敗戦についての厳しい喚問をうけることになる。時に長岡宮では「西宮」の構造的問題から「東宮」へ内裏を移しており、桓武天皇は造宮でも征夷でも成果をあげることができない状況となってしまったのである。

この征夷の大敗を取り戻すべく、周到な準備を重ねた第二次征夷では、征夷副使の坂上田村麻呂《さかのうえのたむらまろ》らの活躍によって、延暦一三年六月には蝦夷の制圧に成功する。征夷大将軍の大伴弟麻呂《おとまろ》からの戦勝の奏上と平安新京への遷都の詔は同日に行われており、桓武天皇はこれまで思うように進捗しなかった征夷と造都の成果を同時に宣言することで、自らの威厳を保つための劇的な演出に成功したという興味深い指摘もある[鈴木、二〇〇八]。

征夷と造都との関係をみると、『続日本紀』における長岡宮の造営に関する叙位は、延暦八年一一月に造宮大工の物部建麻呂《もののべのたてまろ》に外従五位下を与えたのが最後であり、これ以降は長岡宮の造営工事が積極的に進められた様子はうかがえない。先述のように、同年暮れには皇太后の高野新笠が亡くなるが、それに引き続き延暦九年閏三月には藤原乙牟漏が崩御するという予期せぬ事態が発生する。乙牟漏は「東宮」の皇后宮内で崩御したようで、桓武天皇は「東宮」から近衛府に移御しており、宮城の構造的欠陥に加えて度重なる身内の不幸は、桓武天皇の造宮の意志を新たな宮都へと促したにちがいない。第二次征夷の準備としては、延暦九年閏三月に東国諸国に革甲《かわよろい》二〇〇〇領《りょう》を造らせているが、造作期限を三年に限っていることから、延暦一二年以降に征夷を行う予定となっていたと推測される。乙牟漏の崩御以降も征夷の準備は淡々と進められており、桓武天皇が新王統の基軸として征夷の成果とともに、精緻な計画性をもった都の造営を目指していたのであれば、完成できない長岡京にかえて新京への遷都計画も、このころに動き出した可能性は十分にあろう。

　また、七九〇年(延暦九)一〇月二日には七八二年(天応二)四月に廃止されていた鋳銭司が唐突に再設置され、同月一七日には多治比真人乙安《たじひのまさとおとやす》を鋳銭長官《じゅぜんのかみ》に任じている。八世紀における銭貨鋳造が、造都事業など大規模な造営に駆り出された雇役《こえき》の丁《よぼろ》への功賃支払を目的としていたとする指摘があり[栄原、一九九三]、延暦一五年一一月に新鋳された「隆平永宝《りゅうへいえいほう》」も新京造営の財源になったとされる[鬼頭、二〇〇〇]。長岡京の造営当初には鋳銭司が廃止されており、造都の財源は「銭価すでに賤し」と評された旧銭とともに、諸国の正税などで役夫を賄う体制によって進めていたと考えられる。しかし、長岡京造営は思うように進捗せず、立地として不備のある新たな内裏では不幸が重なる事態となった。桓武天皇は長岡京造営に見切りをつけ新京の造営計画を進めていくが、鋳銭司の再設置はこれまで長岡京造営で費やした財源を補完し、新京造営の新たな財源として新銭を鋳造することを目的としたのではないだろうか。平城京遷都では、七〇八年（和銅元）二月の遷都の詔が出される二週間前に「催鋳銭司《さいじゅぜんし》」が置かれ、和同開珎《わどうかいちん》の鋳造の準備が進められたことも参考になろう。

さらに興味深いのは、『続日本紀』の編纂過程である。『続日本紀』は文武《もんむ》天皇から今上である桓武天皇の延暦一〇年までを四〇巻にまとめた国撰史書であるが、その編纂過程は複雑で、延暦一三年八月から延暦一六年二月まで三度に分けて撰進されている［笹山、一九八九］。最初の奏上は天平宝字二年から宝亀八年までの一四巻で、平安京遷都直前の延暦一三年八月に奏上されている。そして、延暦一五年までに天平宝字二年から延暦一〇年までが二〇巻にまとめられ、延暦一六年二月に前半部分の二〇巻と合わせて進上されたという（『類聚国史』巻一四七）。とくに、延暦一六年の上表文には「草創より始めて断筆にいたるまで、ここに七年」とあり、『続日本紀』の編纂事業が延暦九年から一〇年にかけて開始されたことを示唆している。

これら征夷の準備や鋳銭司の再設置、そして国史編纂事業は偶然同じ時期に開始されたとは考えられず、すべて長岡京に替わる新都構想を念頭にいれて計画された可能性がある。新王統の都として、長岡京があまりに構造的欠陥が大きいことは、何度も指摘してきたとおりである。つまり、これらの事業は現在造営が進められている長岡京ではなく、より完成度の高い新しい都を造営し遷都することを意識したものであり、延暦九年から翌一〇年にかけて新京の計画案が策定され始めたことを示唆しているといえよう。平安京への遷都は、計画原案の策定と造営候補地の選定に二年、実際の造営・遷都までに一年一〇カ月という長い時間をかけて実現化されたと考えられるのである。

## 長岡宮と平安宮をつなぐ東院

平安宮の造営そして遷都をスムーズに進めるにあたり重要な役割を果たしたのが、延暦一二年正月に長岡宮解体のため桓武天皇が遷御した東院である。桓武天皇は遷都までの一年一〇カ月を東院で過ごしており、平安京遷都までの仮の内裏というよりも、長岡宮「西宮」「東宮」に次ぐ第三の内裏として機能したと理解した方がよい。先の延暦一一年一〇月の宣旨による内裏侍候の正式な承認も、三カ月ほど後に東院への遷御が行われたことを考えると、官人の東院への侍候を意識していた可能性がある。

また、第二次征夷において延暦一一年閏一一月に征東大使として大伴弟麻呂が辞見《じけん》(31)しているが、この時に桓武天皇にまみえた場所は「東宮」であった。ところが、

(31) 将軍や遣唐使となった貴族が、出退と来還のときに天皇と対面する儀式。

翌年の二月には征東使が征夷使に改められ、四日後には征夷副使である坂上田村麻呂が辞見している。そして、延暦一三年二月には初めての征夷大将軍として大伴弟麻呂が再び桓武天皇から節刀《せっとう》(32)を賜っているのだ。ここで注目すべきことは、征夷使へ改称され、田村麻呂の辞見や弟麻呂が改めて節刀を賜った場所が、長岡宮でも平安宮でもなく東院だということである。

さらに、『続日本紀』の第一回目の奏上を受けたのも、延暦一三年八月の東院でのできごとであった。平安宮遷都を二カ月あまり後に予定しており、『続日本紀』も巻本がすべて揃っていないにもかかわらず、あえて新宮ではなく東院で奏上させている。つまり、長岡宮から東院への遷御は、桓武天皇にとって造都をリセットすることを意味しており、新京遷都までの正統な「内裏」として東院が強く意識されていたため、征夷の辞見や『続日本紀』の奏上をあえて東院で行ったと考えられるのである。

このような新たな内裏として機能した長岡京東院の遺構が、北一条三坊二町・三町(旧条坊呼称)において発見されている(**図5**)。建物群は南北築地によって区画された東側の正殿区と、西側の付属建物群に分かれており、東西は二町、南北も二町を占めた可能性が高い。

正殿区では、身舎七間で四面に廂がつく正殿と後殿が南北に並ぶ。正殿の東西廂

(32) 天皇が出征する将軍と遣唐使に授けた刀。使命を遂行するために、天皇に代わって強力な指揮権を行使する象徴であった。

**図5**　長岡京東院と運河

の出は身舎柱間と同様に一〇尺だが、南北廂は一九尺とかなり広くとってある。後殿では身舎柱間と廂出がすべて一〇尺であるのとは異なり、広廂構造によって正殿を荘厳な建物にしている。また、正殿身舎と北廂、後殿身舎と南北廂は掘立柱構造だが、正殿南廂と東西廂および後殿東西廂は足場穴の存在から礎石構造に復元でき、外見上で正殿と後殿は礎石建物を意識して建てられていることが判明した。

正殿の西側には、建設足場穴の配置から、南に南北九間、東西四間の東西廂をもつ礎石建物が、北には南北六間以上、東西四間のやはり東西廂をもつ礎石建物が、二棟南北に並んで建てられていたと想定されている。これら同規模で南北に並ぶ脇殿の間には、平安宮内裏の校書殿《きょうしょでん》と安福殿《あんぷくでん》の間にある月華門《げっかもん》に相当する礎石建ちの門遺構が発見されており、東院正殿区が平安宮内裏の構造と非常に類似するととも

(33) 平安宮内裏の中枢部では、蔵人所《くろうどところ》町屋に推定される建物の石敷き雨落ち溝と建物基壇を良好に検出したが、掘立柱は発見されなかった。紫宸殿や仁寿殿・清涼殿などの中枢建物は聚楽第《じゅらくだい》の外

に、内裏の礎石建物化を志向していたことがわかる。さらに、正殿区の東西幅は正殿の中軸から西築地の中心までが約四八メートル（一六丈）で、平安宮内裏正殿の中軸から校書殿の西端とほぼ合致しており、東院が既存の離宮を仮設的に内裏にしたのではなく、構造的に桓武天皇が目指した内裏の系譜の中に位置づけられるとの指摘もある〔堀内、二〇〇二〕。東院の正殿区の構造には、礎石建物の内裏への採用も含めて平安宮内裏に継承された要素が多く認められるのである㉝。

正殿区の西側の付属建物群では、東院関係の木簡や墨書土器が多数出土するとともに、延暦八年以降に内廷官司として再設置された勅旨所関係の木簡や近衛府の厨《くりや》の存在を示す墨書土器が出土しており、東院の維持管理や警護に桓武天皇近侍の文武官である勅旨所と近衛府が深く関わっていたことがわかる〔向日市埋蔵文化財センター、二〇〇二〕。実際に東院から出土する瓦には、勅旨所が生産に関与した軒瓦が多数含まれており、造営もこれらの官司が主導したのは明らかであろう。

東院の造営を考えるにあたっては、東院の南東で発見された運河遺構から出土した木簡類が興味深い〔京都市埋蔵文化財研究所、一九九七〕（**図6**）。これらの中には、建築部材である榑《くれ》（山から切り出した板材）一六材を進上したことを記す木簡が多数含まれているが、榑を進上した月が四月から六月にかけてであり、受領にあたっては「請」「少志」と朱書で衛府《えふ》の役人がサインしている。他の木簡には「督曹司」や

堀によって壊されて構造は不明だが、長岡京東院が掘立柱・礎石併用建物であったことを考えると、これらも造営当初から礎石建物を意識していた可能性がある。ただ近年の調査で、後宮の登華殿が造営当初は掘立柱建物であったことが判明しており、平安宮内裏建物の礎石化の実態解明は今後の課題となっている。

平安宮内裏蔵人所町屋跡（写真提供＝京都市埋蔵文化財研究所）

**図 6**　東院南東運河出土木簡（写真提供＝京都市埋蔵文化財研究所）

「兵衛府」と記されたものもあり、これらの木簡群は長岡京造営に武官である衛府が実際にかかわったことを示す重要な資料となる。

　ところで、これら造営関係の木簡とともに、「授田使大和長官神王」と書かれた習《しゅう》書《しょ》木簡(34)が存在することは注意すべきである。神王《みわおう》は桓武天皇の従弟にあたり、後に右大臣となった人物で、七八六年（延暦五）九月に大和国の班田使《はんでんし》の左長官に任命されている。「授田使」は班田使のことであり、この木簡は延暦五年の班田使任官を意識して習書されたものと考えられるが、このような内容を一般の官人が習書するとは考えられず、付近に『続日本紀』編纂にかかわる部局があったことを示唆する。『続日本紀』の最初の奏上が東院で行われたことは先に述べたとおりであり、この木簡は東院内での『続日本紀』編纂に関係する木簡である可能性がある。また、桓武天皇の妃である酒人内親《さかひとないしん》王《のう》にかかわる削屑《けずりくず》木簡も出土しており、これも東院内に吸収された後宮の「酒人内

(34) 文字の練習のためなどに書かれた木簡。

親王所」に関係すると思われる。つまり、これらの木簡には東院関係の木簡が多く含まれており、造営関係木簡も位置関係から東院造営にかかわる可能性が指摘できるのである。

その時期は、延暦一二年正月には東院に遷御しているので、延暦一一年以前に遡るのは確実であろう。延暦一一年には諸院への巡覧記事が多くみられるので、この年に東院造営が計画され、榑進上の木簡が東院造営にかかわるのであるなら、この年の四月から八カ月ほどで東院を造営したことになる。ただ、東院で多数出土する勅旨所系の軒瓦は、延暦一〇年四月の山背国部内における諸寺の塔修造を契機として生産された軒瓦であるとの指摘や［山中、二〇〇二］、勅旨所系としてその成立を山背諸寺の塔修造より遡らせる考えも提示されており［古閑、二〇一二］、東院造営が延暦一〇年の夏以前に遡る可能性も否定できない。

東院が正統な内裏構造を継承するとともに、礎石建物という新しい要素を内裏空間に持ち込んだ可能性があることは先述したとおりであり、筆者は東院造営が新京への遷都を念頭にいれた第三の長岡京内裏の造営だったのではないかと推定している。まさに、東院は長岡京廃都そして平安京遷都の象徴的な内裏だったのであり、延暦一〇年に造営が開始されたのならば、その完成は延暦一一年までかかったであろう。

延暦一〇年は長岡京造営が廃止の方向へ向かう転機の年であり、東院の造営は長岡京内ではあるが、あくまで新京遷都を志向した内裏の造営であった。これまでみてきた長岡京廃都への動きが具体化してくるのが延暦一一年の東院完成だったと考えるならば、『続日本紀』が延暦一〇年までで終わっているのも理解しやすい。つまり、『続日本紀』は文武天皇から始まり、平城京の時代から新しい皇統譜の光仁天皇の即位、そして桓武天皇が平城京を棄てて新たな都を山背長岡に造営する紆余曲折の時代までの史書として捉えられているのであり、遷都構想は延暦一〇年に遡るとしても、桓武天皇にとっては、平安京の造営への動きが具体化する延暦一一年からが新王統の歴史と再認識されたのではないだろうか。在位中にもかかわらず自分の時代の国史を編纂させた異例な措置の裏には、長岡京造営を前代として捉えたい桓武天皇の思いがあったと考えられるのである。

## おわりに

平安京の造営計画は、長岡京の造営を白紙に戻して都城設計を精緻な計算のもとに作成するところから始まった。同じように計画的都城として造営された平城京では、遷都の詔で元明《げんめい》天皇が「制度の宜《ぎ》、後に加えざるべし*」と述べている（『続日本

*（**大意**）万全の準備をして、後世に憂いを残さないように。

紀』和銅元年二月条)。平城京遷都も、平城京と同様に万全の準備をして後世に憂いを残さないように、早い段階から綿密な計画をたてていたのである。そして、延暦一二年正月には長岡京廃都・新京造営が公表され、一年一〇カ月の造営期間を経て平安遷都が実現する。桓武天皇にとって、二度目の失敗は許されない、満を持しての大事業であった。

平安京は、京域だけでなく宮城も全体計画の中に組み込んで設計されており、遷都直後の延暦一三年一一月二一日には造宮使から「京中大小路幷築垣堀溝条坊」を定めた造京式が奏上されたという[今泉、一九九三b]。造営計画において一町の大きさを四〇丈四方に統一することに成功し、実際に発掘調査で検出する側溝などの条坊関連遺構は、平安京が直角座標系に基づく精緻な構造であったことを示しているのだ。遷都翌年の正月一六日の宴で奏された「新年楽《しんねんらく》、平安楽土《へいあんらくど》、万年春《まんねんはる》」の踏歌《とうか》は、まさに桓武天皇が新王統の理想とする宮城と京の姿を祝したものだったといえよう(**図7**、また巻末三一四頁、**資料6**参照)。

しかし、現実には宮城諸施設や京域の造営は、遷都後も継続的に進められている。遷都翌年の正月には大極殿はまだ完成しておらず廃朝《はいちょう》(朝賀の儀が中止となること)となっているが、一年後の延暦一五年正月には大極殿は完成しており朝賀の儀が行われている。平安宮の大極殿は、軒先と棟は緑釉《りょくゆう》瓦で飾り大棟《おおむね》の緑釉鴟尾《しび》には鳳凰《ほうおう》の

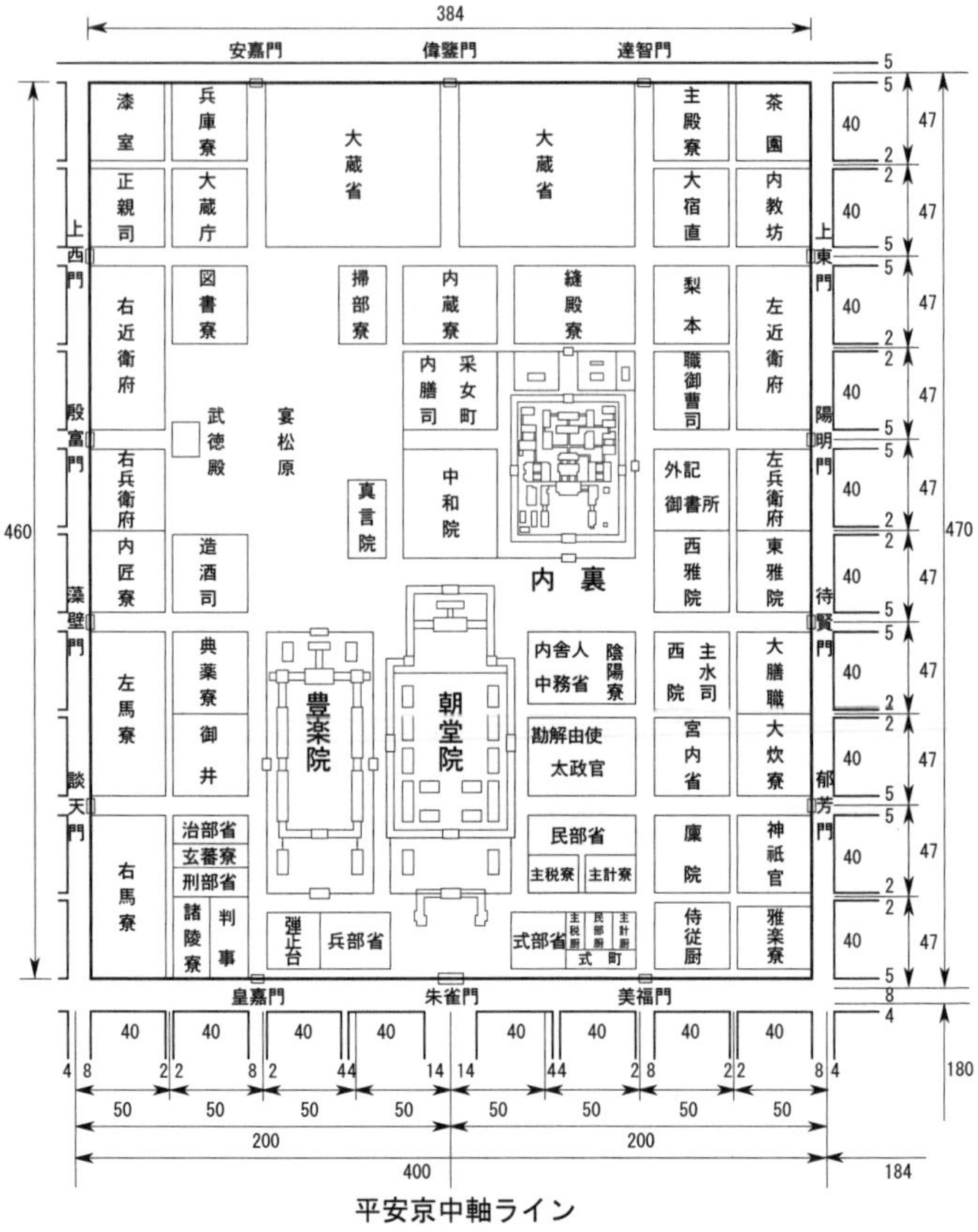


図7　平安宮図(大内裏図，数字の単位は丈)

(35) 発掘調査で明らかとなった豊楽殿の規模は、平城宮の第二次大極殿とまったく同じことが判明している。平城宮第二次大極殿では造営時の足場穴と解体時の足場穴が発見されており、その解体の時期は平城太上天皇による平城宮整備より前、つまり延暦年間から大同年間にかけて大極殿がどこかに移築されているこ浮彫が施されるなど、非常に壮大華麗な建物であった。九間四面（身舎が桁行き九間で四面に廂がつく建物構造）のこれまでにない大規模な建造物であることから新造と考えられるが、三年近い工期があったため遷都後一年あまりで完成させることができたのである。そして、朝堂院も大極殿より一年遅れ、延暦一六年正月の射礼《じゃらい》が文献上の初見となる。桓武天皇は延暦一四年八月に朝堂院に幸《みゆき》して工事の進捗状況を観ており、翌年三月にも朝堂および諸院を巡覧していることから、この三月以降の年内には朝堂院が完成したことになる。

さらに、平安宮では国家的饗宴施設である豊楽院を、朝堂院の西に新たに造営している。豊楽院の新設は、先に述べたように遷御後の「西宮」を国家的饗宴施設とした長岡宮の構造を継承したものと推定しているが、その造営は平安宮中枢部の中で一番遅れていた。『日本後紀』によると七九九年（延暦一八）正月の七日節会において渤海使《ぼっかいし》が臨席しているが、豊楽院が未完成のために代用として朝堂院が使用されている。豊楽院の正殿である豊楽殿《ぶらくでん》の初見は、平城天皇の八〇八年（大同三）一一月の大嘗祭《だいじょうさい》に伴う宴のときで、桓武朝の末年ころにようやく完成に至ったようである。(35)

京域においても、遷都当初から南京極の羅城門や東西二寺の造営(36)が進められており、京域の条坊施工が南京極まで行われていたことは間違いない。しかし、発掘調査で確認した初期平安京の遺構の分布を精査してみると、西京極周辺や京域南西隅

とになる。豊楽殿の規模が平城宮大極殿とまったく同じである事実は、造営が最も遅れていた豊楽院の正殿に平城宮の大極殿が移築されたことを如実に示している。

平安宮豊楽殿跡（写真提供＝京都市埋蔵文化財研究所）

(36) 東西二寺は延暦一六年に造営官司の任官記事が確認でき、延暦一九年の勅で堂を構えるため

および南東隅部まで条坊施工が及んでいないのが実態であり〔山田、二〇〇九〕、平安時代を通じて条坊が施工されなかった場所も存在する。造営計画ができていることと、それが実際に実現化したかどうかは別の問題であり、現状では平安京全体が完成することはなかった可能性が高いのである。同じ状況は平城京右京の京極域でも指摘することができ、これが古代日本における計画的都城の実態だった。

　では、同じ桓武天皇が造営した都である、長岡京と平安京の違いは何か。長岡京も平安京と同様に全体計画が存在しており、造営途上で廃都となったため未完の宮都として我々の目に映るだけではないかという疑念が浮かんでくる。長岡京は桓武天皇が大和を棄てて、新たな王統の都として造営を開始した都城であり、何らかの造営計画が存在したのは間違いないだろう。計画性がなければ、都市は造営できない。それならば長岡京も、このまま造営を続けていれば平安京のような整然とした都城として完成できたのであろうか。筆者はその問いに対して懐疑的にならざるを得ない。

　これまでみてきたように、長岡京は宮城の造営と京域の条坊施工が同一計画のもとに行われていたとは考えられない矛盾を内包していた。むしろ、宮城の位置は京の全体プランに規制されることなく、最も立地の良い向日丘陵上に先行して造営されており、京域の造営は宮城に付随して計画されたため、様々な矛盾が生じてしま

に巨木の伐採が許されている（『類聚国史』巻一八〇）ことから、造営は延暦年間に始まっていたのは間違いない。ただ、伽《が》藍《らん》の完成は大きく遅れたようで、金堂《こんどう》の竣工は東西二寺とも嵯峨《さが》朝まで下り、講堂の造営も淳和から仁明《にんみょう》朝にかけてであった。東西二寺ができるまでは、北野廃寺（京都市北区北野白梅町）を接収した常住寺（野寺《のでら》）が平安京の官寺として機能したようである。

北野廃寺出土「野寺」墨書土器（写真提供＝京都市埋蔵文化財研究所）

ったと考えるほうが妥当である。東西の京極だけでなく、南北の京極も見えてこない長岡京の実態は、宮城を中心として開放的に京域を広げていったことを示唆している。

これに対し、平安京では宮城の規模と条坊計画に相関関係が強く認められるとともに、南京極の諸施設を遷都当初から造営しており、京の正面性を強く意識した都城造営となっている。そして、桓武朝には条坊が施工できなかった地域でも、後に条坊施工する段階では見事に『延喜式』左右京職京程条に則って造営されていることが、京内各所の発掘調査で確認されている。つまり、宮城も含めた都城の精緻な全体計画が根底にあり、その計画線は都城の造営基準線として実地全体に計測されている可能性が高いのである。長岡京と平安京のこのような造営計画の違いこそが、長岡京廃都そして平安京遷都へと導いた大きな要因だったといえる。

八〇五年(延暦二四)一二月、桓武天皇は平安京造営がまだ終わらないなか、藤原緒嗣《おつぐ》と菅野真道《すがののまみち》に天下徳政を論じさせ、桓武朝の二大政策であった軍事と造作を停止させることを決めた。そして、造作の停止は造宮職の廃止というかたちですぐに実行されている。いわゆる徳政相論であるが、桓武天皇はこの相論によって平安京造営を断念したわけではない。この時期には平安宮の中枢施設がほぼ完成するとともに、京の条坊施工もある程度目途がたっていた。征夷も坂上田村麻呂の活躍により蝦夷の首長である阿弖流為と母礼《もれ》を処刑し、胆沢《いさわ》城および志波《しわ》城を造営して支配領域を広めていたのである。徳政相論は、天皇の徳を示すための最後のパフォーマンスだったのである。当然、平安京を完成させたい思いが桓武天皇にはあったと思われるが、平安京はすでに精緻な都城設計ができていた。世代を超えても完成にむけて平安京の造営が継続できると判断した結果が、造作の停止につながったともいえる。そういう意味では、桓武天皇にとって平安京はすでに新王統の「完成した」都だったのである。

## 引用・参考文献

網　伸也、二〇〇九年「平安京から長岡京を見る」『桓武と激動の長岡京時代』山川出版社
網　伸也、二〇一〇年「長岡・平安京への道——移建問題から平安遷都を探る」『季刊考古学』112
網　伸也、二〇一一年a「平安京の造営計画とその実態」『平安京造営と古代律令国家』塙書房
網　伸也、二〇一一年b「軒瓦に現れた平安遷都の裏方たち」前掲『平安京造営と古代律令国家』
網　伸也、二〇一一年c「古代都城における二つの形態——都城形態からみた長岡京」前掲『平安京造営と古代律令国家』
網　伸也、二〇一一年d「平安京の造営——古代都城の完成」前掲『平安京造営と古代律令国家』
網　伸也、二〇一五年「考古学からみた百済王氏の動向——交野移貫と山背遷都」舘野和己編『日本古代のみやこを探る』勉誠出版
飯田剛彦、二〇〇三年「「太政官院」について」笹山晴生編『日本律令制の構造』吉川弘文館
井上満郎、二〇一三年『桓武天皇と平安京』吉川弘文館

今泉隆雄、一九九三年a「八世紀造宮官司考」『古代宮都の研究』吉川弘文館
今泉隆雄、一九九三年b「平安京の造京式」前掲『古代宮都の研究』
梅本康広、二〇一〇年「長岡京」西山良平・鈴木久男編『古代の都3　恒久の都平安京』吉川弘文館
喜田貞吉、一九一五年『帝都』日本学術普及会
北村優季、二〇〇七年「長岡平安遷都の史的背景」『国立歴史民俗博物館研究報告』134
鬼頭清明、二〇〇〇年「平安初期の銭貨について」『古代木簡と都城の研究』塙書房
京都市埋蔵文化財研究所、一九九七年『長岡京左京出土木簡　一』(京都市埋蔵文化財研究所調査報告第16冊)
京都府教育委員会、一九八〇年『埋蔵文化財発掘調査概報(一九八〇―二)』
國下多美樹、二〇一三年a「長岡京――伝統と変革の都城」『長岡京の歴史考古学研究』吉川弘文館
國下多美樹、二〇一三年b「長岡宮城と二つの内裏」前掲『長岡京の歴史考古学研究』
國下多美樹、二〇一三年c「長岡京型条坊制の新復原」前掲『長岡京の歴史考古学研究』
國下多美樹、二〇一三年d「長岡宮の構造と独自性」前掲『長岡京の歴史考古学研究』
國下多美樹・中塚　良、二〇〇三年「長岡宮の地形と造営――丘と水の都」『財団法人向日市埋蔵文化財センター年報』14
古閑正浩、二〇〇四年「廃都後における長岡京地の再編と瓦――中福知遺跡の再評価をめぐって」『古代文化』56―8
古閑正浩、二〇一〇年「河内百済寺の造瓦組織と王権」『ヒストリア』221
古閑正浩、二〇一一年「長岡京の造瓦組織と造営過程」『考古学雑誌』95―2
小林　清、一九七五年『長岡京の新研究　全』比叡書房
栄原永遠男、一九九三年「律令国家と銭貨――功直銭給をめぐって」『日本古代銭貨流通史の研究』塙書房
笹山晴生、一九八九年「続日本紀と古代の史書」『新日本古典文学大系　続日本紀1』岩波書店
清水みき、一九九五年「桓武朝における遷都の論理」門脇禎二編『日本古代国家の展開　上』思文閣出版
鈴木拓也、二〇〇八年『戦争の日本史3　蝦夷と東北戦争』吉川弘文館

瀧川政次郎、一九六七年「革命思想と長岡遷都」『京制並に都城制の研究』角川書店
難波宮址顕彰会・大阪市立大学難波宮址研究会、一九七〇年『難波宮址の研究』(研究予察報告第6)
西本昌弘、二〇一三年『桓武天皇――造都と征夷を宿命づけられた帝王』山川出版社
橋本義則、一九九五年a「長岡宮内裏考」『平安宮成立史の研究』塙書房
橋本義則、一九九五年b「平安宮内裏の成立過程」前掲『平安宮成立史の研究』
橋本義則、二〇〇九年「平安宮の中心――中院と縁の松原をめぐる憶測」朧谷壽・山中章編『平安京とその時代』思文閣出版
橋本義則、二〇一一年「平城宮の内裏」『古代宮都の内裏構造』吉川弘文館
林陸朗、一九七二年『長岡京の謎』新人物往来社
林屋辰三郎、一九五五年「平安新京の経済的支柱」『立命館文学』118
古瀬奈津子、一九八四年「宮の構造と政務運営法――内裏・朝堂院分離に関する一考察」『史学雑誌』93―7
堀内明博、二〇〇二年「古代都城における内裏地割」『長岡京左京東院跡の調査研究　正殿地区』財団法人古代学協会
向日市教育委員会・向日市埋蔵文化財センター、一九七九年『向日市埋蔵文化財調査報告書』第5集
向日市教育委員会・向日市埋蔵文化財センター、一九九三年『向日市埋蔵文化財調査報告書』第37集
向日市教育委員会・向日市埋蔵文化財センター、二〇一〇年『長岡京跡ほか』(向日市埋蔵文化財調査報告書第84集)
向日市埋蔵文化財センター、二〇〇二年『長岡京跡左京北一条三坊二町』(向日市埋蔵文化財調査報告書第55集)
向日市埋蔵文化財センター、二〇一一年『長岡宮推定「西宮」』(向日市埋蔵文化財調査報告書第91集)
村井康彦、一九七〇年「平安京の形成」京都市編『京都の歴史一　平安の新京』学藝書林
村尾次郎、一九六三年『桓武天皇』吉川弘文館
森田克行、二〇〇〇年「継体大王の陵と筑紫津」枚方市文化財研究調査会編『継体大王とその時代』和泉書院
山田邦和、二〇〇九年「「前期平安京」の復元」『京都都市史の研究』吉川弘文館

山中　章、一九九七年『古代条坊制論』『日本古代都城の研究』柏書房
山中　章、二〇〇一年「長岡宮式軒瓦と寺院の修理――延暦十年の山背国の浮圖の修理をめぐって」『長岡京研究序説』塙書房
吉川真司、一九九九年「長岡宮時代の朝廷儀礼――宝幢遺構からの考察」『向日市埋蔵文化財センター年報』10
吉川真司、二〇〇一年「後佐保山陵」『続日本紀研究』331
吉田　歓、二〇〇二年「内裏脇殿小考」『日中宮城の比較研究』吉川弘文館
吉野秋二、二〇〇五年「神泉苑の誕生」『史林』88―6

## コラム　桓武天皇の長岡遷都と継体天皇の弟国宮

桓武天皇は、新王統の意識のもとに大和川水系から淀川水系に新京を遷した。桓武天皇が山背の長岡に固執した理由として、天智《てんじ》天皇の近江《おうみ》大津《おおつ》宮(現、滋賀県大津市)と水陸の便でつながっていることや、天智天皇の山陵が山科にあることも挙げられる。しかし、秦《はた》氏が蟠踞《ばんきょ》する葛野《かどの》でも百済王《こにきし》氏の本貫地である北河内《きたかわち》でもなく、なぜ乙訓《おとくに》の長岡に固執したのかについては積極的な理由がみつからない。そこで一つの憶測ではあるが、筆者は桓武天皇が新王統の拠点として継体《けいたい》朝の淀川流域支配を意識したのではないかと思っている。

よく知られるように仁徳《にんとく》天皇系の武烈《ぶれつ》天皇には皇太子がなく、越前《えちぜん》(現、福井県)より応神《おうじん》天皇の五世の孫である男大迹《おおど》王が迎え入れられた。それが継体天皇である。継体天皇はまず河内の樟葉《くずは》宮(現、大阪府枚方市付近)に入って即位し、仁賢《にんけん》天皇の皇女である手白香皇女《たしらかのひめみこ》を娶《めと》って皇后とした。つまり、皇統譜には載らないはずの王が、旧王統の皇女を皇后にすることで即位できた天皇といえる。通説では継体天皇は反対勢力によって大和に入ることができず、山背筒城《つづき》宮そして弟国《おとくに》宮と淀川水系の宮を移り、継体天皇二〇年にようやく大和の磐余玉穂《いわれのたまほ》宮(現、奈良県桜井市付近)に遷宮できたという。

遷宮の状況をみるとヤマト政権の中で保守勢力からの様々な軋轢《あつれき》を受けているようにみえるが、継体天皇はその出自から淀川水系あるいは近江の豪族たちを束ね、ヤマト政権の豪族とともに積極的な政治・外交を行っていたと考える意見もある。継体朝は朝鮮半島の外交に対する重要な歴史的事件が相次いだ時代であり、後の外交の拠点である「難波《なにわの》館《むろつみ》」も『日本書紀』継体天皇六年条の任那《みまな》の四県割譲事件が初見となる。継体天皇は大和に入れなかったのではなく、大和に入らずに淀川水系を拠点として外交政策を進めていたのではないだろうか。継体天皇陵(今城塚《いましろづか》古墳)が北摂の三嶋《みしま》(現、大阪府高槻市)に築造されたのも、継体天皇の権威を知らしめる場所が淀川水系だったためである。

ここで想起されることは、継体天皇がヤマト政権の手白香皇女を皇后として新王統の大王となったことである。この状況は、光仁天皇の即位と井上内親王の立皇后と類似している。ただ、継体天皇と手白香皇女との間に生まれた欽明《きんめい》天皇が新王統の皇統譜をついでいくため、桓武天皇とは皇統の継承がまったく異なっている。しかし、傍流の王族から大王となり淀川水系を中心に政権運営を行った継体天皇を桓武天皇が強く意識し、淀川水系の中心に新京を造営しようとした可能性はあると思う。

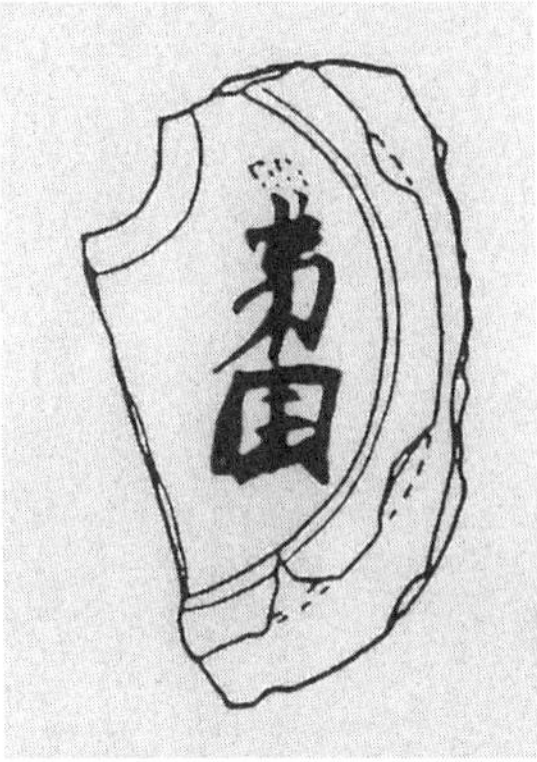

「弟国」墨書土器図(長岡京市役所『長岡京市史 資料編一』1991年より)

桓武天皇は『続日本紀』を編纂させたことからもわかるように、国史編纂にとても関心が高い天皇だった。皇太后崩御の折に高野新笠を百済純陀《じゅんだ》王の末裔としているが、これは『日本書紀』継体天皇七年八月条の「百済の太子淳陀薨《みう》せぬ」とする記載をもとに、『和氏譜《わしふ》』(和気清麻呂が高野新笠の命を受けて編纂した和《やまと》氏の系譜)として百済王家に新笠の出自を系譜づけたのと対応する。桓武天皇は継体天皇が宮とした「弟国宮」の伝承地を宮地として選び、継体天皇と同様に淀川水系を基幹とする新王統の都として長岡宮を造営したのではないだろうか。長岡宮の丘陵の西に所在する上里《かみざと》遺跡(京都府長岡京市)から「弟国」と書かれた奈良時代の須恵器《すえき》の高台坏《こうだいつき》底部が出土しているのも、長岡が宮地に定められた由来の一端を示しているのかもしれない。

# 百済・新羅からみた倭国の都城

李《イ》 炳《ビョン》 鎬《ホ》
（翻訳＝井上直樹）

## はじめに

古代都城は、王宮や官衙などの重要な施設が集中し、周辺とは区別される整然とした道路と宗教施設などを備え、多様な階層の人々が集住したところである。しかし、古代朝鮮三国の高句麗・百済・新羅の都城や王宮の位置については、さまざまな見解が提出され、研究上の課題も少なくない。

三世紀中葉から五世紀末までの高句麗・百済・新羅の三国の都城は、宮室と祭祀施設である神殿を備える程度で、その後、徐々に政務施設や大規模倉庫などが築造・整備されていった。六世紀以後になると、都城には城郭のような防御施設が設けられ、内部にも格子状の街路で整然と区画された市街地が形成されるようになった[余、二〇一五a]。これら三国の後期の都城は、初期のそれと比べて規模が大幅に拡大しただけでなく、景観においても大きな相違をみせることになった[余、二〇一五b]。六世紀に造営された百済の泗沘《サビ》都城や高句麗の後期平壌《ピョンヤン》城はこのような景観的特徴をよく伝えており、また、新羅の王都であった慶州《キョンジュ》で発掘によって明らかとなった道路や住居址・瓦塼《がせん》・木簡などの出土遺物は、こうした都城の多様な様相を如実に示している。

六世紀末から八世紀初頭は、百済や新羅、日本が互いをそれぞれ意識しながら、都城を形成していった重要な時期であった。そこで、本論では六世紀末から八世紀初頭にかけての激動の東アジア情勢のもとで造営された、朝鮮半島と日本の古代都城の形成過程に焦点をあて、第一節と第二節において六世紀から七世紀代の扶余《プヨ》(1)と益山《イクサン》(2)、慶州など、百済と新羅の都城に関する重要な研究成果を整理し、第三節において百済・新羅の都城と日本の飛鳥宮や藤原京など古代都城との関連性を検討し、これら都城の形成過程およびその景観の変化、特徴などを明らかにしたいとおもう。

## 1　六—七世紀代の百済の都城

### 益山王宮里遺跡——百済の武王が造営した王宮

三国の都城のなかで、王宮の情況をもっとも具体的に示すのが、益山の王宮里《ワングンニ》遺跡である。『観世音応験記《かんぜおんおうげんき》』(3)には「百済の武広王《ムグァンワン》が都を枳慕蜜《チモミル》の地に移した」とある。この武広王は武王《ぶおう》(在位六〇〇—六四一年)の別名である。枳慕蜜の地は益山市金《クム》馬面《マミョン》王宮里一帯の古地名と考えられる。したがって、王宮里遺跡は武王代に造営された百済の王宮と理解して問題ない。

王宮里遺跡の外郭でもっとも注目されるのは、内部が四つの東西の垣(**図1**の石《せき》

(1) 韓国、忠清南道《チュンチョンナムド》南西部の郡。五三八—六六〇年、百済の王都であった。泗沘と呼ばれ、百済の王陵とされる陵山里古墳群などが造営され、現在でも多数の関連遺跡が存在する。

(2) 韓国、全羅北道《チョルラブクド》北西部にあり、弥勒寺ほか、百済の遺跡が多く存在する。

(3) 五世紀末、中国・南斉《せい》の陸杲《りくこう》が編纂したとされる、観音の霊験譚を集めた説話集。なお、巻末に陸杲の意をついだ後人の増補になる百済の観音霊験譚二条があり、これは七世紀中頃に追補されたものと考えられている。

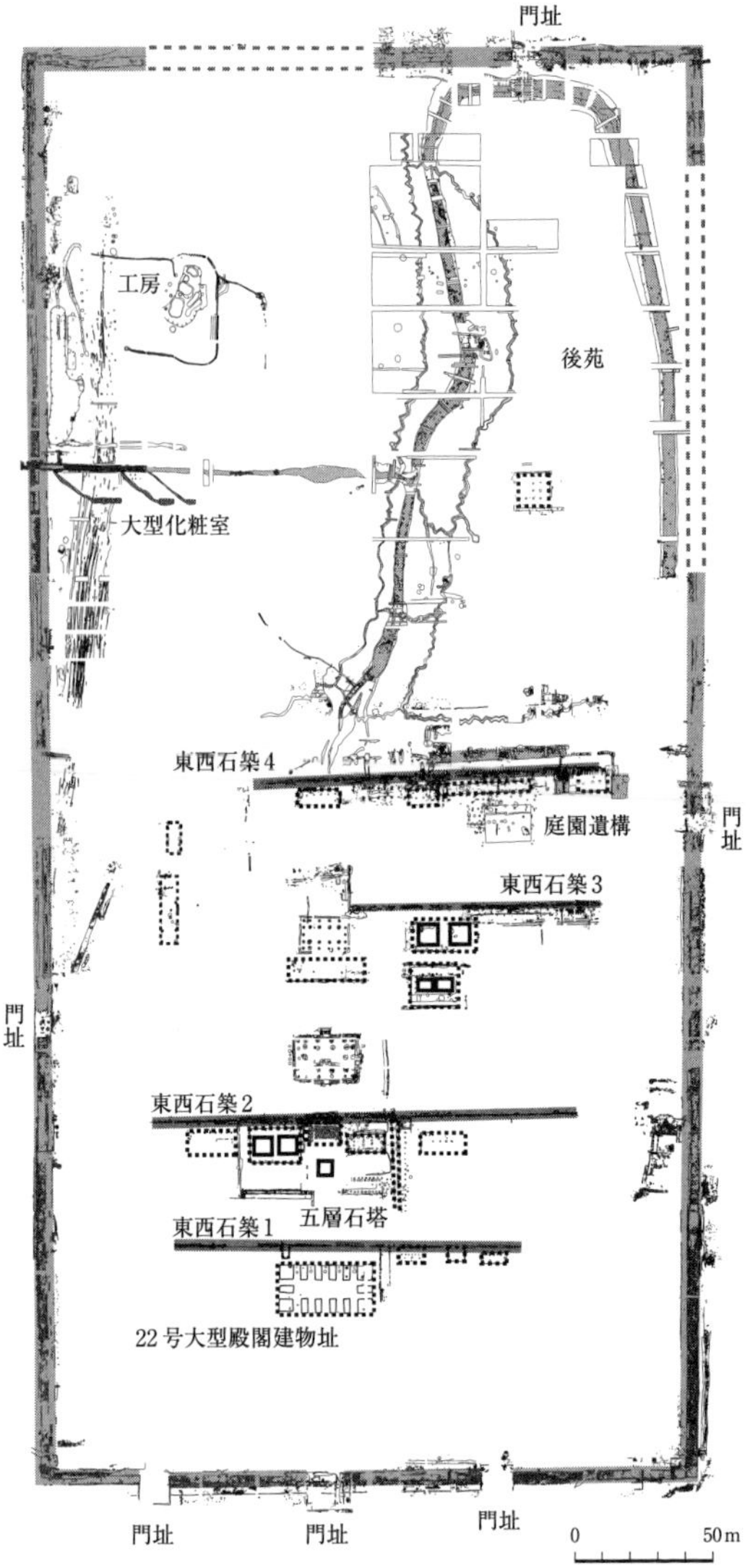


**図1　王宮里遺跡の遺構配置図**

築《ちく》)によって区画され、その外側にも長方形状に垣がめぐっていることである。この垣の部分については、これまで防御施設である城壁の一部と理解されていたが、垣の基礎部分の上に版築《はんちく》(4)された箇所があり、瓦が葺かれた築地塀のようなものであったと考えられている。この垣は東垣が四九二・八メートル、西垣が四九〇・三メー

(4) 板で枠をつくり、その中に土を突き固めて土壁などをつくる工法。

トル、南垣が二三四メートル、北垣が二四一・四メートルで、東西と南北の長さの比率が一対二の長方形となっている（図1）。

この長方形状の垣の内部にはいくつかの東西方向に築かれた垣（図1の石築）が残っており、南から四番目の垣（図1の「東西石築4」）を基準として王宮里遺跡は前方部と後方部に二分される。前方部には王宮と関連すると考えられる二二号大型殿閣建物址をはじめとした各種建物址が集中して配置されている。後方部は東側の後苑（庭園）地域と西側の工房地域に分かれ、後苑部分では水路・暗渠《あんきょ》・集水施設が確認されており、工房址では焼土《しょうど》廃棄址、焼土などが認められる。ここからは金やガラス製品および製作途中段階のもの、るつぼ(5)、鉱滓《こうさい》などが大量に出土しており、その南側からは大型化粧室址三棟が発見されている。

### 王宮里遺跡からうかがえる百済王宮の特徴

王宮里遺跡は長方形状の垣の内側に平坦な台地を造成した後、王宮と関連する各種建物と庭園、工房などを計画的に配置していた。宮城の南門から入って最初にみえる二二号大型殿閣建物址は、正面七間（三二メートル）、側面三間（一五メートル）と大型で、その周辺には付属施設も併存しているため、ここが正殿と考えられる。この大型建物址は南門の中心軸上にあり、中国の外朝《がいちょう》(6)の正殿である太極殿《たいきょくでん》、日本の古

(5) 高熱で金属を溶解・精錬するために用いる容器のこと。そのときに出来るかすを、鉱滓という。

(6) 君主の執政場所。対して、宮中の天子の居室を内朝という。

代都城にみえる大極殿《だいごくでん》に相当する建物とみてよい［朴淳発、二〇一〇］。
宮城の後方部の後苑部分は造景石《ぞうけいせき》(7)・大型水路・曲水路《きょくすいろ》(8)・集水施設の存在から庭園と推定されるが、安定的に水を供給する水源が確認されていない。中国南朝の華林《かりん》苑《えん》のような王宮の内苑で、休息や娯楽のための空間と推定されているが［金洛中、二〇一二］、異論もある。しかし、後苑南側から発見された遺構は、庭園と関連するものであることに相違ない。

王宮里遺跡には特異なことに、北西地域に大規模な工房址が存在する。ここでは金とガラスを生産した工房が比較的長期にわたって運営されていたと思われる。この工房は王宮の内部に位置しており、百済王室によって運営されたと考えられるため、官営工房のなかでも王室直属の宮中手工業工房といえる。それゆえ、この遺跡が国王の常時居住していた王宮ではないことが推定できよう。なぜなら、多数の技術者たちが工房で製品を生産していた時期に、その南側に国王が生活していたとは想定しがたいためである。

王宮里遺跡の東には帝釈寺《チェソクサ》という百済の寺址が存在する。既述の『観世音応験記』には六三九年に帝釈寺の仏堂と七重塔がすべて燃えてしまった、と記録されている。発掘の結果、木塔址・金堂址などが南北一直線上に位置する伽藍《がらん》配置であることが確認された。王宮里遺跡と帝釈寺址は、王宮と寺院がセットとなって同時期

(7) 庭園の景色を美しく造営する時に用いられる石。紋石と記録される場合もある。

(8) 折れ曲がりながら流れる水。流觴曲水《りゅうしょうきょくすい》のような宴会に利用された。

(9) 劉昫《りゅうく》らによって編纂され後晋・九四五年（開運二）に完成した唐の正史。正史としての唐書は他に北宋代に欧陽脩らによる『新唐書』があり、先にできた同書を『旧唐書』と称する。唐代前半部分については史料的価値が高いとされるが、後半部分については唐末から五代の動乱による史料不足などのため記述の不備が多いとされ、宋以後、『旧唐書』編纂時に参照できなかった史料などを利用して『新唐書』が編

に運営されていたのであった。このような王宮と寺院の同時運営は、政治空間と宗教空間を一体化させるために計画的に行われたと思われる［李炳鎬、二〇一五ａ］。

王宮里遺跡には朝堂(院)や官庁と考えられるような痕跡がみあたらない。二二号大型殿閣建物址の周辺やその後方には生活空間ともいえる内裏や後苑に相当する遺構が確認されているが、官人のための施設は認められず、その周辺からも手がかりすら見つかっていない。これは王宮里遺跡が百済の正宮ではなく、別宮や離宮であったということとも関連するのであろう。五金山城《オグムサンソン》(一名は益山土城《トソン》)や猪土城《チョトソン》を除外すれば、その周辺で百済時期の防禦施設がほとんど確認されていないことも、そうした可能性を裏付ける。

『旧唐書《くとうじょ》』[9]百済伝には「王の居城は東西二つある」とあり、現在まで、それらは泗沘と熊津《ウンジン》(現、公州《コンジュ》市)と理解されてきた。しかし、熊津は地方行政区域である五《ご》方城《ほうじょう》のなかの北方城に該当するため、王の居城のうち東の一つは、むしろ泗沘の南東に位置する益山を意味するとも考えられ、それならば、こうした都城のあり方を複都制[10]として理解することも可能であろう［田中、二〇〇七］。

## 扶余の王宮とその周辺——もっとも最初に築造された扶蘇山城

百済は五三八年(聖王《ソンワン》一六)、熊津から泗沘へと遷都を断行した。『三国史記』[11]百済

纂された。

(10) 複数の都を配する制度で、都が二つの場合、両都制ともいう。唐は長安を都とし、洛陽を陪都(東都)とする複都制を採用した。新羅は北原京・中原京・西原京・南原京・金官京からなる五京を、渤海でも上京龍泉府・東京龍原府・中京顕徳府・西京鴨淥府・南京南海府の五京を導入した。

(11) 一一四五年、高麗の金富軾らが編纂した新羅・高句麗・百済に関する最古の歴史書。中国正史の構成に準じて新羅本紀・高句麗本紀・百済本紀・年表・雑志・列伝からなる。『三国遺事』とともに朝鮮古代史の基本史料の一つで、貴重な情報を伝える。

本紀・聖王一六年条には「都を泗沘(一に所夫里《ソブリ》ともいう)に移し、国号を南扶余とした」と記録されているのみで、なぜ遷都が行われたのか、また、いかなる経緯によって都が造営されたのか、ということについては、まったく記されていない。ただし、東城王《トンソンワン》(在位四七九―五〇一年)代に三度、扶余地域で狩りを行った、という記録があり、さらに五〇一年(東城王二三)に扶余の近くに加林城《カリムソン》を築いた、と記されており、泗沘遷都が少なくとも六世紀初めからの一定の準備段階を経て計画的に推進されたと推測できる。

百済の聖王(12)は遷都を準備しつつ、防禦施設の整備にも多大な努力を傾けた。扶余の城郭のなかで、もっとも最初に築造されたのが扶蘇《ブソ》山城と羅城(13)である。扶蘇山城は推定王宮址である官北里《カワンボンニ》遺跡の北側に位置し、扶余市街地全体を眺望することができる。近年の調査によって、扶蘇山城東門址の城壁内部から、南朝・梁の武帝代の年号である「大通(五二七―五二九年)」銘の文字瓦が発見されており、ここから都城の防禦施設の築造がすでに五三八年以前の段階から始められていたことなど、遷都の準備状況が次第に明らかになりつつある[李炳鎬、二〇〇七](**図2**)。

扶蘇山城の城壁は基本的に版築技法で造営されている。この包谷式《ほうこく》山城(14)は東西南北の四方面に城門を設置し、周長二四九四メートルに及び、その城壁の基礎部分は幅五―六メートル、高さ三メートルであった。ただし、扶蘇山城は敵軍から待避し

(12) 百済第二六代の王。在位五二三―五五四年。『日本書紀』では「聖明王」と記し、倭国に仏教を伝えたとされる。

(13) 古代都城の外郭となる城壁のこと。とくに、防禦用施設として作られた突出部分を、雉《ち》という。

(14) 渓谷部を取り込んで山の稜線に城壁を築いた山城のこと。山頂に鉢巻状に城壁をめぐらした鉢巻式山城より規模が大きく、より多くの兵士が城内に長期間駐屯できた。

**図2**　泗沘都城の主要遺跡配置図

て立て籠もり、敵軍を防ぐという城郭としての機能を有していただけではない。王宮址と考えられる地域とも連なっているため、王宮の北に設けられた後苑と同様の機能も兼ね備えていたとおもわれる〔田中、一九九〇〕。扶蘇山城の背後には錦江《クムガン》（白《ベン》馬江《マガン》）が流れており、その西対岸には王興寺《ワンフンサ》址⑮が存在していた。その北には王と臣下たちが宴会を楽しんだという大王浦《テワンポ》もあった。扶蘇山城を含む推定王宮址の北側一帯は、軍事的機能だけでなく、王の行在所《あんざいしょ》⑯や宴会場としての機能も備えていたのであった。

### 都城の外郭をめぐる扶余羅城

扶余羅城は、扶余市街地をめぐる幅六・六メートルの城壁である。現在まで確認された羅城は、扶蘇山城から青山城《チョンサンソン》区間の北羅城⑰（約一キロ）と青山城・石木里《ソンモンニ》・塩《ヨム》倉里《チャンニ》区間の東羅城（五・六キロ）である。西羅城は確認されていないため、扶余邑《ウプ》を囲むように流れる錦江（白馬江）が天然の濠としての役割を担っていたとおもわれる。羅城城壁は、その多くが土砂を積み重ねその外側に石垣を積んで完成させた土石混築技法で築造されている。

こうした羅城は外敵の侵入を防禦するだけでなく、都城の内外を区分する境界としても機能し⑱、都城に入るための通路としての役割も担った。また羅城内部は王

（15）扶余郡窺岩面《キュアムミョン》にある百済の寺院。『三国遺事』には六〇〇年に創建されたと伝えられているが、二〇〇七年木塔址から昌王銘青銅舎利函が発見され、その銘文より五七七年、威徳王が死亡した王子のために発願したことが確認された。

（16）王の行幸時の仮の宮殿のこと。

（17）北羅城と東羅城の城壁調査では、熊津期のものと考えられる土器片が多数出土している。また、北羅城の雉城（突出部分）に対する調査では、公州の武寧王陵出土の蓮《れん》華文塼《げもんせん》と同一文様の塼も出土しているため、これら羅城の造営もまた泗沘遷都以前に着手されていたと考えられる。

宮・官衙・寺院など、瓦葺建物が一定の方向に整然と配置されており、羅城外側とは区別される景観を形成していたのであった。

聖王（在位五二三―五五四年）は五三八年、泗沘に遷都したが、平地城と山城を共に備え、王宮と羅城からなる新しい防禦体制を構築したことになる。五四一年には任那復興のための国際会議を開催し、泗沘遷都後、南朝・梁《りょう》へはじめて使臣を派遣するなど、積極的に対外政策を推進していることから、この頃には新都の王宮や行政官庁がある程度整備されていたと考えられる。

## 官北里遺跡の大型殿閣建物址

泗沘期百済の王宮址と推定されるのが官北里遺跡である（**図3**）。官北里遺跡は扶蘇山城の南、羅城内部の中心地域に位置している。ここでは大型殿閣建物址をはじめ、多くの瓦葺建物址と池・工房・倉庫・道路址などが確認されているが、現在までの調査結果からみて、王宮の中心地というよりは、内裏のような国王の私的生活空間であったと推定される[19]［李炳鎬、二〇〇七］。

一方、ラ地区の大型殿閣建物址の南基壇の約二〇メートル南からは長方形の竪穴が発見されている（**図4**）。この竪穴の大きさは東西二・一メートル、南北一・三メートル、最大幅二・二五メートルで、竪穴内部からは二つの柱穴が確認されている。

（18）こうした羅城の機能は古墳の分布からも確認できる。泗沘期の古墳はいくつかの火葬墓を除外すれば、みな羅城と白馬江の外側に分布している［山本、二〇一七］。羅城を境界とし、羅城外側に墳墓を造営するように規定されていたかどうかは必ずしも詳らかではないが、少なくともそのような意識が反映された結果と理解される。

（19）官北里ラ地区では正面七間（三五メートル）、側面四間（一八・五メートル）の大型殿閣建物址が確認されている（図4）。柱址の配置からみて四面に廂があり、中央が幅広い空間であった重層建物と想定される。この建物址と基壇の築造方式や建物の規模のほぼ同じ建物

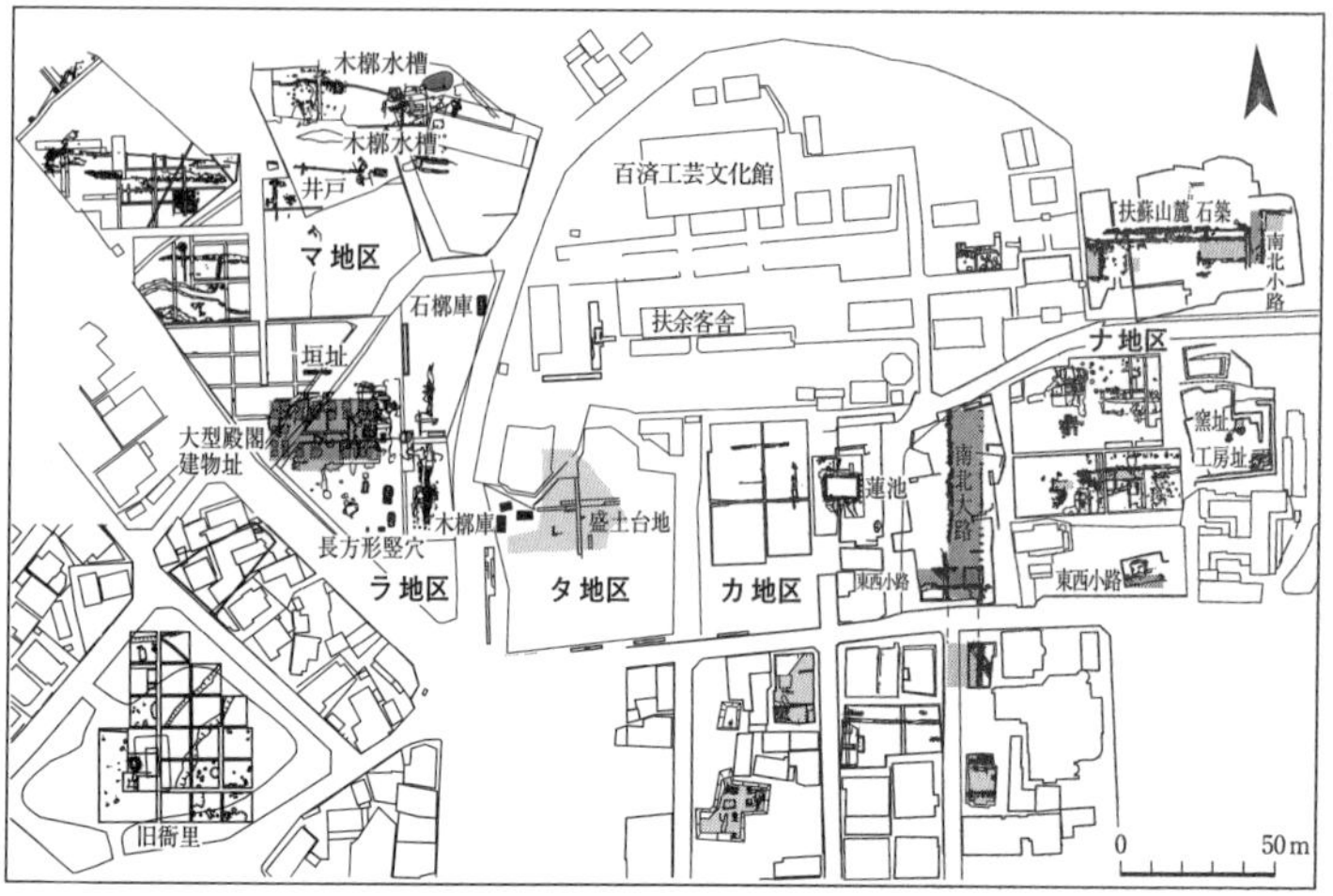


**図 3　官北里遺跡の遺構配置図と旧衙里遺跡**

柱穴は直径三五センチで、二穴で一組となっているが、報告者は寺院の幢竿《どうかん》（のぼり）支柱の設置痕跡と類似すると推定している〔国立扶余文化財研究所、二〇〇九〕。しかし、藤原京でも幢幡《どうばん》遺構と考えられる大型柱穴が発見されており、その形態や構造、位置が類似しているため〔大澤ほか、二〇一七〕、この大型殿閣建物址の南側にも、儀式用の幢幡を立てるための施設があったと推定される。

**羅城内部の道路**

またこの官北里遺跡のナ地区では東西道路と南北道路が交差

址が既述した王宮里遺跡でも確認されている。ただし、王宮里遺跡におけるそれは王宮の正殿と考えられるが、官北里遺跡のそれは王宮の外郭に配置されており、使臣の接待など、特殊な性格の建物であった可能性がある。

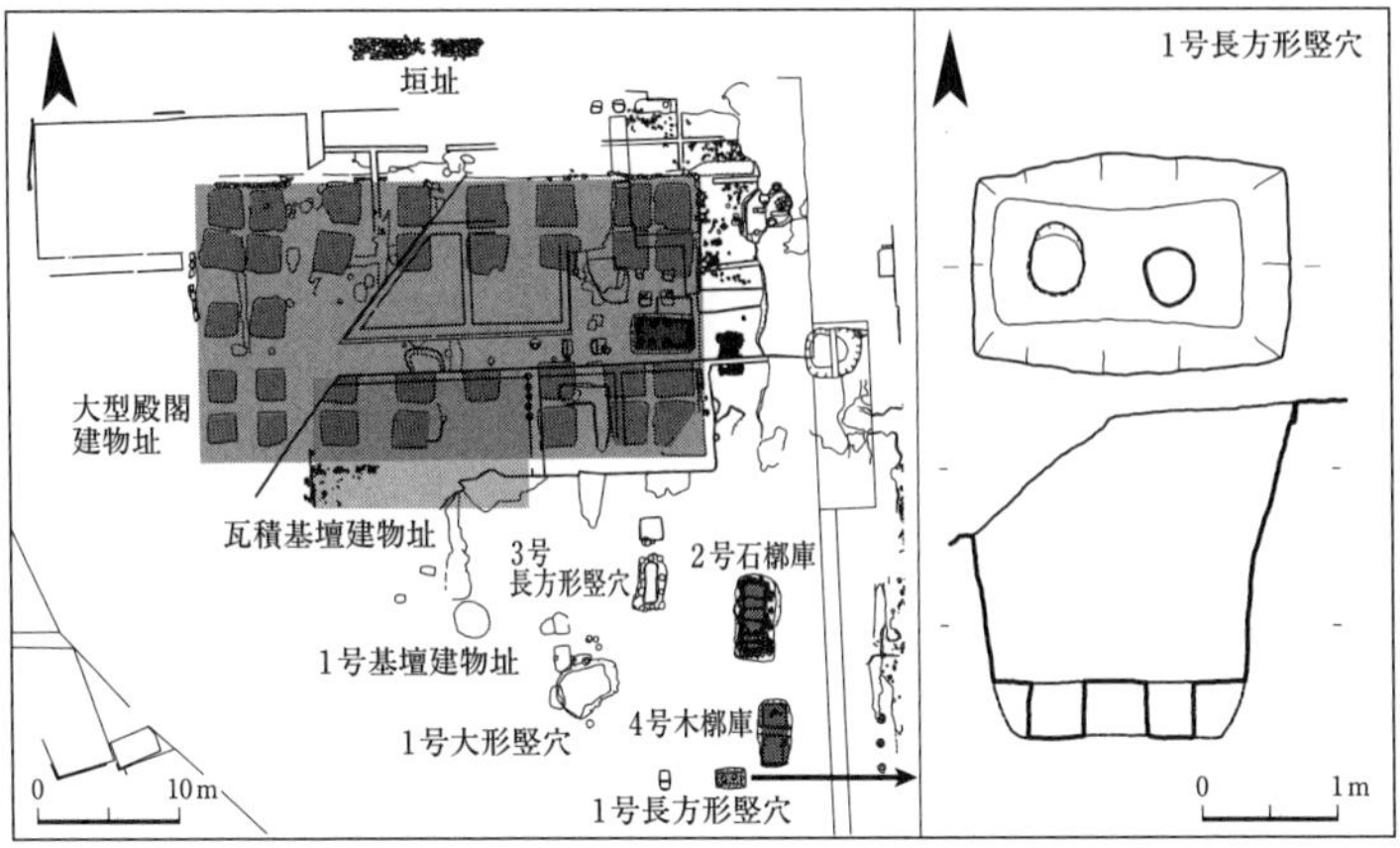


**図4**　官北里遺跡の大型殿閣建物址と竪穴

しており、そこからそれら道路によって一区画を形成する道路網が確認された（**図3**参照）。ここで発見された南北大路は幅が八・九メートルであるが、その東側には幅七五センチ、西側には幅一一〇センチの側溝が確認されており、全幅は約一〇・七五メートルである。東西小路と南北小路の幅はすべて同一で、道路の幅は三・九から四メートル、両側にそれぞれ七〇―八〇センチの側溝を備えていた。

　官北里遺跡で発見された東西・南北の道路遺跡と石築（積み石で作った塀）は南北に長い長方形の単位区画を形成している。[20]

　宮南池《クンナムチ》の西北側、軍守里《グンスリ》遺跡、佳《カ》

(20)　各道路の中心軸間の距離はGPS測量調査の結果、南北大路と南北小路の中心軸間の距離が九五・五メートル、東西小路と石築までの距離が一一三・一メートルである。それぞれの道路は真北から東に六・五度ずれている。このような道路遺跡の中心軸は官北里遺跡一帯で確認された建物址だけでなく、定林寺址をはじめとした主要な寺院や瓦葺建物址、小規模掘立柱建物址、大壁建物址の南北軸とも一致している。

塔里遺跡《タムニ》（東門址付近）、双北里遺跡《サンブンニ》などでも同様の道路遺構が確認されている。これら道路遺構は一定の方向性と規格性を有しており、都城内部が条坊制のような整然とした道路網によって区画されていたと理解されてもいる［朴淳発、二〇一〇］。しかし、官北里遺跡のナ地区で確認された南北道路は、近年行われた同地区南の調査によって、それ以上延長しないことが明らかとなった。そのため、泗沘都城内部を区画するための計画案は存在していたのであろうが、地形上の問題から実際には施行されず、王宮など中心地域にのみ限定的に実施されたと理解される。

**泗沘期王宮の位置**

泗沘都城の内部構造を推定する上でもっとも重要な資料となるのが、先述の官北里遺跡で確認された長方形区画である。この区画は泗沘遷都前後ではなく、六世紀第3四半期以後に造成されたものである。そのため、泗沘期の王宮の位置に関する代案も提示されており、それにともなって、近年では旧衙里遺跡《クアリ》と双北里遺跡一帯が注目されている。

一九一〇年代に製作された一二〇〇分の一の地図には官北里遺跡の南にほぼ長方形の遺構部分が確認される。この部分は道路によって正方形に区画されており、「旧衙里正方形区画」と呼ばれているが、それぞれの道路の中心間の距離が平均八

(21) 中国南朝で使用された尺。熊津期（四七五—五三八年）・泗沘期（五三八—六六〇年）の百済は南朝と頻繁に交流しており、約二五センチの南朝尺が利用された。扶余官北里遺跡からは目盛り間隔が平均二・五センチの木製品が発見されており、そのことを物語っている。

(22) 朝鮮時代の宮殿。一三九五年に造築されたが、文禄《ぶんろく》・慶長《けいちょう》の役の時に焼失した。その後、一八六七年に再建され、植民地期には王宮の中心建物である勤政殿正面に朝

八・二メートルで、これは南朝尺[21]に換算すると三六〇歩尺《ぼしゃく》となる。この区画が旧衙里遺跡全体のおよそ四分の一であったと推測されることから一辺一七六・四メートル、南朝尺換算で七二〇尺となり、全体の面積は一二〇歩(約三万平方メートル)という数値が得られ、この広さから考えて、この一帯が泗沘期の王宮であった可能性が提起された[李炳鎬、二〇一二]。

このことと関わっては、百済滅亡期に製作された「大唐」銘軒丸瓦も注目される。この軒丸瓦は扶蘇山城と双北里遺跡から出土したもので、文様や製作技法が百済や統一新羅と異なることから、唐の工人が製作したものと考えられる。なお、官北里遺跡のラ地区の東からは、唐式の瓦窯址も発見されている。植民地期に景福宮《キョンボックン》[22]の南に朝鮮総督府の庁舎が設置されたように、扶蘇山城や双北里一帯に唐式瓦を葺いた建物が意図的に建立された可能性もないわけではない。

ちなみに、木簡からも王宮の範囲を類推することができる。羅城内部の木簡出土地は官北里・旧衙里・双北里など扶蘇山城の南側に集中している。双北里一帯は木簡の出土頻度が高く、戊寅年(六一八)に記録された「佐官貸食記」木簡とともに「外椋卩(部)」木簡、「九九表」木簡、『論語』木簡などが発見されている[23]。そのうち、外椋部《ウェギョンブ》[24]は倉庫関係の業務を管掌した中央行政機関で、これら木簡から双北里遺跡一帯での下級官人の活動や官庁の存在が推定可能となろう。なお、これら双北里

鮮総督府庁舎が建立された。総督府庁舎は一九九五年に撤去されたが、当該期に破損した景福宮の復元工事が現在も行われている。

(23) 木簡の材質は日本産の杉であり、周辺からは多数の須恵器の破片も発見されている。またその付近からは「那尓波《なにわの》連公《むらじのきみ》」木簡も発見されるなど、日本との交流を示す資料が多数出土している。

(24) 百済の中央官制である二十二部の一つで、倉庫関係の業務を管掌した行政官署の名称である。なお、日本古代において倉庫を意味する「椋」字も朝鮮半島からの影響を受けたものと理解されている。

一帯で出土した遺物は大部分が七世紀前半に属する。

こうした資料から泗沘期の王宮の位置を断定することはできないが、それは扶蘇山城南の旧衙里・官北里・双北里遺跡一帯であった可能性が高い。その西端は官北里大型殿閣建物址の近くで、唐式瓦窯址が発見された地点が一つの標識となろう。その東端は現在の扶余初等学校や扶余女子高等学校付近で、「大唐」銘の軒丸瓦が発見された双北里遺跡の近くである。南端は定林寺址《チョンニムサ》北側で、これらを境界とした一定の地域が王宮区画と推測される。(25)

## 都城内部はどのような様子であったか

文献史料によれば、泗沘都城は五部に区分され、一万余家があり、この部は五巷《こう》(26)から構成されていた。各部には五〇〇人の部兵がおり、五巷には士庶《ししょ》(27)が居住していた。扶余地域の瓦葺建物址から出土した部名の刻印された文字瓦や五部の名の刻まれた石、宮南池出土の「西部後巷」銘木簡は、泗沘都城が五部五巷から構成されていたことを物語っている。(28)

こうした王都扶余には、寺院も多数建立された。『周書』百済伝には「僧・尼や寺塔はたいへん多い」とあり、泗沘では多くの寺院が建立されていたことを伝えている。扶余地域の発掘および地表調査では、二五カ所の寺址が確認されており、こ

(25) 一方、双北里韓屋村造成予定地では、「岑凍宮《チャムドングン》」という王宮の名称の記された木簡が発見された。「丁巳年十月廿日」という年代も記されていたこの木簡は、穀物の出納来歴を記録した帳簿で、丁巳年は五九七年もしくは六五七年と推定される。断片的な史料ではあるが、「岑凍宮」という王宮の名称から、百済の泗沘期には正宮以外に多数の宮が存在していたことを類推できる。

(26) 泗沘都城の行政区画の一つ。

(27) 士人と庶人の謂。

(28) 軍守里地点の発掘では二基の大壁建物址、四基の掘立柱建物址、竪穴、井戸などが、東西道

の記述を裏付けている。そのうち定林寺址・軍守里寺址・東南里《トンナムニ》寺址は王宮の南の平地に、陵山里寺址は東羅城の外側に、王興寺址は白馬江西側対岸に、扶蘇山寺址は扶蘇山城内部に位置している。これら都城内外の寺院は単純な宗教施設というより、王室の権威を高め、重要な国家儀礼が挙行された聖なる場であった［李炳鎬、二〇一五b］。

これら寺院のうち、定林寺址は王宮区域の南に意図的に配された中心的な寺院で、創建期には塔本塑像《とうほんそぞう》で装飾された木塔が建立されるなど、都城のランドマーク的役割を担ったのであった。軍守里寺址・東南里寺址からは官営工房である亭岩里《チョンアムニヨ》窯址で生産された同笵の軒丸瓦が多数出土しており、これら両寺が僧寺と尼寺の関係であった可能性がある。陵山里寺址は陵山里古墳群の願刹《がんさつ》(29)もしくは陵寺《りょうじ》(30)で、五六七年、百済王室で発願されたものであった。この寺院は都城を出入する要路である羅城の東門と王室の墳墓群である陵山里古墳群、三山(31)の一つである呉山《オサン》が立地する地域に建設されており、非常に意図的かつ計画的に配置された儀礼空間であった［李炳鎬、二〇一五a］。

また、王興寺址は五七七年、威徳《ウィドク》王が薨去《こうきょ》した王子のために発願《ほつがん》した寺院で、その造営は六世紀中後半の都城の整備や拡大と関連している。さらに扶蘇山城内部に建立された扶蘇山寺址は内仏堂《ないぶつどう》(32)のような役割を担ったと考えられる。

路や木柵（垣根）で一定に区画されたままの状態で確認された［朴淳発、二〇一〇］。大壁建物址と掘立柱建物址、竪穴、井戸などが垣根で区画され、組み合わさっていたという様相は、軍守里寺址と東南里寺址の間に位置する薯童公園造成敷地や双北里の韓屋村造成予定地でも確認されている。これら遺構は規模や出土遺物からみて、下級官人や士庶人の生活空間であったと推定される。

(29) 創建者が自身の願いを祈ったり、死去した人の冥福を祈るために特別に建立した寺のこと。

(30) 陵墓を守るために建てたり、守るよう指定した寺のこと。

## 墳墓と生産施設、庭園

泗沘期の墓制は、主に板石を利用した平面長方形、断面六角形のいわゆる陵山里型石室が主流となっている〔山本、二〇一七〕。この墓制は、錦江流域はもちろん、栄山江流域でも同一形態・同一規模の石室が築かれるなど、規格化された様相を呈している。先述のように都城の墓域は羅城を境界としてその外側に造営され、現在まで三〇余カ所で墳墓が確認されている。そのなかでもっとも密度の高いのが、東羅城外郭の陵山里・塩倉里一帯で、全体の約八〇パーセントを占めている。同地域は下級官僚までも含む都城居住民の埋葬地であったと考えられる。

一方、都城の生産施設では、瓦窯址と工房址が確認されている。扶余井洞里窯址・亭岩里窯址・青陽汪津里窯址は大規模かつ長期にわたって使用された代表的な窯址で、瓦と土器を生産した瓦陶兼業窯であった〔清水、二〇一二〕。官北里遺跡や双北里遺跡、定林寺址や陵山里寺址では金や銅、ガラスを生産した小規模工房址が認められており、錦城山の丘陵斜面や谷など比較的広範囲にわたって工房の散在していたことが確認されている。寺院附属の金属工房で生産された製品の種類、規模は、王宮里遺跡工房や錦城山斜面の工房と比較にならないほど小さく、短期間のみ運営されたのであった。

(31) 国家の重要な祭祀が行われた神聖な山で、百済では日山・呉山・浮山と呼ばれ、それらはすべて扶余邑周辺に位置している。

(32) 宮闕内に建てられた寺院で、主に王室女性が重要な信者であった。

また、『三国史記』百済本紀には六三四年(武王三五)三月に「池を宮城の南に穿ち、水を二〇余里も上流から引き、周囲の岸辺に楊柳を植え、池の中に島を作り、この島を方丈の仙山になぞらえた」とあり、宮南池に関する記録が残っている。現在の史跡一三五号宮南池周辺に対する発掘調査では、この記録のような人工的な構造物は発見されておらず、むしろ水田・水路・道路・集水施設・建物址などが確認された[金洛中、二〇一二]。宮南池は百済の庭園に関連するもっとも重要な施設であるが、いまだその実像は明らかになっていない。

## 2 新羅の王京・慶州

### 月城の景観変化

新羅は建国から九三五年の滅亡まで、一貫して慶州を王都としたため、月城《ウォルソン》とその周辺には長期間に及ぶ遺構が複雑に累積している。月城内外部の調査では三世紀前半の竪穴式住居址や竪穴などが確認され、大規模集落の存在が明らかとなった。月城の北側と鶏林《ケリム》の南側一帯、さらに南川《ナムチョン》の南岸からも四世紀前半から五世紀前半の住居址と遺物が確認されている。当該期、月城は慶州盆地内の中心的な集落であった(**図5**)。

**図5** 月城とその周辺(図中の「垓子」は濠のようなもの)

月城では五世紀半ばを前後して、城壁が築造されるという景観上の変化が起こった[洪、二〇一三]。月城の城壁は粘性の異なる土が交互に積み重ねられ、その中間に自然石が敷かれている。基底部では植物の葉や茎を敷いた敷葉《しきは》工法と貝殻を薄く敷いて石灰のように使用した痕跡が認められている。城壁内部には三世紀から五世紀前半の遺物が包含されており、四八七年(炤知麻立干《ソジマリッガン》九)、月城改修後に移住したという記録と合致する。月城城壁の築造は王宮と一般居住地を分離させる上で、重要な契機となった。六世紀初めになると、月城の内外では瓦葺建物が登場するようになったが、瓦の文様や製作技術は百済の影響を受けたものであった。

なお、『三国史記』によれば、新羅は四六九年、王都の坊里名を定め、四八七年

(33) 公文書の伝達や官物の運送、公務を伴い出張した官人の宿泊のために設置した国家の機関を指す。

には神宮《シングン》を築き、郵駅《ゆうえき》[33]を設置して官道の整備を進め、月城を修理し、四九〇年には初めて市場を開設したという。月城の修築とともに都城が整備されたが、特に官道の修理は後の王京[34]道路網の基礎となり、郵駅は王京と地方の拠点を連結する結節点となった。

### 都城の開発のシンボル、皇龍寺の建立

慶州では六世紀中葉以後、本格的に都城が建設されていった。新羅は法興王《ポブンワン》[35]（在位五一四—五四〇年）の時代に律令を頒布し、公服を制定して、仏教を公認するなど、国家体制を整備し中央集権化を推し進めていった。そのなかでも仏教の公認および寺院の造営は、高塚古墳[36]に代わって新たな記念建造物が築造されはじめたことを意味し、これまで市街地に建立されていた墳墓が周辺の山地へ移される重要な契機となった。

五五三年（真興王《ジヌンワン》一四）、真興王[37]（在位五四〇—五七六年）は、月城の東、龍宮《ヨングン》の南に新たな宮殿を造営しようとしたが、黄龍が現れたため、新宮ではなく皇龍寺《ファンヨンサ》を建立したという。この皇龍寺の建造を契機に周辺道路が整備されるなど、本格的な都城の建設が始まった。文献記録によれば、皇龍寺は五六六年に最初の伽藍が完成したが、五六九年には築地塀が設けられた。調査の結果、皇龍寺は、東西二八八メート

(34) 新羅王都は『三国史記』などの文献には、王城、都城、京都、京師などと記されるが、韓国の研究者たちは新羅の都城に対して「新羅王京」を主に用いる。

(35) 新羅第二三代の王。仏教を公認し、律令を頒布するなど、中央集権的国家体制を整備した。

(36) 直径三〇メートル、高さ二〇メートルを超える大型の積石木槨墳で、慶州を中心に、五世紀代に集中的に造営され、金冠をはじめ華麗な副葬品が大量に埋納された。

(37) 新羅第二四代の王。漢江流域を支配し、新羅の領土を朝鮮半島東北地方の咸鏡道地域にまで飛躍的に拡大させた。

ル、南北二八一メートル、面積八万九二八平方メートル(約二万四四八〇坪)で、四つの坊を兼ね備えていたことが明らかになった[黄、二〇一一]。皇龍寺は創建説話や立地、寺格などからみて、当時の慶州のランドマークであった。

慶州都城は、王宮である月城と皇龍寺一帯を中心に開発され、月城北の仁旺洞《イマンドン》一帯と月池《ウォルチ》東の王宮遺跡、皇龍寺址周辺の九皇洞《クファンドン》一帯で市街地の整備が行われた後、しだいに外郭に拡大していき、文武王《ムンムワン》㊳(在位六六一―六八一年)・神文王《シンムンワン》㊴(在位六八一―六九二年)代にさらに都城の整備と拡大が行われたのであった。

### 慶州王宮の整備と拡大

慶州の市街地開発は、河川の整備ならびに寺院の造営と深く関わっていた。月城や皇龍寺一帯の開発は、低湿地の埋め立て作業から始められた。低湿地を住居地や耕作地として利用するためには、閼川《アルチョン》(北川《ブクチョン》)をはじめとした主要河川の氾濫に対処しなければならなかったからである。新羅はその対策として天鏡林《チョンギョンイム》など、王宮の周りに林を造成し、また河川の周囲に寺院を造営して、これを克服しようとしたのであった[金在弘、二〇一三]。

中古期の主要寺院は荒廃地や山林に覆われた地域に位置している(**図6**)。慶州所在の重要な寺院七つの立地をみれば、興輪寺《フンニュンサ》・永興寺《ヨンフンサ》・霊廟寺《ヨンミョサ》・三郎寺《サムナンサ》は西川《ソチョン》沿い

(38) 新羅第三〇代の王。百済と高句麗を滅亡させ、唐軍を追い出し、三国統一を成し遂げて新羅の基礎を築いた。

(39) 新羅第三一代の王。三国統一後の王権内部の対立を制圧して王権を強化し、政治的・経済的安定に尽力した王。

に、皇龍寺・芬皇寺・四天王寺は北川以南・月城東に位置し、さらに祇園寺《キウォンサ》・実際寺《シルチェサ》・曇巌寺《タマサ》は南川以南に存在している。王宮をはじめとした里坊区画が施行された都城の中心部は、新羅仏国土を具現するために創建された寺院によって囲まれていたことになる。仏教寺院によって囲まれた都城は、景観的に周辺と区分されて聖域化され、支配勢力を中心とした政治権力の独占を正当化させる役割を担ったのであった[余、二〇〇二]。

三国統一(六六八年)以後、新羅は王宮周辺を大々的に再整備し、それにともなって格子形の道路区画が施された範囲も大いに拡大す

**図6　慶州の王京区画と様式図**

ることとなった。三国統一以後の新たな人々の流入・人口増加によって、市街地は外郭地域にまで拡張していった。八世紀頃の慶州では、東西は西川から明活山《ミョンファルサン》、南北は鮑石亭《ポソクチョン》から龍江洞《ヨンガンドン》にいたる地域で、格子形道路区域が造成されたのであった[洪、二〇一四]。

三国統一以後の都城開発の中心は、王宮である月城とその周辺地域の再整備であった。『三国史記』によれば、文武王代に王宮が修理され、東宮《とうぐう》が新たに造営されて、宮闕内外の諸々の門の名称が定められたという。月城周辺の建物址などからは、「儀鳳《ぎほう》四年開土」銘の平瓦(六七九年)と「調露《ちょうろ》二年(六八〇年)」銘の宝相華文塼《ほうそうげもんせん》が多数出土しており、こうした文字資料は仁旺洞や国立慶州博物館敷地を含む慶州市内全域から幅広く発見された。これら遺物は王宮であった月城の周辺に官衙や別宮などが新たに建立され、同時に王京中心部に多数の建物が新築されたことなど、大規模工事が行われたことを示唆している。

一方、八世紀後半には北川の東川洞一帯が、九世紀には皇城洞と龍江洞一帯が開発され、新羅都城の全体的輪郭が完成した。『三国遺事』[40]は新羅下代《げだい》[41]、王宮内が五五里、一三六〇坊で、人口が一七万八九三六名であったと伝えている。

## 坊の構造と性格

(40) 高麗の僧侶一然が編纂し、弟子の無極が補筆した私撰の歴史書。五巻九編からなる。確実な編纂時期は不明だが、本文に「今至元十八年辛巳歳(一二八一年)」とあり、一二八〇年代に編纂されたと考えられる。仏教関係記事が大部分を占めるが、檀君神話を伝える記事や王暦などは他にみえず、朝鮮古代史を理解する上できわめて重要な歴史書である。また、新羅の郷歌も伝えており、文学的価値も高い。

(41) 上代・中代・下代は、『三国史記』が設定する新羅の時代区分。始祖(在位前五七—四年)か

『三国史記』には、新羅が四六九年（慈悲《チャビ》麻《マ》立干《リッガン》一二）に「王都の坊里名を定めた」と記録されている。坊と里については、両者を同一なものとみなすことも、並列関係とみなすこともあるが、おおよそ坊が里の下位行政区画であったと理解されている［全、二〇〇九］。また、坊制と里制の施行時期については、金石文や木簡からみて、まず里制が施行され、坊制は七世紀後半、都城を整然と街路網で区画する過程で導入されたと考えられる。

六世紀後半に慶州に格子形の街路区画が施行されたことは、ほぼ明らかである。その大きさは、東西はおおよそ一六〇―一六五メートルであるが、南北は皇龍寺や慶州邑城一帯が一四〇メートル前後、北川北側が一二〇メートル前後で、地域差がある。そのため、時期によって地割の単位が異なっていたという見解もある［黄、二〇一一］。新羅都城の街路区画は六世紀後半以後、段階的に拡張しており、このため、新羅都城全体は不規則な様相を帯びるようになったと思われる。

都城を構成する最小単位である坊の内部構造を示すのが、皇龍寺址の東にある九皇洞王京遺跡（S1E1）である［国立慶州文化財研究所、二〇〇二］。この遺跡は道路の中心線を基準として、東西一六七・五メートル、南北一七二・五メートルの方形で、道路を除いた実面積は約八〇〇〇坪である。街路区画内部からは二期にわたって造成された一八の宅地、一一四棟の建物址が確認された。各家屋は中心建物・台所・

ら真徳王（第二八代、在位六四七―六五四年）までを上代、武烈王（第二九代、在位六五四―六六一年）から恵恭王（第三六代、在位七六五―七八〇年）を中代、宣徳王（第三七代、在位七八〇―七八五年）から新羅最後の王である敬順王（第五六代、在位九二七―九三五年）を下代とする。なお、『三国遺事』はそれとは異なり、始祖から智証王（第二二代、在位五〇〇―五一四年）までを上古、法興王（第二三代、在位五一四―五四〇年）から真徳王（第二八代、在位六四七―六五四年）までを中古、武烈王（第二九代、在位六五四―六六一年）から新羅最後の敬順王（第五六代、在位九二七―九三五年）までを下古とする。

便所・倉庫・工房・井戸などから構成されていた。西南の第一家屋には、木塔と石塔の基壇があり、金堂と推定される建物址（東西五間×南北四間）も確認されており、邸宅に付属した小寺院と考えられる。また第六家屋からは小金銅仏が出土しており、第一家屋と密接な関係があったと考えられる。中国や日本の坊と異なり、その内部を貫く小路は確認されていない。

新羅都城の塀は街路区画を完全に封鎖するように築造されておらず、高さも低い。坊内部の居住民を統制する坊門施設も確認されておらず、家屋の正門を大路方向に向けて造築されたものが多い。これは坊制の本質的機能が、都城民の監視や統制とは異なっていたことを意味する。

坊制が施行された六部《りくぶ》地域は、新羅の支配者の共同体で、さまざまな特権を共有した人々の居住地であった。「坊」という格子形街路区画を基本にして都城民の住居空間を身分によって差別化していたことになる［余、二〇一五b］。新羅は慶州都城を、外形の整然とした計画都市へと変化させただけでなく、都城の運営や都城民の生活までも規格化しようとしたのであった。

## 王宮の構造とその変遷

新羅の王京は、中央行政官庁の整備とともに、機能別に分化していった。六世紀後半の新羅王宮の建物配置がうかがい知れる資料として注目されるのが、『三国史記』新羅本紀・真平王《チンピョンワン》七年（五八五）条の「旱《ひでり》が続いたので、王は正殿を避け、通常の食事を減らして南堂《ナムタン》に出向いて、みずから罪人の罪状を再調査した」という記録である。これは王宮内に正殿と南堂がそれぞれ別々の建物として存在していたことを示している。

その後、六五一年（真徳王《ジントクワン》五）、王宮の配置は大きく変化した。新羅本紀・真徳王五年正月条には、「正月朔、王が朝元殿《チョウォンジョン》に出御し、百官から正月の賀礼を受けた。賀正礼はこの時から始まった」とある。真徳王代には唐の年号・官服を採用するなど、親唐政策が推進されていた。こうしたことから、新羅で初めて賀正礼が挙行された朝元殿(42)もこの時、新たに造営されたとおもわれる。賀正礼が挙行された朝元殿は、唐の長安城の太極宮内の正月元旦儀礼が挙行された承天門《しょうてんもん》（あるいは大明宮《だいめいきゅう》の含《がん》元殿《げんでん》）や日本の藤原京の大極殿に相当したのであった。

史料に朝元殿の記録が散見されるようになって以後、逆に南堂に関する記録が見えなくなる。これは朝元殿が南堂を改編して成立したものであることを示唆する。ただし、朝元殿はその名称が、「臣下が王に新年を祝賀する元旦儀礼」に由来するものであったことをふまえると、基本的には国王中心の儀礼用空間であったとおもわれる。朝元殿は中代・下代でも存続しており、災異を払う儀式や外交使節の接見

（42）新羅時代の王宮の建物の名称。

などが行われたのであった。

神文王代になると、官僚組織のさらなる改編が行われ、官僚数も三五〇名へと増加した。月城と瞻星台《チョムソンテ》(43)の間の皇南洞《ファンナムドン》一二三―二番地で発掘された四〇余基の建物址群は、このような記録に対応する官庁址と推定される。また、月城の東北では既存の施設を埋め立てて、月池(後述)や東宮を造成した痕跡が確認されている。これら一帯は六七九年(文武王一九)に東宮が建立され、諸門の額号が制定されたことと関連して、七世紀後半の月城の宮城拡張を反映したものといえる。こうして拡張された宮城は既存の月城(新月城)と比して満月城《マンウォルソン》とも呼ばれた[全、二〇〇九]。文武王・神文王代に行われた王宮とその周辺の再整備の結果、王宮は国王の政務空間である正殿と公式儀礼を挙行する朝元殿、月城外郭の東宮および官衙区域に分化されたのであった。

(43) 慶尚北道慶州市仁旺洞にある新羅時代の天文台。月城の西北約三〇〇メートルに位置する。

**防禦施設と墳墓、庭園**

慶州には一一の山城が残っている[朴方龍、二〇一三]。これら山城は築城時期によって三期に区分される。第一期は六世紀以前に築城された土城である。四〇五年以前に築城された明活山城(土城)をはじめとして、都堂山《トダンサン》山城・南山《ナムサン》土城・乾川鵲《コンチョンチャク》城・良洞里《ヤンドンニ》土城などがこれに属する。これら山城は月城近接地に築城され、明活山城(土城)を除外すれば、周長一—二キロ前後と小規模である。

第二期の山城には、月城を中心とした東の明活山城(石城)、西の西兄山城《ソヒョンサン》、南の南山新城《シンソン》・高墟《コホ》城があり、土城から石城へと変化した。最初に築城された明活山城(石城)は、「明活山城碑」によれば、五五一年に改築されたことが確認される。これら山城は都城の四方を防禦する羅城のような役割を担っていたとおもわれる。

第三期は七世紀後半に築造された山城で、西の富山《プサン》城、東南の関門《クワンムン》城(新岱里《シンデリ》城)のように、都城への侵入ルートを防禦する機能を担っていた。第二期の北兄山《プギョンサン》城はこの時期まで城郭として機能しているが、西兄山城や南山新城、明活山城などは、その機能が半減したり、喪失したものと理解される。

都城の開発と整備は王陵の場所にも影響を及ぼした。六世紀中後半、月城と皇龍寺一帯が開発され、大陵苑一帯の広い空間を占めていた墳墓群は、これ以後、市内中心部に作られなくなり、郊外へと移動したのであった。その端緒となったのが、五四〇年に薨去した法興王の陵墓の造営であった。法興王陵はこれまでの慶州市街地から出て、西川西側の仙桃山《ソンドサン》麓に作られた。これ以後、王陵は仙桃山、狼山《ナンサン》、南山西麓・東麓、明活山西麓、吐含山《トハムサン》西麓など、都城近郊の山麓に造営された。これらの地域が葬地として優先されたのは、王宮西の防備にとって重要な地点であったことと、達句伐《タルクボル》方面に通ずる幹線道路に立地していたことから、国家レベルで管理

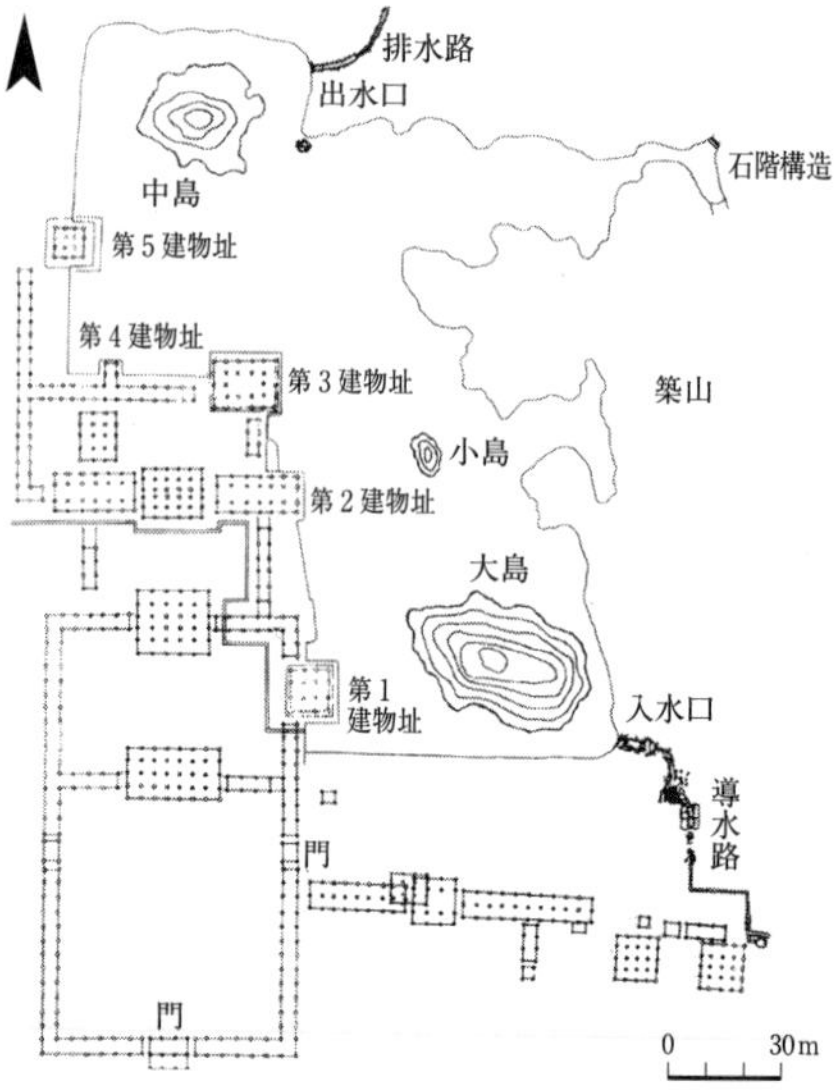


**図7**　東宮と月池の遺構配置図

されていたためであった[黄、二〇一六]。

善徳《ソンドク》女王陵をはじめとして七世紀の王陵や神文王陵など統一新羅以後の王陵は、都城郊外に分散して造営され、王京の東および東南郊外の明活山の麓に位置する。この時期の王陵はそれまでとは異なり、もはや集中的陵域を形成せず、蔚山《ウルサン》や浦項《ポハン》などに通じる幹線道路の要衝地に営まれたのであった。

新羅都城を語る上で忘れてはならないのが、雁鴨池《アナッチ》としてつとに有名な月池である(44)(**図7**)。雁鴨池という名称は、『新増東国輿地勝覧《シンズントングッヨジスンラン》』など朝鮮時代以降の文献に登場し、新羅時代に必ずしもそのように呼ばれていたかどうかは不明である。ただし『三国史記』には六七四年(文武王一四)に「宮内に池を掘り、山を造り、草花の

(44) 月池は東西一八〇メートル、南北二〇〇メートルで、その形状は直線部と曲線部が組み合わさっており、護岸は島をあわせて総計一二八五メートルである。池の東側護岸には半島のように突出した部分や、また峡谷のように深く入り込んだ部分もある。庭園石は島と護岸石築の上段に集中的に配されているが、二メートル未満のものが選択され、周辺の景観と調和するようになっている。南岸と西岸は地形的に東

種を播き、珍しい鳥や珍獣を飼育した」とあり、さらに同王一九年(六七九)条には東宮を建立し、その後、臨海殿で宴会を催したことが記録されているから、統一新羅時代からこれが利用されていたのは間違いない。

一九七五年の発掘調査で、儀鳳四年(六七九)銘の平瓦と調露二年(六八〇)銘の宝相華文塼、東宮で使用されていた遺物が多数出土している。現在では雁鴨池は、東宮と月池に改称されている。月池は九皇洞苑池や龍江洞苑池など、統一新羅の庭園の源流にあたり、その意義は小さくない。

池の内部と周辺の建物址の調査では、三万点に達する遺物が出土している。それらは木簡をはじめ、瓦類、土器類、金工品、漆器など、宮殿や苑池と関連したものが多数含まれている。特に、ここからは韓国初の木簡が発見されており、「太子《たいし》(45)」や「洗宅《ソテック》(46)」など東宮の官司名や「天宝」などの中国の年号が記された遺物、さらには多数の荷札が発見された。それらのうち、壺や甕などの容器に結びつけて使用された付札《つけふだ》木簡には、エイや鹿などの発酵食品の加工日時や容器名が書かれており、新羅の宮中生活をうかがい知る上での貴重な資料となっている[橋本、二〇一四]。

岸や北岸よりも高くなっており、建物から苑池を見おろすことができるように作られている。周辺に臨海殿という殿閣を設けていることからみて、月池は海を模して作られたと理解される。池の真ん中には三神山を象徴する三つの島が造成され、石を利用した入水施設と出水施設も設けられている。

(45) 君主の地位を継承する者。

(46) 新羅の中央行政機関の一つ、侍従及び秘書、文筆に関する業務を担当した。

## 3　百済・新羅の都城と倭国の都城の比較

百済・新羅の都城と飛鳥の諸宮や藤原京との関連性を求めるのは容易ではない。藤原京ではじめて導入された条坊制のような整然とした街路網は、百済ではそもそも施行前に百済自体が滅亡してしまい、新羅では全体的な形態や設定方式が異なっており、具体的な比較研究が困難なためである［小澤、二〇一八］。加えて、この問題を追究するには、単純に道路の大きさや街路区画を比較するだけでは不十分である。百済の都城では条坊制が導入されていなかったが、日本の飛鳥京およびその周辺と類似する部分もあり、七世紀後半には全面的な街路区画の施行された新羅の慶州がどのようなものであったにせよ、藤原京の造営過程で意識されなかったはずがないからである。

### 百済の都城と飛鳥宮・京

奈良県高市郡明日香村に残る飛鳥時代の王宮と庭園・寺院・工房址などは、百済の扶余や益山の都城関連遺跡と関係性が深い。飛鳥宮跡では築地塀内部に各種建物が計画的に配され、その外郭に飛鳥苑池・飛鳥池工房遺跡・飛鳥寺が位置している。

このような飛鳥宮跡の構成要素は百済都城のそれとの類似性が認められる。

まず宮殿建物址をみてみよう。飛鳥宮跡Ⅲ期（浄御原宮）の内郭南区画の中央に位置するＳＢ７９１０は東西七間（約二〇・二メートル）×南北四間（約一一・二メートル）四面廂の掘立柱建物で、いわゆるエビノコ郭（東南郭）の中心建物であるＳＢ７７１０は東西九間（約二九・七メートル）×南北五間（約一五・六メートル）に四面廂の掘立柱建物である。これに対応するのが、王宮里遺跡二二号大型殿閣建物址と官北里遺跡の大型殿閣建物址である［鈴木、二〇一二］。百済の大型殿閣建物が瓦葺の礎石建物であるのに対して、飛鳥では掘立柱建物という違いはある。しかし、内郭南区画中央区のＳＢ７９１０と扶余・益山の大型殿閣建物は東西七間×南北四間と共通しており、王宮里二二号大型殿閣建物が大極殿のように王宮の南の中央に位置していることは、注意すべきである(47)。

飛鳥の庭園としては、石神遺跡の方形池と飛鳥京跡苑池が知られている。服属・饗宴の場とされている石神遺跡からは方形池とともに石人《せきじん》像と須弥《しゅみ》山《せん》像の石造物が発見されている。『日本書紀』には、六一二年、「百済の路子工《みちこのたくみ》が小《お》墾田宮《はりだのみや》の南庭に須弥山像と呉橋《くれはし》を作った」とあり、石神遺跡の池と石造物が路子工のような百済系渡来人系統の技術によって造営された可能性は非常に高い［小野、二〇〇九］。

飛鳥京跡苑池は飛鳥宮跡Ⅲ期の遺構の内郭北西に位置し、南北二つの池から構成

(47) 国立扶余文化財研究所の二〇一五年の調査では、王宮里遺跡の二二号大型殿閣建物の西側から東西一間、南北七間の長廊形建物址一棟が確認されている。発掘者はこれが飛鳥宮址のＳＢ７９１０東側で確認された朝堂と推定されるＳＢ７４０１・８５０５に相当するものではないか、と推定しているが、速断できない。

されている。南池は南北約五五メートル、東西約六五メートルの平面五角形で、北池は南北約四六—五四メートル、東西約三五メートルの平面長方形をなし、すべて直線基調の護岸を備えている。王宮里遺跡や官北里遺跡の池が方形で、直線を基調とした護岸を備えたものであることとも共通する［鈴木、二〇一二］。現在まで、泗沘期都城で飛鳥京跡苑池に比肩する大規模な池は発見されていないが、宮南池に関する記録を勘案すれば、それが存在していたことは十分に想定可能である。

工房などの生産施設の遺跡も注目される。飛鳥時代のはじまりを告げるものとしてつとに有名な飛鳥寺の建立に、百済から渡来した寺工・露盤《ろばん》博士・瓦博士・画師などの技術者が活動したことは広く知られているところである。そのうち、百済の瓦博士の指導の下、始められた瓦生産は、たんに文様だけでなく、製作技法など、瓦生産体制全般にわたって百済の技術が、絶大な影響を及ぼしたことが明らかにされている［清水、二〇一二］。

また、飛鳥池工房遺跡の木簡には、「阿佐ツ麻人《あさつまのひと》」という工人の名前が登場する。彼は『元興寺伽藍縁起幷流記資財帳《がんごうじがらんえんぎならびにるきしざいちょう》』に引用された「塔露盤銘」にみえる「阿沙都《あさつ》麻首《まのおびと》」の末裔で、律令下では雑戸《ざっこ》に編成されていた可能性が高い。飛鳥池工房の工人は、東漢《やまとのあや》氏配下の渡来系氏族が多く、飛鳥寺に属する工人とも系譜的にも繋がる［市、二〇一二］。

ところで、ここから出土した鉛ガラスの溶解に使用されたるつぼは、砲弾形の厚い蓋がかぶさった形態で、王宮里工房のそれと酷似する〔田、二〇一二〕。飛鳥池工房では、金・銀・ガラス・鉄・銅など、多様な製品が大規模に生産されているが、これも王室の総合工房である王宮里工房と類似する。今後、供給先や生産体系、工人の編成などに対しても比較する必要があろう。

都城内の寺院は王宮や官庁とともに景観形成上、もっとも重要な要素の一つである。扶余の定林寺址や益山の帝釈寺址は、王宮周辺に計画的に配置された寺院で、国家によって政治空間と宗教空間が一体化させられたものと理解されている〔李炳鎬、二〇一五a〕。一方、日本においても、小墾田宮と飛鳥寺、斑鳩宮と斑鳩寺（若草伽藍）、百済宮と百済大寺（吉備池廃寺）など、王宮と寺院がセットとなっていたことを確認できる。このように王宮と密接に関連して配置された日本の寺院は、王権の統合儀礼が行われた中枢であり、その源流を百済に求めることができると考えられる。

### 新羅の慶州と藤原京

慶州では六世紀中葉の皇龍寺の造営を契機に、条坊制が導入され、文武王・神文王代以後、本格的な道路網が整備された。新羅は同一の地域を一貫して王都としてきたために、条坊制の施行にも制約がともなうことになった。一方、ほぼ同じ時期の日本でも律令制が導入され、国家権力の集権化が試みられ、条坊制も導入されていった。文武王・神文王代は新羅の政治・社会・文化全体の変革期で、日本の律令国家成立期である天武・持統朝に相当する［李成市、二〇〇四］。両国はほぼ同時期に、同じような政治課題を抱えていたのであった。

藤原京は中央に王宮を配置した独特な形態をしている。これは実在する中国の都城ではなく、『周礼《しゅらい》』考工記㊽にみえる理想的な都城をモデルとしたと理解されている［小澤、二〇一四］。そうであれば、藤原京が『周礼』をモデルとした都城として開発された背景はどこに求めることができるであろうか。これを考究する上で、天武・持統朝の新羅との関係に注目する必要がある。

当該期、日本は新羅に使節を派遣して情報を交換し、国際情勢を把握することができたのであった。文武王・神文王代の慶州と藤原京の条坊制は道路の大きさや条坊の規模、設定方法も異なり、全体的な形態も相違する。しかし、条坊制のかたちを除外すれば、両者の間には意外な共通性が認められる。この二つの都城はそれをめぐる羅城が存在しておらず、朱雀大路《すざくおおじ》も貧弱である。また、藤原京の大和三山が新羅三山㊾の影響を受けたものという意見もある［張、二〇一七］。なお、新羅は六五五年に王宮があった月城に「鼓楼《ころう》㊿」を設置しているが、これは唐で外朝の正殿であ

(48)『周礼』冬官考工記のこと。『周礼』の一編で、中国最古の技術書。『周礼』は西周を理想として作られた官制の経典で、前漢末に偽撰されたといわれる。漢代に献上された時、冬官司空(工事)が欠けており、考工記によって補ったと伝えられている。そのため、考工記は本来、『周礼』とは別の書物であった。剣・弓・矢・車輿・楽器・城市などの構造・寸法規格・製作、建築の方法などが記され、中国古代の手工業技術や都城建設に関する指針書となっている。

(49) 新羅時代、国家祭祀のなかで大祀の対象となった慶州およびその周辺の三つの山。習比部(慶尚北道東慶州の東及

る太極殿の承天門に鼓楼を設置し時刻を知らせたことを参考にしたものである。日本でも斉明《さいめい》紀六年(六六〇)五月に「皇太子が始めて漏剋《ろうこく》(水時計)を造り、民に時を告げた」という記録があり、水時計遺跡と推定される水落《みずおち》遺跡が発見されている。このような事例は慶州と藤原京が非常に類似した過程を経て整備されたことを示唆する。

これに加えて、両国の元日朝賀に関する記録にも注目する必要がある。藤原京の完成は、通常、七〇一年(大宝元)正月一日の元日朝賀に象徴される。この時、はじめて七つの幢幡《どうばん》を立てているが、『続日本紀』はそのことを「文物の儀礼がここに整備された」と記し、絶賛した。藤原京大極殿南門前面の調査では幢幡遺構と考えられる七基の大型柱穴、旗竿遺構と考えられる一六基の柱穴列が確認されている[大澤ほか、二〇一七]。『続日本紀』に記録された大宝元年の元日朝賀が証明されたのであり、これはいわゆる律令国家の完成を示すものと理解されている。

一方、第一節で論及したように、扶余の官北里遺跡の大型殿閣建物址の南では幢幡遺構と考えられる竪穴が発見されている(図4参照)。また、第二節で言及したように、新羅ではこれと非常に類似した記録が残っている。新羅は六五一年(真徳王五)に国王が朝元殿に出御し、百官の賀正礼を受けたが、この時から元旦儀礼が始まったのであった。この頃、新羅は唐の文物・制度を急速に受容する親唐政策を推

び東南側)の奈歴、切也火郡(慶尚北道の永川)の骨火、大城郡(慶尚北道清道に推定)の穴礼がそれにあたる。

(50) 太鼓を打つ楼閣。

進していた。六四九年には官人の公服を唐の衣冠に改め、六五〇年には新羅固有の年号を廃止し、中国の年号である永徽《えいき》を使用し始めている。六五一年の朝元殿の賀正礼は唐の皇帝が含元殿で朝賀を受けたことを模倣した国家的儀礼であった。

しかし、六五一年の新羅の賀正礼を、藤原京の場合のように律令国家の完成を示すものと理解するのは困難である。むしろ、六五一年一二月、難波遷都から六年後に遷った難波長柄豊碕宮《なにわながらとよさきのみや》（前期難波宮）の造営に比肩できるかもしれない。『日本書紀』白雉《はくち》三年九月条では孝徳《こうとく》天皇が造営したこの王宮を、「言葉では言い尽くせないほどの偉容をほこる宮殿であった」と表現している。この前期難波宮と新羅の都城とは、相互に比較検討する余地がある。

その後、新羅は六七九年に王宮を重修《じゅうしゅう》し(51)、東宮を建立するなど、大規模に都城を再整備していた。こうしたことから七〇一年、藤原宮で挙行された元日朝賀は朝鮮半島との関係性を考慮しなければならない。新羅の賀正礼が衣冠制の整備や唐の年号の採択と関わっていたことと、日本で七〇一年を前後して行われた大宝年号の採用、律令の整備などの唐風化の様相とが、非常に類似するためである。

以上の検討から、慶州と藤原京が類似した政治過程において造営され、都城整備や構成要素において多くの共通点を有していることを確認してきた。当該期の二つの国家は、相互に協力しつつも、同時に競争関係でもあった。

（51）建物などの古く壊れたものを再度、手を入れ修理したもの、改修ともいう。

しかし、このような理解では藤原京の造営に、突然『周礼』が意識されたことを説明できない。そこで、改めて百済に注目する必要がある。百済では『周礼』の官制を模倣して中央の官僚組織が形成され、地方制度や国家的祭祀儀礼にいたるまで、「周礼主義的」政治理念を標榜したと評価されているためである。(52)

これまで百済中央の政策決定機関である六佐平《ユクジャピョン》制度が、『周礼』の六官制と対応し〔李基東、一九九六〕、行政の実務を担当した二二部司のうち、司徒《サド》部・司空《サゴン》部・司《サ》寇《グ》部・日官《イルグワァン》部も『周礼』の六官制に由来しており、天智・天武朝の律令官制の成立に百済の二二部司制が影響を与えたとする見解も提示されている〔鬼頭、一九七八〕。白村江の戦い以後、日本ではいわゆる朝鮮式山城などの防禦施設の造営、土地開発、中央官制の整備などを通じて、律令的支配秩序が構築されたが、そこでは百済遺民が積極的に活用されたのであった〔森、一九九八〕。七世紀後半、藤原京の造営に、突如として『周礼』が用いられた背景には、新羅への対抗意識だけでなく、百済遺民の影響を想定せざるをえないとおもわれるのである。

## おわりに

百済や新羅の都城研究は、飛鳥京や藤原京、平城京のそれと比較すると、後発的

(52) 百済で『周礼』が重視された背景には、泗沘遷都以後、梁から百済へ来た陸詡の役割が注目される。彼は若くして崔霊恩の「三礼義宗」に習熟し、陳では宗廟や郊祀の祭祀を担当する尚書祠部郎中を歴任した。

な側面がないわけではない。しかし、扶余と益山、慶州などで近年、急増する大規模かつ継続的な発掘が進展し、両者の差を埋めつつある。

ここでは近年発掘された資料と文献史学の研究成果を整理・紹介し、そのなかでも特に扶余や益山と飛鳥京、慶州と藤原京の都城構成要素や整備過程が非常に類似した様相を帯びつつ展開していたことを論じてきた。本論で指摘したことは、倭国の都城について、平面プランを重視する観点から中国・隋唐の長安城との関連を強く意識する一方、朝鮮半島の都城とはさほど関連性がないと考えられてきた既存の認識に反省を迫るものである。今後、朝鮮半島の都城関連資料の増加とあわせて、両国の都城のより多様な視点からの比較研究に期待したい。

## 引用・参考文献


市　大樹、二〇一二年『飛鳥の木簡』中公新書
大澤正吾ほか、二〇一七年「藤原宮朝堂院の調査——第189次」『奈良文化財研究所紀要 二〇一七』
小澤　毅、二〇一四年「飛鳥の都と古墳の終末」『岩波講座日本歴史2　古代2』岩波書店
小澤　毅、二〇一八年『古代宮都と関連遺跡の研究』吉川弘文館
小野健吉、二〇〇九年『日本庭園——空間の美の歴史』岩波新書
鬼頭清明、一九七八年「日本の律令官制の成立と百済の官制」『日本古代の社会と経済』上、吉川弘文館
黄仁鎬、二〇一一年「新羅王京の整備における基準線と尺度」『日韓文化財論集Ⅱ』奈良文化財研究所
清水昭博、二〇一二年『古代日韓造瓦技術の交流史』清文堂

田中俊明、二〇〇七年「高句麗平壌城と王宮城」『馬韓百済文化』15
田庸昊、二〇一一年「古代日韓における技術文化の変遷過程」『日韓文化財論集Ⅱ』奈良文化財研究所
橋本　繁、二〇一四年「慶州・雁鴨池木簡と新羅の内廷」『韓国古代木簡の研究』吉川弘文館
森　公章、一九九八年『「白村江」以後』講談社選書メチエ
山本孝文、二〇一七年『古代朝鮮の国家体制と考古学』吉川弘文館
李成市、二〇〇四年「新羅文武・神文王代の集権政策と骨品制」『日本史研究』500
李炳鎬、二〇一二年「扶余・定林寺址よりみた百済聖王代の仏教と王権」大橋一章・新川登亀男編『「仏教」文明の受容と君主権の構築』勉誠出版
李炳鎬、二〇一五年a「百済泗沘期の王宮と寺院の位置について」『考古学論攷』38
李炳鎬、二〇一五年b『百済寺院の展開と古代日本』塙書房

【韓国語】

国立慶州文化財研究所、二〇〇二年『新羅王京 発掘調査報告書Ⅰ』
国立扶余文化財研究所、二〇〇九年『扶余 官北里 百済遺蹟 発掘報告Ⅲ』
金洛中、二〇一一年「百済宮城의 苑池와 後苑」『百済研究』53
金在弘、二〇一三年「新羅王京의 開発過程과 発展 段階」『韓国史学報』52
鈴木一議、二〇一二年「飛鳥時代宮都와 百済 泗沘期都城의 構成要素에 관한 比較試論」『百済研究』56
朴方龍、二〇一三年『新羅都城』学研文化社
朴淳発、二〇一〇年『百済의 都城』忠南大学校出版部
余昊奎、二〇〇二年「新羅都城의 空間構成과 王京制의 成立過程」『서울학研究』18
余昊奎、二〇一五年a「三国 初期 都城의 形成過程과 立地上의 特徴」『三国時代 国家의 成長과 物質文化1』韓国学中央研究院出版部
余昊奎、二〇一五年b「三国 後期 都城 景観의 変化와 그 特性」『三国時代 国家의 成長과 物質文化2』韓国学

中央研究院出版部
李基東、一九九六年「百済国의 政治理念에 대한 一考察」『百済史研究』一潮閣
李炳鎬、二〇〇七年「泗沘都城의 構造와 築造過程」『百済의 建築과 土木』忠南歴史文化研究院
張寅成、二〇一七年『韓国古代道教』書景文化社
全徳在、二〇〇九年『新羅王京의 歴史』새문사
田中俊明、一九九〇年「王都로서의 泗沘城에 대한 予備的考察」『百済研究』21
洪潽植、二〇一三年「新羅都城의 構造 性格과 百済都城과의 比較」『百済都城制와 周辺国 都城制의 比較研究』
忠南歴史文化研究院
洪潽植、二〇一四年「新羅 都城의 建設과 構造」『三国時代 考古学 概論1(都城과 土木編)』진인진
黄仁鎬、二〇一六年「六~八세기 新羅 都城의 都市区画과 陵墓域의 変遷研究」『韓国考古学報』101

座談会

# いま〈都城研究〉から何が見えるか

川尻秋生
市　大樹
馬場　基
網　伸也
吉川真司

**川尻**　本書のテーマである「古代の都」、すなわち古代の都城については、長年積み重ねられてきた発掘の成果を抜きに語ることはできません。本書の執筆者は皆さんその現場に携わってきた方ばかりで、市さんは飛鳥・藤原京、馬場さんは平城京、網さんは長岡・平安京を主に調査してこられています。今日はそこに私と、シリーズ編集委員から吉川さんが加わり、都城研究から見えてくることを考えてみたいと思います。まず根本的なことから始めますが、我々古代史研究者はなぜ都城に興味を惹かれるのか。そこから何が見えてくるのでしょうか。

## ■理想と挫折が見える場所

**馬場**　一般に「都」というと、「田舎」の対極であり、文化の花ひらく美しい場所というイメージがあるかもしれません。私の主な研究対象である平城京も、そう言われることがよくあります。しかし都城研究に携わる者として申し上げますと、端的に言って都とは、その時の支配者集団が「やろうとしたこと」、そして「できたこと」と「できなかったこと」が集中して現れている場所だと考えています。「都」という空間にはつねに、ある集団がその時代に全体として目指した方向性と、それに基づく試みの結果が、成功も失敗も集約して現れている。奈良や京都にかぎらず、「都」という場はつねにそうです。だから都を見るということは、その時代の「十字架」、つまりその時代が背負った課題を見ることではないかと思います。

**川尻**　たとえば平城京に関して、一般的に教科書などでは「花ひらく平城京」「うるわしの都」のような表現が使われ、律令国家の一つの理想形を体現するもののように語られますが、そうではないということですね。これは歴史の結果を踏まえた現在の視点から見るのか、それとも都城を造営していた当時の歴史のなかに立ち返って見るのか、その違いからくるものだと思います。歴史研究者が提示できるものとして、その視点の違いは非常に大事なところですね。

**市**　国家のさまざまな課題やそれへの取り組みが都城に集約して現れるというのは、その通りだと思います。都城は最初から完成された形で存在したわけではないし、当時の人びとが計画した通りに出来上がっているわけでもない。発掘調査を通じて具体的な遺構の変遷を見ていくと、当時の人びともかなり右往左往しているような印象を受けます。私がいつも思い浮かべるのは、藤原宮の朝堂《ちょうどう》のことです。コラム「藤原宮の朝堂にみる試行錯誤」(八九―九二頁)に少し書きましたが、一二棟ある朝堂のそれぞれの大きさをどうするのか、工事を開始していたにもかかわらず、あれこれ悩んでしまったようで、途中で計画を変更しています。

このようなことがあると、発掘担当者としては大変に困ってしまうわけです。このような遺構が出てくるはずだと、私たちは予想をたててから発掘に臨みます。「ここは、こうあってほしいな」と思いながら発掘するわけで、それらしい遺構が出てくると一安心します。ところが調査も終盤になって、「あってはいけないもの」が出てくる(笑)。その結果、さらに一カ月近く現場が延びることになるわけです。私はそれに何度泣かされたことか……。

**網**　私は大和《やまと》から山背《やましろ》（山城）へ、今でいえば奈良から京都へと都の位置が変わるあたりをずっと調査をしてきているのですが、長岡京・平安京というのは、どちらも桓武《かんむ》天皇（在位七八一―八〇六年）という一人の天皇が、今まで都が造られたことのなかった場所に新しい都を造ろうとして出来たものです。その時に彼は何をやろうとしたのか。結局何が実現できなかったのか。とくに二回目、長岡京から平安京に遷都した時は、一回目の失敗をどのように克服しようとしたのか。そうしたことが、発掘調査からリアルに分かってくるんですね。

**川尻**　都城という時空間のなかで、桓武天皇が意図したものと、それを阻害したものというのが合わせて見えてくるということですね。ただ、彼が目指したものを実現できなかった背景には、地方の状況や、中国・朝鮮半島を含めた世界情勢など、社会の諸状況がからんできますよね。

**網**　当然そこにあるのは桓武天皇個人の思いだけではありません。東アジアの状況も含めた世界的なうねりのなかで、国家がどういう方向に動けばいいのかということも影響してきますし、何より都が変わるということは、道路のようなインフラが大きく変化することでもある。さまざまな社会のシステムが変わり、日本列島全体に広がっていく、遷都はその契機になったと思います。

## ■日本の古代都城の魅力

**吉川**　少しまぜかえしますと、「都に当時の諸状況が集約されている」というのは、どの時代でも、世界のどこでも見られることではないでしょうか。そうだとしますと、日本の古代の都を考えることには、特にどういう意味があると考えられますか。

**馬場**　一つには、古代は、「首都」とは何かということを模索しながら、初めてそれを造ろうとした時代だからじゃないですか。

**吉川**　私が思いますのは、たとえば江戸という「都」の研究と、平城京の研究のどこが違うかというと、やはり日本の古代史は、考古学と文献史学がしっかりタッグを組んで研究しているということが大きいですね。それぞれの視角や方法が組み合わさって、立体的な姿が見えてくるわけです。

**川尻**　世界的に見ても、もっとも発掘が進んでいるのは平城京ではないですか。もっと広い、あるいは古い都市はたくさんあるでしょうけれど。さらに平城京の場合、同時代の正倉院文書がしっかり残っている。

**吉川**　木簡《もっかん》も出る。

**馬場**　考古学と文献史学が協力している例で言えば、たとえば中東地域では、聖書にまつわる考古学などは大変な厚みがあります。ただ平城京や平安京は、非常に現地性が高い状態で資料が保たれている。それがこのフィールドの最大の魅力でしょうね。

川尻秋生

**網**　正史《せいし》があることも大きいですね。奈良時代なら『続日本紀《しょくにほんぎ》』のような国家が作った歴史書があって、当時の国家の目指したところが分かるから。

**馬場**　律令のような法制史料もあります。

**市**　都城には国家の理念と現実が端的に現れてきますから、史書や律令などにある建前が実際はどうだったのか、考古的調査でかなり検証できるんですね。理念と現実が合致することもあるんですが、矛盾することも少なくない。それが面白いとも言えますね。

## ■ 前期難波宮が持つ意味

**川尻**　都城研究にもさまざまな切り口がありますが、本書では「なぜ都は動いたのか」ということを主なテーマとしました。本編でも述べてきたように、判明する限りでも六世紀後半から九世紀に平安京に定着するまで、日本の古代の都宮は次々と場所を遷《うつ》していくわけです（以下、都宮の存続期間については、巻末三〇九頁、**資料1**参照）。なぜ遷都したのか、あるいはなぜしなかったのか。その折々の中国や朝鮮半島との関係を含め、それぞれに理由はあるとしても、古いものを保存し、新しいものを取りいれていく機会となったことは間違いないと思います。

次々に造られた宮のなかでも大きな画期となったのが、まずは推古《すいこ》天皇（在位五九二―六二八年）の小墾田《おはりだの》宮《みや》。そしてやはり大化《たいか》改新《かいしん》直後に営まれた前期難波宮《なにわのみや》（難波長柄豊碕宮《ながらとよさきのみや》、大阪市）でしょう。前期難波宮は、使われた期間は非常に短いのですが、七世紀史を考える上でどう評価するか、重要かと思います。本論でこの時期を担当された市さん、いかがですか。

**市**　私も前期難波宮はとても画期的な宮だったと思っています。まず、それ以前の宮というのは、天皇の居住スペースとしての私的な性格と、政務や儀式の場としての公的な性格とがないまぜになったものだったのが、難波宮ではっきりと分かれてきます。のちの大極殿《だいごくでん》に当たる内裏《だいり》前殿《ぜんでん》が誕生し、公的な儀式の際に天皇が出御するようになります。この内裏前殿には前庭があって、そこに役人たちが召されて天皇に拝礼するなどの儀式が行われました。さらに、内裏前殿の一郭よりも南方には、一四棟以上もの朝堂で囲まれた広大な朝庭があって、やはり儀式の際などに使用されました。また朝堂では、口頭決裁を中心とした政務も行われていました。

それから、こうした中心的施設の外側に官衙《かんが》（役所）群が新たに設けられます。その結果、これまで豪族たちの居宅などで行われていたさまざまな業務が、宮の中に取り込まれていきます。これは官僚制機構の整備という面からみて注目すべきことです。

さらに、難波宮が上町《うえまち》台地の北端にある点も重要です。私は、宮の南方に京域《きょういき》を設定する意図があったと考えています。京域の一番北側に宮を持ってくるタイプを「北闕《ほっけつ》型」と呼びますが、難波京は日本における最初の事例だとみています。当時の中国の唐《とう》・長安城《ちょうあんじょう》がまさに北闕型でした。典型的な北闕型である平城宮に先んじて、唐の長安城を意識して造られた都が難波京であったと思うんですね。

**馬場**　難波宮の最大の成果は、前庭部を持ったことだと思います。小墾田宮以降、どの宮も、役人たちが列立する空間は十分ではなかった。それがここで突然整備される。難波宮を象徴するのは、前庭に投書箱を置いて誰でも訴えを出せるようにした鍾匱《かねひつ》の制《せい》（本文四〇頁参照）ですね。この制度があったのは難波宮の時期だけで、その後はなくなるんです。

ただ、この前庭から内裏前殿の構造は、ひょっとしたら難波宮の前の飛鳥板蓋宮《いたぶきのみや》（奈良県高市郡明日香村）から受け継いだものだったかもしれない。板蓋宮は乙巳《いっし》の変（大化改新）という、中大兄《なかのおおえ》皇子（後の天智《てんじ》天皇、在位六六八―六七一年）が中心になって起こした蘇我入鹿《そがのいるか》殺害事件の舞台になったところです。この板蓋宮の内郭《ないかく》、つまり中心部は発掘でもまだ出てきていません。しかしこの内郭が難波宮の中枢部（四二頁、

図7参照）と同じ構造であったと考えると、『日本書紀』と『藤氏家伝《とうしかでん》』（藤原氏の家記）が描くところの蘇我入鹿殺害事件の現場にピタリと一致するんですよ。奈良県が発行した冊子で書いたのですが（『古代を創った人びと 中大兄皇子・中臣鎌足』）、事件は内裏前殿周辺で起こったんです。蘇我倉山田石川麻呂《そがのくらやまだいしかわまろ》が前庭で上表文を読み、内裏前殿に皇極《こうぎょく》天皇（在位六四二―六四五年）が御し、脇殿の中で中大兄が入鹿に斬りつける。入鹿が前庭に逃げ出して、皇極は内裏後殿《こうでん》に引っ込んで門を閉ざしてしまう。つまり暗殺は室内戦だった。当初計画では、暗殺担当の二人が太刀を手に突入し、中大兄らは室外担当。ところが暗殺者がひるんだため、中大兄が突入せざるをえなくなる。だから中大兄は、最初持っていた長槍を太刀に持ち替えたんですね。藤原鎌足《ふじわらのかまたり》はこのとき弓矢を持っているのですが、なぜ弓矢かというと、入鹿が建物から出てきて逃げる場面を想定している。深読みすると、計画が失敗した場合、中大兄を狙ったかもしれません。

**川尻**　すごい読みだな。

**馬場**　すみません、「一説として」ということで（笑）。ともかく、この難波宮中枢部の構造は板蓋宮から引き継いでいた可能性がある。それで何が重要かというと、前期難波宮の内裏前殿は両側に脇殿《わきでん》がありますが、これは大臣《おおおみ》の座じゃないかということなんです。これは大化改新前の板蓋宮から受け継がれたものなのではないか。大化改新詔が出された後も、大臣だけは従わず、天皇に指定された色の冠をかぶらないという話が『日本書紀』にありますが、大化改新を経てもなお、大臣の大きな権力を王権が完全に取りあげることはできなかった。そういう、この時代に解決できなかったことが、前期難波宮の脇殿の存在から読みとれるのではないかと思うんですね。律令制では「大臣」はいわば「官人のなかで序列トップの人」にすぎないけれど、改新前後のこの時期はもっと強い、王権の一部だったと思う。

## ■「京」はいつ出来たか

**網** 先ほどの市さんの話に戻ると、「難波京は北闕型」ということについて、私は少し違うイメージを持っています。最初に「京域」があって、その北側に宮を造ったというのではなく、もともとヤマト王権の難波における拠点が、この上町台地の先端にあったのではないか。何しろ乙巳の変の直後ですから、難波《なにわ》大郡《おおごおり》、難波館《なにわのむろつみ》、屯倉《みやけ》など、外交・内政の重要拠点がすでに固まっていた場所を宮として押さえたということではないでしょうか。そう考えると、北闕型を本当に指向したかどうかは分からない。

**市** 確かに、一番いい場所を宮として押さえたことで、結果的に北闕型に見えてしまう面はあるかもしれません。私は難波長柄豊碕宮とは子代離宮《こしろのかりみや》を取り壊して造った宮だと考えています。子代離宮は子代屯倉を継承したものですが、子代屯倉の別名は難波屯倉です。この難波屯倉は前期難波宮の下層遺構に相当すると考えています。著名な五世紀の大規模な倉庫群（法円坂《ほうえんざか》遺跡、大阪市）も、前期難波宮下層遺跡の一部です。こうした場所を踏襲した結果、宮が北に位置することになったことは確かにその通りです。しかし、こうした好条件をいかして、北闕型を指向した可能性も十分にあると思います。

**網** それと、為政者にとってはまず豪族たちを本貫地《ほんがんち》から動かすことが大事だった。律令国家的な新しい制度を稼働させていくために本貫地から豪族たちを切り離して、いわば完全な役人にしてしまうことを目指したのではないでしょうか。だから難波宮の周りには官衙群が早い段階で形成されていて、なおかつ広大な倉庫群が北西にあり、人だけではなく物資も集約して動かしていくんですね。

**吉川** 難波宮のような空前の規模の王宮が出来たのは、大化改新の結果としか思えないですよね。ただ、

市 大樹

この時「京」がすでにあったのかどうか。京というと、イコール条坊《じょうぼう》制と思われがちですが、条坊制のない京というものも考える必要があります。庚午年籍《こうごねんじゃく》（六七〇年に作成された日本で最初の全国的戸籍）には京職《きょうしき》戸籍もあったようで、天智朝には「京」という特別行政区があったと思われます。それが大化までさかのぼるかどうかが大きな問題になってきます。大化年間、全国に地方行政区としての評（コオリ、後の「郡」）が立てられますが、そのなかで特別なエリアが京として別置されたのかどうか。

**馬場**　前期難波宮の京の話で言うと、やはり四天王寺《してんのうじ》（聖徳太子が創建したと伝えられる寺院、大阪市）が大事だと思うんです。難波に遷都した時すでに四天王寺はあって、宮と四天王寺を軸として難波大道《たいどう》が貫いているというのは、きわめて京的な空間だと思います。景観で言っても、大阪湾から入ってくると、おそらく四天王寺と難波宮がドカンと両側に見える。

**網**　確かに四天王寺は、難波遷都の時期に伽藍《がらん》整備が行われていますからね。百済大寺《くだらのおおでら》（吉備《きび》池廃寺《いけはいじ》、奈良県桜井市）と同笵《どうはん》の瓦（五五頁、注77参照）も入り、官寺的な様相を帯びてきて、それが宮と南北に並んで特別な空間を作り上げていったのは間違いない。ただ不思議なことに、この宮と寺の間の空間から、古い遺構があまり出ないのです。

## ■難波から飛鳥へ——なぜ戻ったのか

**川尻**　今のお話のように、大化改新後、飛鳥からいったん難波に宮を動かしたあと、なぜか再び都は飛鳥に戻ってきます。戻ったのは皇極が重祚《ちょうそ》（二度目の即位）した斉明《さいめい》（在位六五五―六六一年）の時で、板蓋宮をスタートに、飛鳥地方の中で何度も宮を移し、「倭京《わきょう》」を築いていく。その後、天智（中大兄）による近江京《おうみ》（大津宮《おおつのみや》、滋賀県大津市）への遷都を経て、壬申《じんしん》の乱後、天武《てんむ》（在位六七三―六八六年）は飛鳥浄御原宮《きよみはらのみや》で即位する。なぜ飛鳥に戻ったのか。その後、持統《じとう》（在位六九〇―六九七年）の時代に完成する藤原京とあわせて、考えていきたいと思います。

この浄御原宮は、『万葉集』に歌われているイメージからするともっと壮大な宮だと思われていたのが、実はそうではないらしい。実際この辺りは飛鳥川のすぐ近くで、そんなに広い場所が取れる地域ではないですね。

**市**　その通りです。飛鳥浄御原宮というのは、天武天皇が晩年病気になり、延命を願って命名されたものです。そもそも、一から新しく造った宮ではありません。天武の母親である斉明天皇が造った後飛鳥岡本宮《のちのあすかおかもとのみや》をそっくりそのまま受け継ぎ、その東南部に「エビノコ郭」（東南郭）という新たな区画を設けた、それが浄御原宮だと言われています（五九頁、**図14**参照）。天武の力をもってすれば、別にお母さんの宮を引き継がなくとも、もっと大きな宮が造れたはずです。そこで浮上するのが藤原宮です。天武は六七六年（天武五）以降、「新城《にいき》」の造営に着手します。「新城」は新しい都城を意味し、それは藤原京に他なりません。つまり、天武は新たに藤原京を造りながら、浄御原宮に住み続けたわけです。要するに天武の本命の宮は藤原宮であって、完成までのつなぎとして浄御原宮で我慢したということではないでしょうか。

**網**　都の造り方としては、宮をどこに置くかということも含めて最初から設計していくパターンと、宮が最初にあって、そこから周りに京域を広げて都を造っていくパターンと、二つあると思う。浄御原宮は後者の典型なのかなと位置づけています。わざわざ造営しなくても、宮はもうあるんですよ。天武天皇はいったんそこに入って、天武五年になったところで「新城」、つまり条坊のような街割《まちわり》を宮の周りに造っていくという発想を持ったのではないか。それはすごく画期的なことだったと思います。天武天皇はおそらくその「新城」の中に、最終的には自分の住む新しい宮殿を造ろうと思っていたんだけれども、実現できず死んでしまった。それを引き継いだのが持統天皇の藤原宮なのかなと。

**市**　確かに藤原京は「新益京《あらましのみやこ》」と呼ばれていて、新たに益《ま》す京、つまり飛鳥京（倭京）の拡大版として意識されているんですよね。浄御原宮を中核として外側の京域を整備していったという見方は、藤原京の姿をよく表していると思います。

**川尻**　まず宮が中心にあって、あとで京域を造っていくと。

**市**　ちなみに網さんは、いつ天武は新しい京域に宮を遷そうと考えたと思っていますか？

**網**　私もそれが非常に大事だと思うのですが、分からない。ただ、最初から藤原宮を新たに造るという構想を含めて広大な京域を造ろうと考えたかどうかは、疑問です。まず京域を造ろうと考え、あとからやはり京域の中に宮殿があるべきだという形で転換したのではないでしょうか。

**市**　発掘調査をすると、藤原宮の下層からは、藤原京域と同じような条坊道路が見つかります。もし最初から宮の場所が決まっていたら、宮の予定地にわざわざ道路を造るだろうか、という疑問がよく出されます。ただ、実際に藤原宮を掘ってみると分かるんですが、この一帯は地盤がジュクジュクなんですね。発掘していると、すぐに水が湧いてきます。低湿地で水の処理がすごく難しいところなので、仮に宮を造ることが決まっていたとしても、排水のために条坊道路と一連の側溝を掘ることは十分にあると思っています。溝が掘ってあれば、雨水はもちろんのこと、地下から湧いてくる水もそこに集められますからね。それから、その後造営を進めていく際の基準線、目印としての意味もあったでしょう。

**馬場**　しかし天武は、壬申の乱のあと、なぜ飛鳥に入ったのですか。とくに、難波に行かなかったのはなぜか。天武はその後、難波も整備していますよね。

**市**　やはり天武は皇位を簒奪《さんだつ》したからではないですか。みずからの正統性を示す必要があった。

**吉川**　お母さんの斉明の宮を受け継いだというよりも、舒明《じょめい》天皇(在位六二九—六四一年)以降、ずっと飛鳥が政治の中心でしたからね。天智も使っている。飛鳥はすでに伝統的な王権の地となっていて、ここに凱旋するのがやっぱり重要だったということでしょう。

**網**　最初にここに入らないと王朝としての正統性が示せない。壬申の乱直後の天武にとっては、豊浦宮《とゆらのみや》以来、代々の天皇が住みつづけた飛鳥に戻ることが重要だったと。

**馬場**　さらにそれを足がかりにして、藤原京を造っていく。そう考えると分かりやすいですね。

**市**　奈良文化財研究所に在籍していた金子裕之さんが書いていますが、興味深いことに、藤原京は舒明天皇の宮を取り込んでいます。北東では百済大寺のすぐ隣に想定できる百済宮を含み、南部では厩坂宮《うまさかのみや》や田中宮が入ってきます。

**川尻**　阿倍《あべ》山田《やまだ》道《みち》の南まで入るんですよね。

**吉川**　舒明天皇を意識したかどうかとなると、なんか怪しいなあと思うけど(笑)。
**馬場**　浄御原宮の北方に接して、「新たに益して」造ったんだから、いいんじゃないですか。
**市**　まあ、地形的にみて、浄御原宮の南には新たな京域など展開のしようがないですからね。

## ■ミヤコか、ミサトか

**吉川**　さっき網さんが京域の話をされたでしょう。「この道で区切って、それより内は京」という考え方は、藤原から始まるんですかね。この考え方があるとないとでは大きな変化じゃないですか。
**網**　外と内を分けていくという意味で、やはり藤原京が画期だろうと思います。それ以前は、まず宮があって、その周りも含めた特別な空間が「京」(ミヤコ)だった。そこから、宮殿を中心に、京域も含めた都市空間を区切るという考え方が出てくる。
**川尻**　城郭で周囲を囲まない都城を「開放型」と言いますが、藤原京はその前段階と言うべきかもしれませんね。きちんとした京域はないけれども、二十四カ寺の問題(天武紀に、「京内」に二十四の寺があったと見えること)などを考えても、ある程度京域がイメージはされている。
**馬場**　それは「畿内《きない》」の問題と似ていると思う。大化時代の畿内って、線で区切るのではなくて、四至《しいし》、つまり点で区切るでしょう。倭京も最初はそういうイメージだったんじゃないですか。
**市**　段階的に変わっていったのかもしれない。それまで境界は曖昧なまま広がっていた倭京に、一応明確な区画を持った「新城」が造られ始め、藤原京遷都をきっかけに、これまでの曖昧な部分は京域から切り離されて、条坊区画だけが「京」とされるようになったんじゃないですか。

**馬場**　現代の感覚では曖昧かもしれないけれど、当時の人にはよく分かったんじゃないかな。道祖神《どうそじん》とは言わないけれど（笑）、ここのポイントまでは京だなとか。

**吉川**　そもそも「京」を何と読んだのか。和訓ですね、それを調べてみますと、普通は「ミヤコ」だったと思います。けれども、都の行政機関である「京職《きょうしき》」は、「ミサトノツカサ」と読んでいたんですよね。「ミヤコ」なら「宮のある処」だけれど、「ミサト」は「サト」（里）に「御」が付いているわけだから、「特別な都市・集落」という意味になります。つまりミサトというのは、計画都市を象徴した言い方だったのではないかと思うんですよ。天皇が上からバンと造った計画都市。

**市**　とても面白い見解だと思いますが、そもそもサトを表す文字は、「里」より以前は「五十戸《ごじゅっこ》」であって、その本質は要するに人間集団のことですよね。

馬場 基

**吉川**　そうなると、別に計画都市じゃなくてもいいわけですか。ミサトというのは。

**市**　先ほど吉川さんが言われたように、庚午年籍は京を単位として作成されており、大津宮の周囲には京域があったと推定できますが、条坊は想定されないわけですよね。

**馬場**　だけど天皇の居所の周りはミサトになる。

**網**　たとえば聖武《しょうむ》天皇（在位七二四―七四九年）の時代の恭仁京《くにきょう》（巻末三一二頁、**資料4**参照、京都府木津川市）は、確実に京があるじゃないですか。でも「京極《きょうごく》」、つまりここが京の端だというのが分からないんですよ。つまり、京域を線で区切っていたのではなくて、まさにミサト＝人の集まる場所という形で「京」というものを押さえていたということではないでしょうか。庚午年籍から始まったミサトノツカサの伝統がずっと引きずられていたのではないかという気がします。

## ■なぜ藤原京を出たのか

**川尻**　「京」の原点ともいうべき藤原から、次はいよいよ平城京へと遷るわけです。この遷都の理由はなんだったのでしょうか。

**網**　藤原宮を発掘している奈良文化財研究所の方々に聞くと、藤原宮の東大垣《ひがしのおおがき》は柱跡の深さがまちまちらしいんですね。それは地盤が弱すぎて、柱が沈んだんじゃないかと。藤原で初めて瓦葺きの屋根がついた掘立《ほったて》(二一五頁、注14参照)の築地《ついじ》を造ったわけですが、瓦は重いから、もともと水鳥がいたような場所ではいくら排水してもうまくいかなくてどんどん沈んでしまい、屋根を見たらガタガタになっていたんじゃないかと。そういう地盤の悪さというのは、遷都の決定的な要因じゃないですか。

**市**　私も一面ではそう思っています。藤原京の一帯は確かに地盤がよくない。

**馬場**　藤原京は、難波や平城のように北側に宮がある「北闕型」ではないですね。京域の中央に宮がある。これはなぜですか。

**市**　現在最も有力なのは、中国の『周礼《しゅらい》』という書物に基づいたという説です。ただ、いくつか重要な食い違いもみられ(六七—六九頁参照)、まだまだ議論の余地が残されています。藤原京のある場所は、東南部が高く、北西方向に向かって地形が下がっていくんですね。もし北闕型の都城にすると、低い場所に宮を置かなければならず、それを避けたかったのかもしれません。

**吉川**　でも長安城も同じことで、宮城はかなり低いところにありますよね。

**馬場**　藤原のあの辺りの標高差なら、基壇《きだん》やら何やらを造ればクリアできたんじゃないかな。

**網**　藤原京の一番の問題は、先ほども少し出ましたが、南京極の曖昧さだと思うんです。古くから宮が造られつづけたいわゆる狭義の飛鳥から、京域の真ん中へと宮を遷したわけですけれど、京の南側がどうしても旧飛鳥と切り離せない。とくに問題なのは、官人たちの住居です。前期難波宮でやろうとしたことを進めて、さまざまな曹司《ぞうし》（役所）を宮の周りに集めるわけですが、何しろ元の居住地が近いから、いくら京域に移り住めと言っても、皆いやがって集まらなかったんじゃないでしょうか。三〇分も歩けば元の家があるのに、京を造ったから引っ越せと言われても、それぐらい歩いて通いますがな、と（笑）。とくに藤原京は、もともと湿地でヒルがたくさんいたと言われていたような場所ですからね。

**馬場**　川尻さんが本書冒頭の「〈古代の都〉への招待」で、天智天皇の子である志貴皇子《しきのみこ》の「明日香《あすか》風《かぜ》京都《みやこ》を遠み……」（『万葉集』）の歌を引用されていますが、やはり飛鳥は、少なくとも貴族層の官人たちにとって、「ふるさと」として大切にされていた場所ですからね。そういうことで言えば、このあと平城に行ったのは、彼らにとっては「ふるさと」から切り離されたということだったんでしょうね。

**市**　先ほど触れられませんでしたが、京域の中央に藤原宮があることについて、中国南朝の建康城《けんこうじょう》の影響を考える佐川英治さんの説があり、私は大きな魅力を感じています（六九頁参照）。本書で李炳鎬《イビョンホ》さんが書かれている、新羅《しらぎ》の王宮である月城《ウォルソン》（本書、李炳鎬「百済・新羅からみた倭国の都城」参照）も、やはり京域の中央に位置しており、建康城と藤原京をつなぐものとして注目されますね。

**吉川**　それはどうかな。藤原京を造ったのは、もう浄御原令《きよみはらりょう》も出来ていた時代ですよ。唐という巨大な統一王朝がすでにあって、そこから制度なども学んでいる時期なのに、なぜわざわざ、その前の南北朝から都城の形式を学ばなければならないのですか。

**市**　でもその時代、唐と直接の交流がないのも事実なわけです。

**馬場**　新羅がうまく情報遮断していたということですね。九州大学の坂上《さかうえ》康俊さんが言われていたけれども、七〇二年(大宝《たいほう》二)に粟田真人《あわたのまひと》が中国へ行った時、すでにそこが隋《ずい》から大周《だいしゅう》、つまり唐に変わっていたのを知らなくて、ここはどこの国だと驚いたという話もあります。

**川尻**　律令の官職で言っても、たとえば「納言《なごん》」などは唐ではなく隋、あるいはそれ以前の時代から受け継いだ制度だろうということはありますね。

**網**　新羅の王京もやはり、京極が定まらないままに京域が造られていっている。そういう意味では、「新城」の造営も含めて藤原京との関連を見るべきかもしれません。

**馬場**　藤原京の場合は、一応京域を道路で区切っているし、少なくとも藤原京を造る段階では、月城よりは全体計画を持っていたのかなという印象はありますが。

## ■いよいよ平城京へ

**川尻**　話は尽きないのですが、時間的に、そろそろ平城京に都を遷さなければいけません(笑)。

**市**　よく言われることですが、明らかに唐の長安城を意識した「北闕型」の都を造ったところが平城京の新しさとしてあったと思います。先ほど前期難波宮が北闕型だった可能性を指摘しましたが、これは評価が分かれるとしても、少なくとも平城京以後に関しては北闕型が主流になるのは間違いない。これは唐の長安城を理想の都と認めたという点で、大きな意味があると思っています。

北闕型を採用した理由について、先ほど出た粟田真人ら大宝の遣唐使が久々に中国に派遣されて、そこで巨大な長安城を目の当たりにした影響がよく言われますが、そのことだけに帰するのは疑問だと思います。北闕型は中国都城のスタンダードではなく、北朝の北魏《ほくぎ》の時代になって登場してきたものです。日本はそれまで、倭の五王《ごおう》の遣使にみるように、中国の南朝と交流してきました。六世紀になると中国との国交は途絶えますが、百済を介して中国南朝の文化を吸収しようと努めています。こうした長い蓄積を考えると、北朝系の文化がすんなり受け入れられたとは、少し考えにくいのです。今でこそ、唐はその後長く続いた強国だということを知っていますが、当時の為政者にとってはどうでしょうか。魏晋南北朝時代(二二〇—五八九年)という長い分裂の時代を知っており、唐が短命で終わると考えていたとしても不思議ではありません。しばらく様子見の期間があって、大宝の遣唐使を派遣する少し前になってようやく、都城の形は唐・長安城の北闕型で行こうと、大きく舵を切ったのだと考えています。

ここで少し断っておきますと、私は孝徳朝の難波京も北闕型の都城を指向したと考えていますが、以上からもお分かりのように、それは当時としては極めて斬新な試みであったといえます。そのため、その後の時代に直ちには受け継がれないのです。

**馬場**　現代の我々でも、西安(かつての長安)に行くとその広大さにびっくりしますからね。当時の人たちが驚いたことは間違いない、でも、それでいきなり都は造れないですよね。たとえば地図は手に入ったのかどうか。

**網**　地図なんて、絶対渡さないでしょう。

**馬場**　ただ、最近、奈良文化財研究所におられた井上和人さんが言われていることですが、平城京は長安城の、長さでいえば二分の一、面積でいえば四分の一のスケールでピタリと造られているんです。そうなるためには、たとえば誰かが長安でテクテク歩いて長さを測ったということだとしても、何らかのデータがないとおかしい、と。

**吉川**　そのスケール比は、絶対、偶然ではないですからね。

**馬場**　もし何かの形で中国からデータをもらったのだとすれば、藤原京では不十分なので平城京を造ろうというときに、少なくとも中国から相当な知識的援助を受けていた可能性があります。

**市**　ただ、平城京と藤原京の条坊って、道路側溝の心々《しんしん》間距離はまったく同じですよね。そうすると、藤原京からの連続性についても考える必要があるんじゃないですか。

**馬場**　心々距離は確かに藤原も平城もどちらも五三三メートルで同じだけれど、それは尺度、つまり物差しが同じなら一緒になるとも考えられる。当時の東アジアではおおよそ同じ物差しが使われていて、長安城も似たような物差しを使っていたとしたら、平城をその二分の一スケールで考えたというのは、よく出来た話だと思います。

## ■「十条十坊」は存在したか

**網**　ただ平城京は、長安城を模した南北九条・東西八坊ではなくて、実は十条十坊で計画されたという可

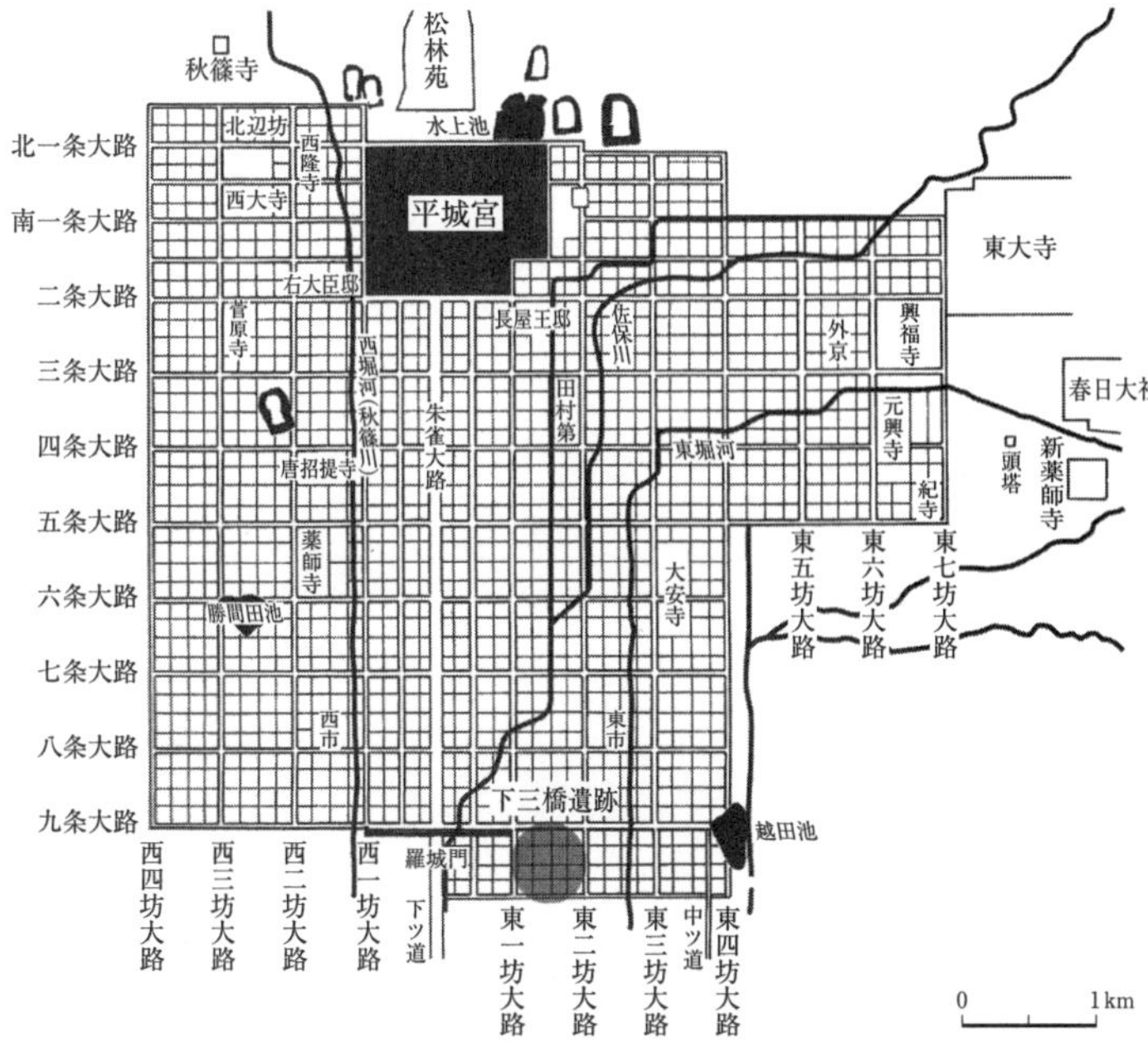


下三橋遺跡位置図（大和郡山市教育委員会・元興寺文化財研究所『平城京十条（旧称：下三橋遺跡）発掘調査報告書』2014年より，一部改変）

能性が指摘されていますよね。

**川尻**　下三橋《しもみつはし》遺跡（奈良県大和郡山市）といって、平城京の九条大路の南、ちょうど十条にあたるところに条坊の遺構が見つかったんですね（上の図参照）。もしこれが本当に十条だとすれば、平城京はそもそも十条十坊で構想された可能性が出てくる。

**馬場**　私もかつて、平城京が十条十坊だったとすればという仮定で計算したことがあるのですが、考えるのはとても面白い。平城京の東張り出し部を藤原京との関係で理解しようとする説もあります。ただ、正直にいうと、分からないんですよ。先ほども話に出ていたように、条坊がなくても京であった可能性もあれば、逆に方形グリッド（方形区画）があるからといって京だとは限らない。

**網**　グリッドがあるけれども、京外だという可能性もあると。

**市**　これまでは、方形グリッドの有無によって、京内・京外を区別していましたよね。それがグリッドはあるのに京じゃない、となると……。

**吉川**　どこまでが京なんや、っていうことになりますよね。

**馬場**　自分のフィールドが平城なのでとりあえず平城のことで言わせていただくと、制度という点では、十条までが京内だというなら、そこに羅城門《らじょうもん》（朱雀大路《すざくおおじ》の南端に位置する都城の正門）が欲しいんです。羅城門はまさに京の境界で、天皇が行幸する時にはその内側に京職官人が、外側に大和の国司が並ぶという場所ですから。京とは京職の管轄区域なのです。羅城門が十条に来たら全部ひっくり返りますが、羅城門が今の九条の場所にある限りは分からないと言うしかない。要するに、朱雀大路がどこまであるかなんですね。羅城門は朱雀大路の終端部かつスタート地点で、京の中央を貫く朱雀大路は平城京の構造にとって命なんです。

**市**　同じような現象が実は長岡京でも出てきていますよね。長岡京は北闕型の都城と言われていますが、宮の想定地より北側にも京域が広がっていたことを思わせる遺構が見つかっています。先ほどの下三橋遺跡じゃないけれど、果たしてどこまでが京内なの？となってしまいます。

　平城京の問題に戻ると、十条域がどれだけの期間維持されたのかが重要じゃないですか。ごく短期間であれば、造営当初には藤原京にならって十条の構想で造ったけれども、早い段階でやめてしまったというのが一番分かりやすい説明だと思う。

**馬場**　そうかな。分かりやすいとは思わないけど。

**網**　まあまあ、それはいいとして(笑)。

**馬場**　元奈良文化財研究所長の坪井清足さんは、これは飯場だとおっしゃったそうですが、飯場だと京内じゃなくてもよいのかなあと。

**市**　飯場だとしたら、なぜわざわざ京内と同じグリッドにする必要があるの？

**馬場**　九条までの条坊と、一緒に造っちゃっただけなんじゃないですか。問題はやっぱり、全体の計画なんですよね。南北が九、東西が八というのは、陰と陽の最大数を取っている、よく出来た話なんです。十条十坊と九条八坊、どちらを目指したのか、それは計画段階である程度固まっていたとみていいと思います。もうひとつ言うと、今我々が考えているように、朱雀大路が下ツ道の延長線上にあったということが動かないなら、地形から見て東西に十坊を考えるのも難しいですね。

**網**　右京《うきょう》が入らないね。

**馬場**　今ですら入っていないですから。中ツ道が朱雀大路だと考えると、十条十坊もそこそこありうるらしいんですけどね。そういう別の朱雀大路が計画されていたとなれば話は別ですが、そうでなければ、分かりやすい説明は、ただ単に一つ南までメッシュ(区切り)を打っただけということになります。

**網**　でもここは、条坊の側溝を埋めていますよね。意図的につぶしているというか。

**馬場**　それは使わなくなったからでしょう。

**吉川**　私などが知りたいのは、なぜメッシュを打ったのかということです。

**馬場**　実際に使うところの少し外まで段取りするという、それだけのことじゃないかな。大雑把に線だけ打っておいて、それの延長上に同じパターンでどんどん造っていくと、現場施工が楽なんです。この辺まで延長して条坊を造っておけ、ということでやったとすれば、似たパターンが出てくるのは不思議じゃない。

**吉川**　この十条域は、大路と小路《こうじ》があるんですか。大路と小路の差があるかどうかによって、単なる京の続きか、ちゃんとした京域として造っているかの決め手にはならないですか？

**馬場**　まだ細かい情報まで分かっていないんですよ。でもそれだけだと難しいんじゃないかな。

**吉川**　そうか、これからなんやね。

**川尻**　まだまだ議論の余地があると。

**馬場**　どう転んでも、羅城門の場所というのが最大のポイントなので、仮に最初に十条があったとしても、少なくとも平城京というものが大きく変わるわけではない。ただ本当に長安城の地図をもらうなりなんなりして、二分の一スケールで造ったのかどうか、そのあたりとの関係で重要だということなんですね。

藤原京にはなくて平城京が達成したもの、それは中心軸を使った劇場型の政治空間です。天子の南面性《なんめん》を基軸に、南から羅城門、朱雀大路がドンと通って朱雀門、そして大極殿と、ドンドンドンと並ぶ。これを造ることこそが平城京を造った最大の目的だった。そのために、奈良山丘陵の先端部という場所を選んだのだと思います。

## ■平城京から長岡京へ

**川尻**　では平城京から長岡京へ、時代を移したいと思います。

**網**　平城京がある意味、聖武天皇の都だったとすれば、血筋として直系ではない桓武天皇にとって、平城京というのは明らかにアウェイだったと思います。そこを出て、自分の新しい王朝にふさわしい新しい都を造りたいという思いが強力にあった。遷都の最大の要因は、桓武天皇の個人的な思いでしょうね。

しかし桓武天皇は、ともかく急いでいます。大和を離れるというのは、外に漏れたらつぶされてしまうような計画だったのでしょう。七八四年（延暦《えんりゃく》三）五月に公表、六月には造宮が決まって、一一月には遷都と、電光石火ですよね。桓武はおそらく、場所を変えて、平城京のような劇場型の空間を造ろうとしているのは間違いないのだけれど、急いだが故に明らかに失敗している。発掘調査していくと、あるべきものがあるべきところにないんです。先ほども出たように、たとえば一番大きい東西道路である二条大路は、本来なら宮の南辺をずっと通らなければいけないのに、途中で宮殿にぶつかって止まってしまい、そこに門を造らざるをえない状況になっている（一七六頁、**図2**参照）。そのため、普通の大路の幅しかない三条大路を宮城の南面大路にしなければいけなかった。そうなると、この三条大路のところに朱雀門があったはずだということで、最近発掘調査をしたんです。「絶対出る」と担当者は意気盛んで、ものすごく楽しみにしていました。これで決まりだって。そうしたら結局出なかった（笑）。

だったら朱雀門はどこなんだというと、やはり宮城にぶつかって途中で止まっている二条大路と、三条大路の間しかない。つまり平城宮のような劇場型の都城を造ろうとしたけれど、失敗したのではないかと思うんです。

もうひとつ言うと、長岡宮の最初の内裏空間（天皇の私的空間）は、どうやら非常に狭かったようなのです。今の向日市立向陽《こうよう》小学校のあたり、地形的に一番いい場所に、難波宮の回廊とまったく同じ規模の回廊の北西隅が見つかっています。これが内裏、つまり西宮《にしのみや》だろうと思っているのですが、小さいんですね。難波宮の幅が約一八〇メートル、ところが西宮はどう考えても一四五メートル前後しか内裏の幅がない。最近の調査で回廊の東端じゃないかという遺構も想定されているんですが、もしそれが正しければ、内裏はさらに小さくなる。なおかつこの時期は、内裏の中に後宮《こうきゅう》（皇后や妃などの居住区域）が含まれる時代だと言われていて、実際、七八五年（延暦四）に赤雀《あかすずめ》がチュンチュンと皇后宮（皇后の居所）のところで飛び回って、これは瑞祥《ずいしょう》（めでたいしるし）だと桓武天皇が喜んでいる記事があるのですが、皇后宮もこの規模だと入らないと思うんですよ。そうなると、この西宮そのものが構造としておかしくなってくる。

西宮の北側からは北西官衙とされる大きな建物群が出ていまして、ここが皇后宮じゃないかと思っているんですけどね。そうするともう内裏の外側に出ちゃっているんです。さらに朝堂院（太政官院）、大極殿院は難波宮のものを運んできているのですが、これも朝堂が八堂しかなくて、一二堂ある平城宮に比べると、明らかに副都的な規模でしかないんですね。

それをカバーしようと、後から東宮《ひがしのみや》を造ったのだと思うのですが、ここは雨水が流れ込んできてしまう宮域でも一番低い場所であり、最終的にだめだ、となった。

**川尻**　しかし一方で、次の平安京につながるような革新的なところもあるでしょう。条坊も、道路の幅を確保しながら宅地の面積を等しくするという、集積《しゅうせき》型条坊を採用しているし。

**網**　その条坊施工もですね、龍谷大学の國下多美樹さんたちが現状での長岡京条坊モデルを復元しているのですが、それでいくと割り付けの基準の長さがバラバラになってしまうんですよ。現場工事のおっちゃんたちは、たとえば四五〇尺とか、一〇尺単位のきっちりした数字で割り付けてやらないと造れなかったと思う。「ここの部分は何尺」「あちらは何尺」と、数値の揃わない計画で造っていったら、絶対にどこかで齟齬《そご》をきたしてしまう。つまり造営時にきちんと統一された規格が作れていないんですね。急いで造っているからだと思いますが。

**市**　桓武の意図としては、自分の権威を高めるために長岡を造ったわけですよね。でも結果的に逆効果になってしまったわけですか（笑）。

**網**　だから、平安京に行ったんですね。桓武も最初は、長岡京で頑張ろう、なんとかしようと思っていた。しかしおそらく東宮を造ったあたりで、どうもこれは、平城京のような、劇場型の王権の権威を示す宮都にはなりえないと判断したのではないでしょうか。ですから、新京造営に舵を切り始めたんだと思います。

網　伸也

## ■桓武が遷都を求めた理由

**馬場**　先ほど、天武天皇が飛鳥に戻ったことについて、簒奪王権の正統性を確保するためだったという話がありました。桓武天皇はなぜ、わざわざ平城から都の場所を変えたんですか。

**網**　桓武天皇は簒奪ではありませんからね。新王朝です。

**馬場**　新王朝にしては、ずいぶん狭いところに都を持っていこうとしましたよね。しかも長岡は難波宮を解体して、その資材を使って造っているでしょう。新王朝なのに、お古を使っている。

**市**　最初はあくまでも副都として長岡を造ったんじゃないのですか。

**網**　私は正都だと思う。

**馬場**　私も副都と見たほうがいいと思うのと、何より難波をもう少し重視していいのではないかと思う。というのは桓武の時代、平城は造ってからたかだか七〇年なんですね。それに途中で聖武が恭仁宮・難波宮・紫香楽宮《しがらきのみや》（滋賀県甲賀市）、称徳《しょうとく》（在位七六四―七七〇年）が保良宮《ほらのみや》（滋賀県大津市）や由義宮《ゆげのみや》（大阪府八尾市）に都を動かした先例もあるから、むしろ平城京を捨てることには、そんなに衝撃はなかったんじゃないか。それに対して難波宮のある場所は、何百年も続いてきているわけです。だから難波宮を移転するのはもっと大きなショックだったと思うのですが。

**網**　私は、桓武天皇は継体天皇《けいたい》をかなり意識していると思うんですよ（二二四―二二五頁、コラム参照）。

**馬場**　それは継体も新しい王統だったからでしょう。それより、難波を壊したことの意義のほうが大きいと思うけどな。

**網**　というより、難波宮そのものが機能的にだめになっていたんじゃないですか。天平宝字年間には安芸で造らせた遣唐使船が浅瀬で座礁しているように、奈良時代の終わりには難波の港湾機能がだめになっていますよね。だから三国川《みくにがわ》を開削して、淀川を直接に瀬戸内海と通じさせ、これがその後の王権の正規の水運ルートになっていく。

**馬場**　本当に港湾機能の低下があったのかどうかは分からないけれど、『続日本紀』にはあったと書いてあるのがミソなんです。「あったから引っ越さなければいけない」という論法を桓武が書いた、そういうことだと思うんですね。

長岡は陸上交通と水上交通の要衝だとよく言われるけれど、極端すぎるんですよ。巨椋池《おぐらいけ》と淀川のすぐそばでしょう。桓武はあえてそこに造った。長岡に限界があることなんて、造る前から分かっていたはずなのに。分かっていながらやった理由を、網さんは継体だと言うわけですよね。私はそれは、難波をつぶしていくことにあったと思います。

**網**　要するに淀川水系なんですよ。桓武は継体が基盤とした淀川水系をもととして、新しい王権を作りたかった。そのなかでなぜ長岡かというと、地名の「乙訓」(オトクニ)にこだわったんじゃないかと思うんですね。「弟国(オトクニ)宮」というのは継体天皇の宮で、あの辺りがそうだという伝承があったんじゃないか。その弟国宮伝承地を新宮とすることで、王権の正統性を求めようとしたのではないかと思います。

## ■なぜ都は動かなくなったか

**川尻**　それで長岡から平安に遷って、結局そのあとは都が動かなくなる。その問題をどう考えるのか。難しいですが興味のあるところです。

**網**　平城太上天皇の変の時に、嵯峨《さが》天皇(在位八〇九—八二三年)は桓武天皇が「万代宮《よろずよのみや》」に定めたと言っていますよね。新王朝の都として、以後はここを動かないぞという方針は、初期の段階であったんじゃないでしょうか。

**吉川**　「万代宮」という言い方は由義宮でもしています。「この都はずっと続いてほしい」という願望の表現ですよね。だから、嵯峨朝くらいでしたら、まだまだ遷都という事態はありえたと思います。しかし、九世紀後半になったら、もう財政的に新たな建都などできなくなったんじゃないですか。

**川尻**　そのあとは、京を造る必要がなくなったんじゃないかと思うんですね。京域はもうあるから。そのあとはむしろ先祖返りというか、宮を造る方が重要になっていって、離宮などを造るようになる。

**吉川**　これまでのような京がいらなくなったというのは、そのとおりだと思います。王宮についても、曹司群も朝堂院もいらなくなって、結局先祖返りして内裏に集約してしまうんですよね。

**川尻**　それをまねて、院（上皇）たちがどんどん宮を造って移っていく。鳥羽《とば》、白河《しらかわ》と。

**吉川**　そうすると、碁盤目の京と、曹司のたくさんある王宮というかたちは、徹頭徹尾、律令体制と不可分のものとしてあったということでしょうね。

**川尻**　ある意味で非常に特殊な時代だったのかなと。古代史をやっている人間にとっては、藤原京以降、七世紀の後半頃から巨大な京域が造られていく過程は当然のもののように見える。でもその次の時代から見ると、「宮だけあればいいじゃない？」ということだった。東アジア情勢に対応するための軍国体制ということもあったのかもしれませんが、ともかく、奈良時代は特殊というイメージがあるのですが。

**吉川**　まったくそう思いますね。

## ■得たものと失ったもの

**馬場**　最近気に入っている話に、家畜化の議論があるんです。ある動物がどのように家畜になっていくか。いったん捕まえて飼いならした後はいわば直線的に家畜化していくという考え方に対して、「行きつ戻りつ」ということが言われる。家畜化したり野生化したりを繰り返すなかで、徐々に典型的な家畜に少しずつ収斂していくというんですね。つまり、長いスパンで見ると一定方向に進んでいるように見えるんだけれど、実際には振れ幅がある。言われてみれば当たり前なのですが、我々はそういう目で都城の歴史を見ることができていないんじゃないか。

**川尻**　一直線の進化論のなかで見てしまっているということですね。

**馬場**　そう。だから先ほどの、遷都によって得たもの失ったものという話でも、つい前の都に何かを足していったようなイメージで見てしまうけれども、もっと未来まで含めて、大きな「行きつ戻りつ」の振れ幅のなかで理解してもいいかもしれない。先祖返りをすることもある、でも多分その時には、単に前のものに完全に戻ったのではなくて、得たものも残っている。

**川尻**　そういう見方こそ、歴史学の面白さかもしれないですね。

**馬場**　ただそう言っておきながら、日本史の二〇〇〇年ぐらいのスパンで見たときに、やはりこの時代の都城のありかたは特殊だと思います（笑）。その特異点である古代の都城が、何を残したのか。

**吉川**　馬場さん、何が残ったと思う？

**馬場**　それは皆さんに議論をしていただきたいなと（笑）。たとえば鎌倉が京都を都市計画のモデルにしているという説がありますよね。

**川尻**　方形区画までいかないけれど、朱雀大路になぞらえた若宮大路《わかみや》があり、一応十字に区切られていますからね。でもそれは当時の鎌倉が田舎だったからですよ（笑）。都には碁盤目がないとだめだと源頼朝が考えたのだと思います。でも、それが案外都とは何かという本質を衝いているかもしれません。

**吉川**　私はもっと端的に、この時代は中国の政治文化しか学べなくて、それに基づいた国政をやっていた

吉川真司

ためにこんな格好になった、ということに尽きると思います。その後は薄れていく一方ですが。

**馬場**　それだと単なる「中国かぶれの時代」ということになってしまって、古代史研究者以外の一般の人には意味がないと思われるんじゃないですか。

**吉川**　そうかなあ。一般の奈良時代のイメージというのは、平城京、東大寺、興福寺でしょう。明らかに中国かぶれの時代ですよね。それはそれで意味のあることだと思うんですが。

**馬場**　その後の時代、たとえば院政期などは奈良時代よりずっと経済力が上がっていたと思うけれど、新たな都城を造るという方向にはいかないですよね。そういう政治文化自体がもう終わっていたから。

**市**　新たな都城は造らないけれど、巨大なモニュメントは造っていますよね。院政期なら六勝寺《りくしょうじ》（院政期の天皇や女院《にょいん》が建立した、寺号に「勝」を含む大規模な寺院）など。こういう発想自体は、それ以前の都城から多く学んでいるように思います。

**川尻**　寺と宮でしょうね、残るのは。

**市**　高く聳え立つものが、モニュメントとして好まれたんじゃないですか。

**馬場**　そう言ってしまうと、三内丸山《さんないまるやま》遺跡（青森市）もあるし。

**吉川**　出雲大社（島根県出雲市）だってあるし（笑）。

**馬場**　仏教、儒教、文字、律令という、いわゆる東アジアの四点セットと言われているものがありますけれど、残っていくのは仏教と文字ですね。律令はよく分からない。都城は何を残したのか。

**吉川**　面白いね。

**馬場**　少なくとも都城は、私たちの仕事を残してくれましたけどね、飯の種を（笑）。

## ■都城と寺院

**川尻**　あと、寺院と都城の関係を少しお話しいただきたいと思います。平城京までは宮と寺院が必ず並び含まれるけれど、平安京では新しい寺を造らない。馬場さんは興福寺や薬師寺《やくしじ》、網さんは東寺《とうじ》を掘っておられますよね。

**網**　東寺は、すべての建物が今でも創建時の原位置を保って残っているんです。東の大垣を断ち割って調査していくと、一五九六年（文禄五）の大地震直後に再建された現在の築地の下に室町の築地の基壇があって、その真下のまったく同じところに平安時代の築地がある。西寺《さいじ》はおそらく早い段階で潰れたでしょうが、東寺は再建を繰り返しながらも創建以来の伽藍が保たれてきました。昔から言われている通り、官寺として重視されていた西寺というのは、律令的な世界が衰退していくのと機を合わせて消えていくのに対して、宗教的世界で独立していく東寺は残っていく。

そもそも平安京の場合、東寺と西寺しか造っていないにもかかわらず、それも完成がすごく遅れるんですよ。どちらも桓武天皇の時にはまったく出来ていない。東寺の東大垣の下層には川が流れていて、それを埋めて東大垣を造っていくのですが、金堂院《こんどういん》が出来るのが嵯峨天皇の時代、講堂が承和《じょうわ》（八三四—八四八年）ぐらい、塔はもっと後で九世紀の終わりです。だから平安京の中では、モニュメントとしては寺がどこまで重視されていたのか疑問です。私は、東寺と西寺は羅城門の両脇に置かれた平安京の狛犬《こまいぬ》だと言っているんですが（笑）。

**吉川**　平安京の京内になぜ新しい寺を造らなかったか、あるいはなぜ平城京から移してこなかったのか、ほんとうに分からないです。遷都も終わったころになってようやく、京の周りの山々に造られ始める。造るなという禁令が出たのかどうかさえ、はっきりしないようですし。

**川尻**　清水寺《きよみずでら》も『清水寺縁起《えんぎ》』には「禁令があるから京外に建てる」と書いてあるのですが、よく分からないですね。『類聚三代格《るいじゅうさんだいきゃく》』に、京内に寺を造ることを禁止する七八三年（延暦二）六月の太政官符《だじょうかんふ》があって、「禁令」とはそれのことだと言われることもありますが。だから清水寺は京内に入りませんね。

**市**　一方、飛鳥時代でいえば、寺院こそが都のモニュメントですね。宮と寺を並べて建てるし、むしろ寺の方が新しい要素が早く入ってきているところもある。瓦葺きの屋根とかね。

**吉川**　高層建築ね。

**市**　大陸由来の、それまで日本人が見たこともない建築物が都のなかにいくつも誕生することによって、田舎とは明らかに異質な空間が姿を現し、「これこそが都だ」という印象を醸し出してくれる。飛鳥時代の初期の王宮である豊浦宮や小墾田宮、岡本宮は、自然地形を踏まえた斜め方位の建物配置であったように思いますが、飛鳥寺は正方位（正確に南北軸に合わせること）できちんと造っています。宮以上に寺こそ、「これが都なのだ」と感じやすかったのかもしれません。

**馬場**　平城京で言えば、宮内を掘るよりお寺を掘った方がいいものが出ますし、作りもいいですね。とくに前期の興福寺や薬師寺。後期の新薬師寺や西大寺《さいだいじ》になると、若干雑になってくる(笑)。

**市** まあ興福寺は藤原氏が威信をかけて造っており、国家によるバックアップもあったんだから、いいのは当たり前ですけれどね(笑)。

**馬場** でも大安寺《だいあんじ》の塔などは、造られたのが平安時代まで下ると言われているんです。発掘されているのは東塔だけですけれど。両塔形式で計画されていながら、片方しかない状態で奈良時代を過ごしたと言われているんですね。

**市** 藤原にある薬師寺(本薬師寺)もそのようです。西塔の建設は奈良時代まで遅れました。もう都は平城京に遷ったのちのことです。なぜ今更?って思ってしまいます。

**網** 塔は遅れるよね。東寺・西寺もそうですよ。

**馬場** おおざっぱに言ってしまうと、「都は違うぞ」というのがお寺で象徴されていた飛鳥時代から、都の狛犬のように置かれた平安時代まで、王権と、仏教というグローバルな宗教との関係が行きつ戻りつしているということじゃないでしょうか。

今回少し書いたんですけれど(一〇三頁参照)、平城京は、遷都当初の計画では、普通に朱雀大路を歩いているとお寺が全然見えないんです。両側に六メートルほどの塀がありますから、薬師寺も大安寺も見えない。何が見えるかというと、真正面なんですね。朱雀門があって、大極殿の屋根が見える。都市論ではヴィスタというのですが、明らかに象徴的な建物に視線が集中するように造られている。ところが奈良時代の後期から、それが東大寺の大仏殿に変わるんですね。最大の広場である朱雀門前広場に立って東を見ると、朱雀大路と同じ距離を隔てた向こうに大仏殿がスポンと見える。平城宮から大仏殿へ、巨大建物のモニュメントは明らかに移っているんですね。

**吉川**　たとえば藤原京の時代ですと、大官大寺《だいかんだいじ》の金堂と藤原宮の大極殿がほぼ同じ大きさなんですよ。だから、一番巨大な建物が大極殿だというのは、基本的には藤原から続くんじゃないですか。

**馬場**　ただ藤原の場合は朱雀大路がしっかりしていませんから、少しヴィスタという面で弱いんですね。それに比べると平城はよく出来ている。実は平城の朱雀大路って低いんですよ、地形的に。一番谷筋になっている。その低いところから周りを見上げると、一番高いところに大極殿が見える。ところが朱雀門前広場まで行って、ふと向きを変えるともっと大きいのがある、という。

**川尻**　そうすると、天平《てんぴょう》年間(七二九―七四九年)から変わってくるんですか。

**馬場**　私のイメージでは天平ですね。

**吉川**　恭仁遷都から戻ってきたあたりで、大仏殿が一番になるんですよね。

**馬場**　都市の中心が大極殿でなくなってしまうというのは、当時の人たちは衝撃を受けたかもしれない。さらに聖武は自ら「三宝《さんぼう》の奴」(仏弟子)と称し、王権神授説みたいなことを言い出すから。

**網**　それが平安京に入るとまた、大極殿が巨大になるんですよ。東西一一間ありますから。

**馬場**　大仏殿と同じですね。そうすると奈良時代は、仏教のようなグローバルな価値観と、ローカルなものから発展してきた価値観とのすり合わせがすごくきつい時期だったのかもしれない。ご飯の食べ方などもそうなんですよ。古墳時代は箸を使わないし、底が丸い器を手に持って食べる。それが飛鳥時代ぐらいから器に高台《こうだい》(器の底の脚)が付き始めて、出土品で見るかぎり、平城京あたりから箸が普及してくる。食べ方がだんだん変わってきて、平安くらいで落ち着いたんじゃないか。平城京の下級官人あたりは、器を持ち上げて食べようとして、「これっ」て叱られていたんじゃないですかね。

**吉川**　見てきたような言い方やねえ(笑)。

### ■なぜ寺は遷らないか

**吉川**　それにしても、平城から平安へ都は遷るのに、なぜ寺は遷らないんですか。飛鳥・藤原から平城には来ているのに。

**馬場**　一つには、東寺・西寺がやはり東大寺・西大寺の「出店」というか、いくつかの機能を移したものだったんじゃないかと思います。もう一つは、飛鳥から平城、さらに平城から平安と、都城にとっての寺院の意味が変わったということに尽きると思います。市さんの話にありましたが、飛鳥の時代は、寺院がたくさんあることが都城の重要な一部で、文明化の指標とさえ言えるものだった。平城の場合もそれを引きずっていますから、遷都の時に寺も遷してくる。その後さらに、王の権威のあり方とも絡んで、仏教がすごくクローズアップされるから、寺院がさらに巨大化して造られていく。でも平安の場合は、新王朝の新しい価値体系を打ち出そうとしたなかで、桓武が自分のコントロール下における寺院だけに押さえ込んだということじゃないですか。

**網**　東大寺や西大寺は、まさに聖武天皇や称徳天皇など天武朝系の天皇を象徴するものですから、そういう意味では桓武がそんなものを持っていくわけがないんですよね。

**市**　平安京はやはり、権威を示すものとして、巨大な大極殿を見せたかったんでしょうね。

**馬場**　余計なものはいらないと。

**網**　俺を見ろと(笑)。

**馬場**　王って本来そうでなければいけなかったのだと思います。そう言い切れなかったからこそ、お寺で飾ったのかもしれない。

## ■都城研究の未来にむけて

**川尻**　最後に一人ずつ。今後の課題をお願いします。

**網**　難波京もそうですが、長岡京も平安京も発掘調査に限界があるんです。調査は点でしかできませんから、なかなか全体像が見えてこない。そこでいかに点と点を結んで線にして、面にして、歴史的な事象へとつなげていくか。やはり文献史料だけでは分からないものが発掘調査では見えてくる。なぜ桓武天皇は最初に長岡を選んだか。なぜそれを棄て、平安京に遷さなければいけなかったのか。本当の理由は大地の下に眠っているんですよ。答えは永遠に出ない問題かもしれないけれども、発掘調査によって少しずつでも明らかにしていくことが私たち考古学研究者の義務ですし、読者の方にも考えてもらえたらと思います。

**市**　都城という、当時の日本にとってまったく新しいものを作りあげていった時代が、飛鳥時代だったと思っています。お手本になるものが一つだけでなく複数ある状況のなかで、為政者たちは試行錯誤している。宮の移り変わりや象徴的な建物の変化に、彼らの考え方を読みとることができるし、それが新しい国作りとも直結していたと思う。本論で一応自分なりの考え方は示しましたので、批判的に読んでいただければと思っています。

**馬場**　地方の国府を見ると面白いなと思うのが、もとは中央政府が自分たちのために造ったはずの場だったのに、いつの間にか在地勢力の結集の場になっていくということです。都城にしても同じことで、もしかしたら元々は、為政者が自分の権力を示すためだけに造った場だったかもしれない。それが、人が集まることによって都市機能が強化され、富が集中し、そこに住む人びとの生業が広がっていく。その過程が加速した結果、平安京以後、もはや都は動かなくなったのではないでしょうか。

最初は懸命に中国のまねをして、背伸びして作ったフレームを、いつの間にやら人びとが取り込んで、自分たちの力にしていった。その過程は簡単なものではなくて、天皇から下々の民に至るまで、さまざまに価値観の変化と直面しながら生きたと思う。その苦闘の過程が平城は比較的見やすいし、そうしたものとして都城の歴史も読めるのではないかと思います。

**吉川**　遷都をつづけた日本の古代は特殊な時代、といった話が出ましたが、ひと言でいえば中国風の政治文化を一所懸命に取りいれようとして、その一つが都城だったということですね。この前ジャワに調査に行ったのですが、同じアジアでもあそこはインド文化圏なんです。南半球のインド文化圏の王宮は、日本などとはまったく違うもので、ちょっと衝撃を受けました。世界にはさまざまな政治文化があったのに、中国文化しか選べなかった古代日本のあり方が、都城には如実に現れているわけで、そのことをさまざまに考えていきたいと思っています。

もう一つ言いますと、都城制研究は考古学と文献史学の協力で非常に進展したわけですが、考古学は発掘によってどんどん資料が増えていく。しかし、文献史料は木簡以外ほとんど増えない。それでも、文献史学の側からも、まだまだやることはたくさんあると思います。たとえば斉明朝の小墾田宮。あれは最初瓦葺きにしようと思っていたのに、急に建設を取りやめたと『日本書紀』に書いてあります。もし実現していたら、難波から飛鳥に帰ってきた時点で、藤原宮のような王宮が出来ていたかもしれません。こんなふうな、私たちがつい見逃している史料はきっとたくさんあるはずです。少しずつでも、文献から史実を掘り起こしていって、考古学との協業を一層豊かにしていきたいですね。

**川尻**　先ほど話に出しましたが、私たちはなぜ古代史を学ぶのか。古代とは何だったのか、日本史全体のなかにどう位置づけていくのか。中世以降と比べて古代は非常に特殊な時代だと見られがちなのですが、やはり古代史からしか学べない重要なことがある。都城の問題もまさにそうなので、古代の都城がそれ以後の時代に何を残したか、どのようにその後の日本のなかに息づいていくのかということを、今後も長いスパンで見ていきたいと思っています。

（二〇一八年九月七日、奈良文化財研究所小講堂にて）

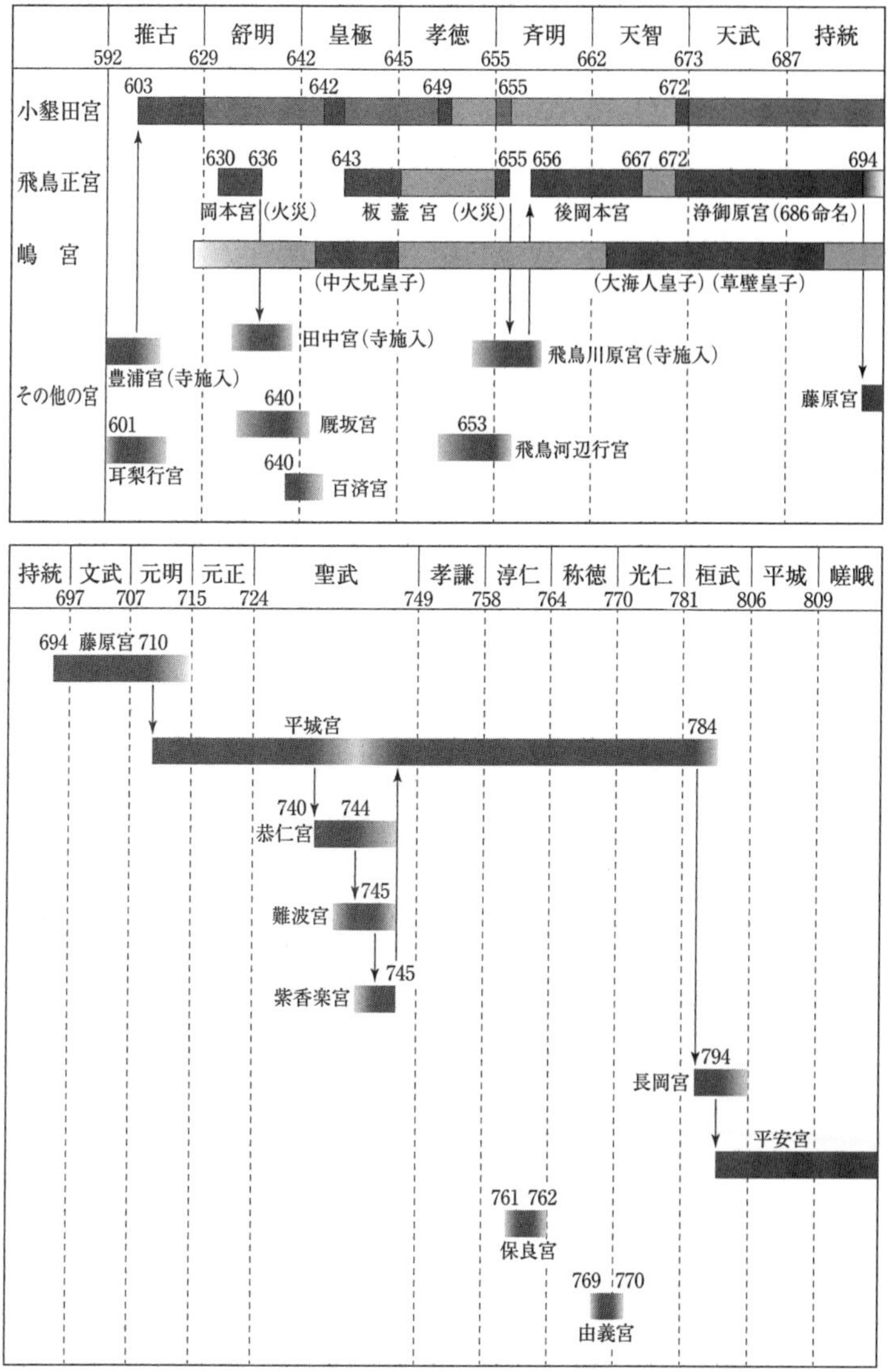


**資料1**　宮の移り替わり（上段原図版提供＝奈良文化財研究所，下段図作成＝川尻秋生）

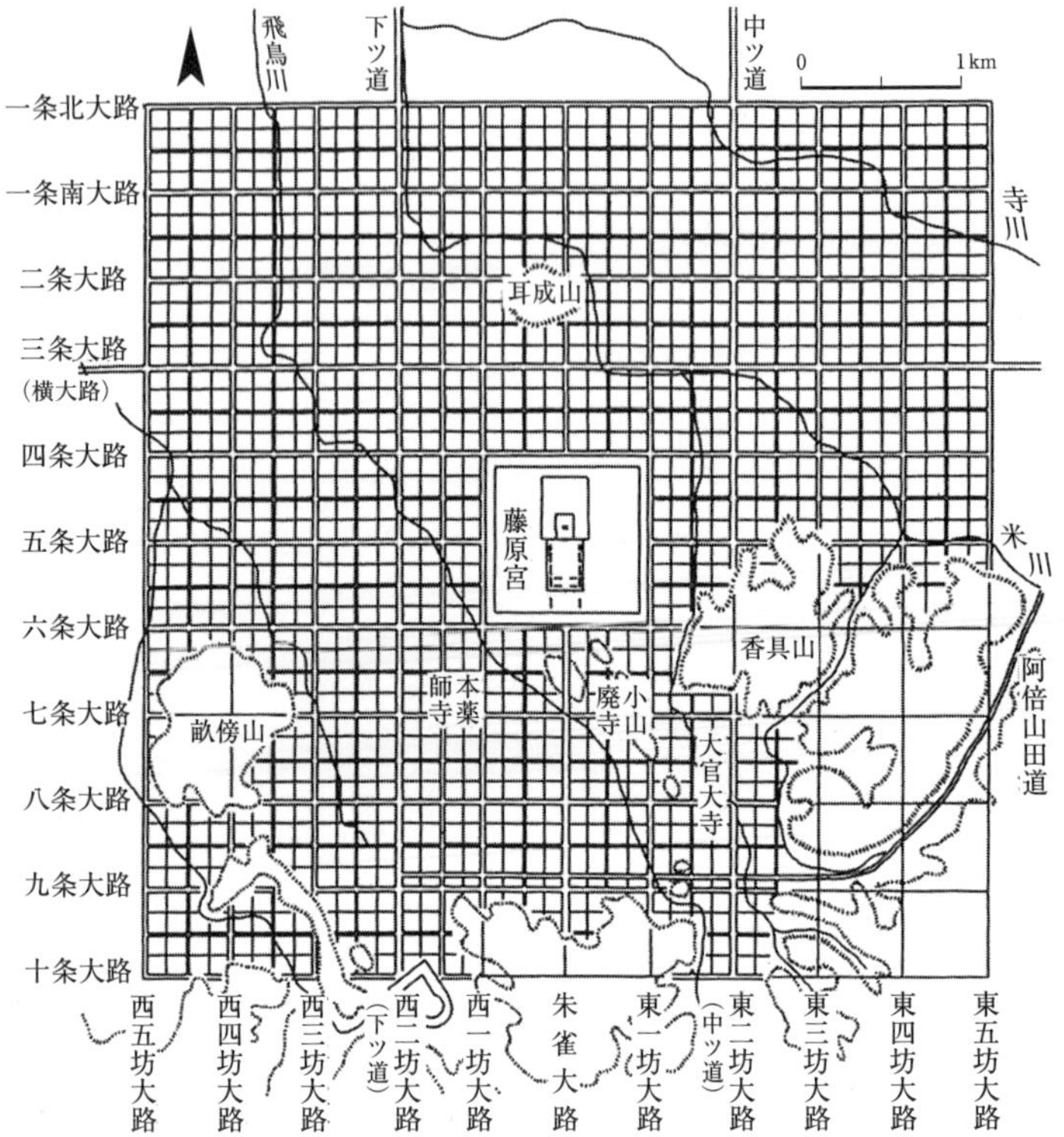


**資料2** 藤原京復元図(一部の条坊は模式図，条坊呼称は便宜的に平城京に準ずる．小澤毅『日本古代宮都構造の研究』青木書店，2003年より)

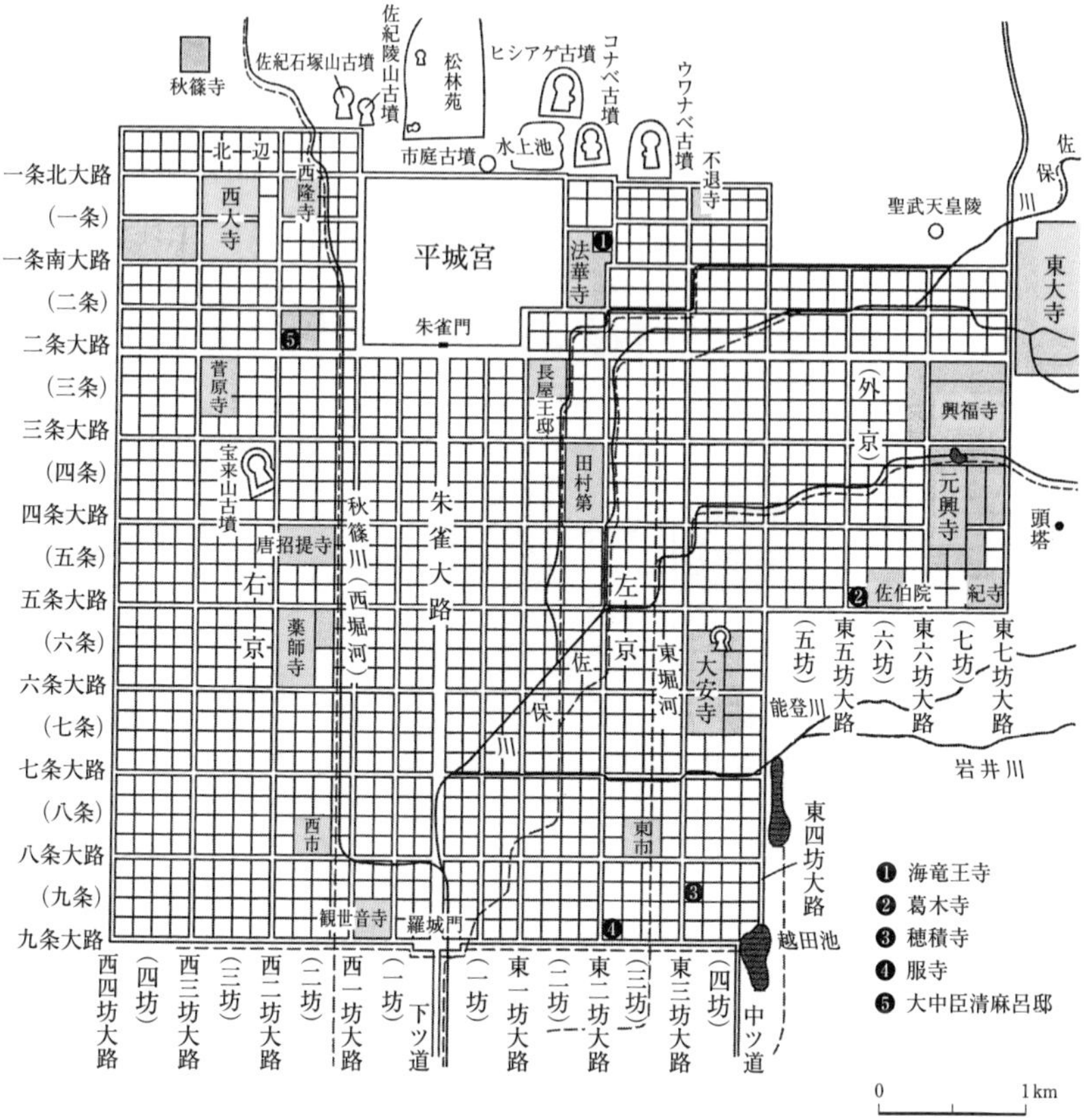


**資料3**　平城京図（永原慶二監修『岩波日本史辞典』を一部改変）

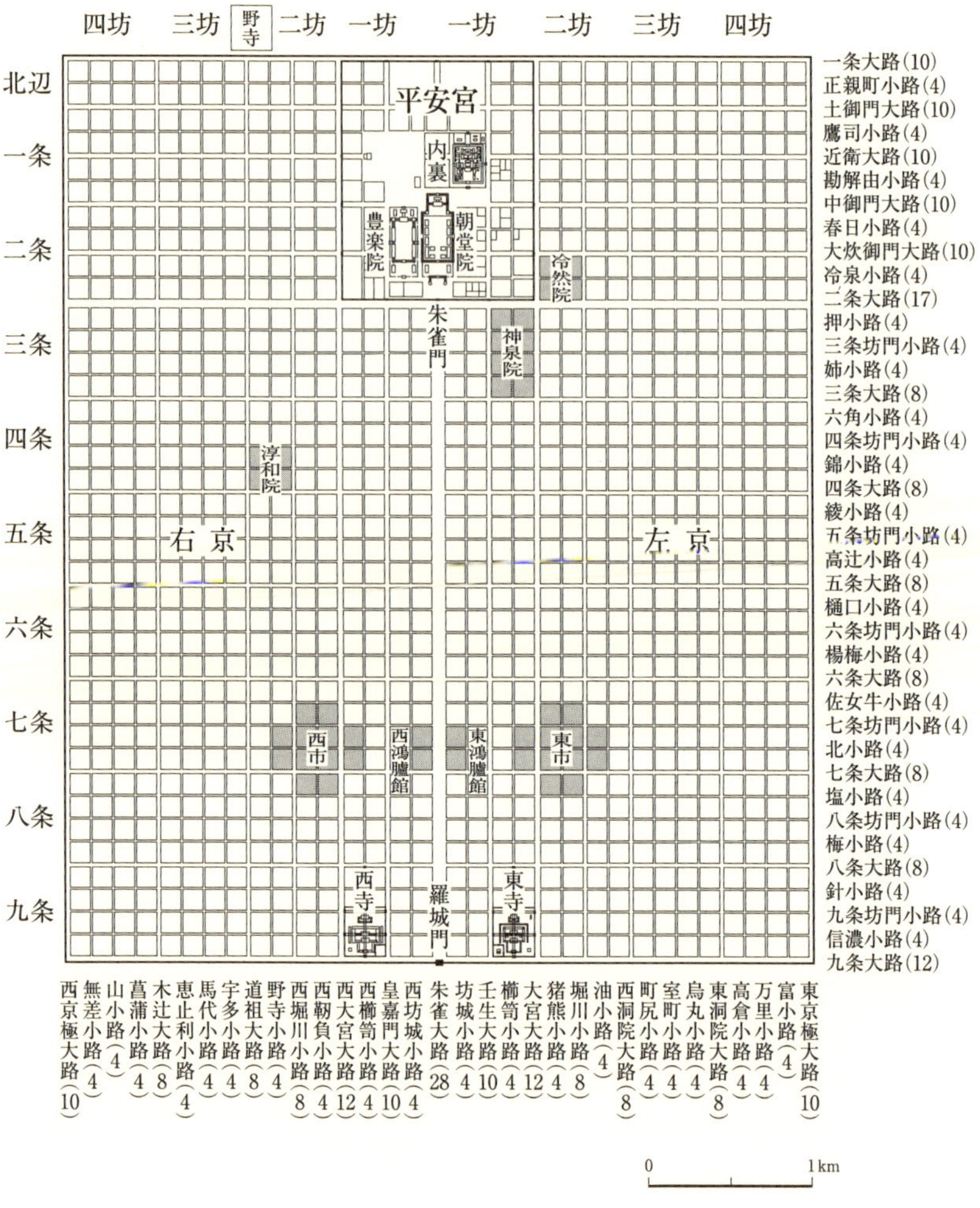


**資料6**　平安京全体図(作成＝網伸也)

**【執筆者】**

**川尻秋生**（かわじり・あきお）
本書責任編集．【編集委員】紹介参照．

**市　大樹**（いち・ひろき）
1971年生．大阪大学教授．日本古代史．『飛鳥藤原木簡の研究』『日本古代都鄙間交通の研究』（ともに塙書房），『飛鳥の木簡』（中公新書）など．

**馬場　基**（ばば・はじめ）
1972年生．奈良文化財研究所都城発掘調査部平城地区史料研究室長．日本古代史．『平城京に暮らす』『日本古代木簡論』（ともに吉川弘文館）など．

**網　伸也**（あみ・のぶや）
1963年生．近畿大学教授．日本考古学．『平安京造営と古代律令国家』（塙書房），『桓武と激動の長岡京時代』（共著，山川出版社）など．

**李　炳　鎬**（イ・ビョンホ）
1971年生．韓国・公州教育大学教授．日韓古代史．『百済寺院の展開と古代日本』（塙書房），『「仏教」文明の受容と君主権の構築』（共著，勉誠出版）など．

［李炳鎬「百済・新羅からみた倭国の都城」翻訳］
**井上直樹**（いのうえ・なおき）
1972年生．京都府立大学准教授．東北アジア古代史．『帝国日本と〈満鮮史〉』（塙書房），『韓国朝鮮の歴史』（共著，放送大学教育振興会）など．

【編集委員】

**吉村武彦**

1945年生. 明治大学名誉教授. 日本古代史. 著書に『日本古代の社会と国家』(岩波書店),『聖徳太子』『女帝の古代日本』『蘇我氏の古代』『大化改新を考える』(以上, 岩波新書)など.

**吉川真司**

1960年生. 京都大学教授. 日本古代史. 著書に『律令官僚制の研究』(塙書房),『聖武天皇と仏都平城京』(講談社),『飛鳥の都』(岩波新書)など.

**川尻秋生**

1961年生. 早稲田大学教授. 日本古代史. 著書に『古代東国史の基礎的研究』(塙書房),『平安京遷都』(岩波新書),『坂東の成立』(吉川弘文館)など.

シリーズ 古代史をひらく
古代の都 —— なぜ都は動いたのか

2019年7月26日 第1刷発行
2021年8月16日 第3刷発行

編 者 吉村武彦《よしむらたけひこ》 吉川真司《よしかわしんじ》 川尻秋生《かわじりあきお》

発行者 坂本政謙

発行所 株式会社 岩波書店
〒101-8002 東京都千代田区一ツ橋 2-5-5
電話案内 03-5210-4000
https://www.iwanami.co.jp/

印刷・三陽社 カバー・半七印刷 製本・松岳社


ISBN 978-4-00-028496-7 Printed in Japan